LANGENSCHEIDTS

SPRACHFÜHRER GRIECHISCH

mit
Reisewörterbuch
Deutsch-Griechisch

LANGENSCHEIDT
BERLIN · MÜNCHEN · WIEN · ZÜRICH · NEW YORK

Herausgegeben und bearbeitet
von der Langenscheidt-Redaktion
Neubearbeitung und Übersetzung:
Evangelia Douni-Küke, Andreas Küke

Auflage:	5.	4.	3.	Letzte Zahlen
Jahr:	1996	95	94	maßgeblich

Druck: Druckhaus Langenscheidt, Berlin-Schöneberg
Printed in Germany
ISBN 3-468-22213-0

INFORMATION

HINWEISE FÜR DEN BENUTZER

Dieser Sprachführer bietet Ihnen alle auf der Reise und im Alltag des fremden Landes erforderlichen wichtigen Redewendungen und Wörter mit durchgehender Aussprachebezeichnung. Eine übersichtliche Gliederung macht seine Benutzung denkbar einfach, so daß Sie Ihre Fragen und Wünsche mit Hilfe der gebräuchlichen und praktischen Wendungen dieses Buches rasch und klar zum Ausdruck bringen können.
Wir geben Ihnen zunächst einige allgemeine Hinweise über den Aufbau und Inhalt des Sprachführers.

Aufbau des Sprachführers

Wir haben den gesamten Stoff in 19 Kapitel gegliedert. Sie beginnen mit allgemeinen Redewendungen und Wörtern. Dann folgen Kapitel über das Reisen mit den verschiedenen Verkehrsmitteln, über Unterkunft und Verpflegung, über andere Fragen, die Ihnen in einem fremden Land begegnen werden, über Einkäufe, über den Umgang mit Behörden, über Gesundheit, kulturelle Veranstaltungen und Vergnügungen. Im Anhang finden Sie die Zusammenstellung der wichtigsten Bekanntmachungen und Warnungen, der Abkürzungen sowie der Maße und Gewichte.

Sie werden selbst bemerken, daß die deutschen Redewendungen und Wörter schwarz und fett gedruckt sind, die griechischen dagegen rot. Darunter oder daneben steht dann in gewöhnlicher schwarzer Schrift die Aussprache der griechischen Wörter und Sätze.
Gelegentlich haben wir zwei Sätze zusammengefaßt und dabei die auszutauschenden Wörter oder Satzteile durch Schrägdruck gekennzeichnet. Ein Beispiel: Zu „Wann wird *geöffnet/geschlossen*?" gehört die Übersetzung Πότε θα *ανοίξει/κλείσει*; Das bedeutet: „Wann wird geöffnet?" heißt Πότε θα ανοίξει; und „Wann wird geschlossen?" heißt Πότε θα κλείσει;

Allgemeine Bemerkungen, die Ihnen helfen sollen, sich im fremden Land richtig zu verhalten und seine Besonderheiten zu verstehen, haben wir rot umrandet. Schwarz umrandet finden Sie Hinweise und Aufschriften, die Ihnen begegnen werden.
Ein Sternchen (*) zu Beginn eines Satzes deutet an, daß es sich um einen Satz handelt, den Sie von Ihrem Gesprächspartner hören können.

Angaben zur Aussprache des Griechischen

Eine ausführliche Erklärung der Aussprache des Griechischen finden Sie auf den Seiten 8–13. Für eine korrekte Aussprache ist es nötig, sich mit den Zeichen der Internationalen Lautschrift vertraut zu machen. Sie werden dabei feststellen, daß die meisten Buchstaben dieselben wie im lateinischen Alphabet sind und daß Sie sich nur einige wenige abgewandelte Buchstaben einprägen müssen, die spezifisch griechische Laute wiedergeben. Die Lautschrift wird Ihnen dabei helfen, das Griechische richtig auszusprechen und Ihren Gesprächspartner zu verstehen.

Übersicht über die Grammatik

Wenn Sie sich zumindest einige Grundkenntnisse der Grammatik aneignen wollen, dann können Sie von der auf den Seiten 208–214 kurzgefaßten Zusammenstellung der wichtigsten grammatischen Erscheinungen Gebrauch machen. Abgesehen davon, daß Sie damit einen Einblick in den Aufbau der griechischen Sprache erhalten und die im Sprachführer angegebenen Sätze und Wendungen besser verstehen, wird es Ihnen auch möglich sein, einige einfache Sätze selbst zu bilden.

Reisewörterbuch

Das Reisewörterbuch im Anhang hilft Ihnen, wenn Sie die griechische Übersetzung eines Wortes oder einer Wendung suchen. Die Übersetzungen sind mit Seitenverweisen auf den Hauptteil versehen, so daß dieses Wörterverzeichnis Ihnen zugleich auch als Sachregister dient.

Gute Reise! .... Καλό ταξίδι! .... [ka'lɔ ta'ksiði]

INHALTSVERZEICHNIS

DIE AUSSPRACHE DES GRIECHISCHEN

Die Aussprache der einzelnen griechischen Laute ist, abgesehen von einigen wenigen, für die deutsche Zunge nicht allzu schwierig.

Das Griechische wird mit den 24 Buchstaben des altgriechischen Alphabets geschrieben, von denen Ihnen viele sicherlich aus der Mathematik und Physik bekannt sind, wo sie zur Bezeichnung bestimmter Größen verwendet werden.

Die griechische Rechtschreibung ist im wesentlichen historisch, d. h., die Wörter werden heute noch so geschrieben, wie sie im Altgriechischen aufgezeichnet waren. Im Laufe der Zeit hat sich jedoch die Aussprache geändert, so daß die griechische Rechtschreibung kein getreues Bild der griechischen Aussprache darstellt. Einerseits gibt es für den einen Laut *sechs* verschiedene Schreibungen, andererseits gibt es für verschiedene Laute *einen* Buchstaben, der seinen bestimmten Laut durch die ihn umgebenden Vokale erhält.

Für die Aussprache der griechischen Buchstaben und der griechischen Buchstabenverbindungen gibt es Regeln, nach denen man mit wenigen Ausnahmen jedes griechische Wort aussprechen kann.

Nachstehend geben wir zunächst das griechische Alphabet mit den griechischen Namen der Buchstaben und der Aussprache dieser Namen in internationaler Lautschrift. Es empfiehlt sich zur besseren Verständigung in Fragen der Rechtschreibung, diese Buchstabennamen zu lernen, zumal sie zugleich gute Beispielwörter für den Lautwert der jeweiligen Buchstaben sind. Daneben ist der Lautwert noch einmal gesondert gegeben. In der rechten Spalte wird die Aussprache der Laute erklärt.

Dem Alphabet folgen die wichtigsten Buchstabenverbindungen mit ihrer Aussprache.

Den Abschluß bildet eine alphabetisch geordnete Übersicht über die in diesem Sprachführer verwendeten Lautzeichen mit ausführlichen Erläuterungen.

Das griechische Alphabet

Griechische Buchstaben		Name der Buchstaben	Lautzeichen	Ausspracheerklärungen
Das Betonungszeichen			[']	steht *vor* der zu betonenden Silbe
Α	α	['alfa]	[a]	kurzes **a** wie in **A**kademie
Β	β	['vita]	[v]	wie **w** in **w**er
Γ	γ	['ɣama]	[ɣ]	vor **a, o, u** wie **g** in berlinisch Wa**g**en; es klingt wie ein Zäpfchen-r ohne Rollen; *s. auch folgende Tabelle*
Δ	δ	['ðɛlta]	[ð]	wie stimmhaftes **th** in englisch **th**at
Ε	ϵ	['ɛpsilɔn]	[ɛ]	kurzes, offenes **e** wie in f**e**st
Ζ	ζ	['zita]	[z]	stimmhaftes **s** wie in Ro**s**e
Η	η	['ita]	[i]	kurz und geschlossen wie **i** in M**i**nute, nie offen wie in b**i**s
Θ	θ	['θita]	[θ]	wie stimmloses **th** in englisch **th**ing
Ι	ι	['jɔta]	[i, j]	unbetont vor Vokal wie **j** in **j**a, sonst s. η
Κ	κ	['kapa]	[k]	**k** ohne Behauchung wie in französisch **c**oup
Λ	λ	['lamða]	[l]	**l** wie im Deutschen
Μ	μ	[mi]	[m]	**m** wie im Deutschen
Ν	ν	[ni]	[n]	**n** wie im Deutschen
Ξ	ξ	[ksi]	[ks]	wie **x** in He**x**e oder **-chs** in se**chs**
Ο	ο	['ɔmikrɔn]	[ɔ]	kurzes offenes **o** wie in **o**ft
Π	π	[pi]	[p]	**p** ohne Behauchung wie in französisch **p**ère
Ρ	ρ	[rɔ]	[r]	Zungenspitzen-**r** wie im Italienischen
Σ	σ,ς	['siɣma]	[s]	stimmloses **s** wie in Wa**ss**er oder **ß** in Stra**ß**e
Τ	τ	[taf]	[t]	**t** ohne Behauchung wie französisch **t**oute
Υ	υ	['ipsilɔn]	[i]	*s.* Ι, ι
Φ	φ	[fi]	[f]	**f** wie im Deutschen
Χ	χ	[çi]	[ç]	vor [i, ɛ] wie **ch** in i**ch,** vor [a, ɔ, u] *s. folgende Tabelle*
Ψ	ψ	[psi]	[ps]	wie **ps** in **Ps**alm
Ω	ω	[ɔ'mɛɣa]	[ɔ]	*s.* Ο, ο

Buchstabenverbindungen

Die obenstehenden Lautwerte gelten für den einzelnen Buchstaben. Bei einigen Buchstabenverbindungen ergeben sich abweichende Lautentsprechungen für die einzelnen Zeichen. Für jeden Fall wird wieder ein Musterwort gegeben.

Buchstabenverbindung		Laut-wert	Ausspracheerklärung und Musterwort
αι		[ε]	ναι [nε] ja
αυ	vor Vokal od. stimmhaften Konsonanten	[av]	παύω ['pavɔ] aufhören αυλή [a'vli] Hof
αυ	vor stimmlosen Konsonanten	[af]	αυτός [a'ftɔs] dieser
ει		[i]	είμαι ['imε] (ich) bin τοίχος ['tixɔs] Wand
ι, ει	(unbetont zwischen Konsonant u. Vokal)	[j], [ĭ]	ίδιος ['iðjɔs] selbe(r) ασφάλεια [a'sfalja] Versicherung
ευ	vor Vokal od. stimmhaften Konsonanten	[εv]	γυρεύω [ji'rεvɔ] suchen γεύμα ['jεvma] Mahlzeit
ευ	vor Konsonanten	[εf]	εύκολος ['εfkɔlɔs] leicht
ου		[u]	πού [pu] wo?
γ	vor [ε, i]	[j]	γέρος ['jεrɔs] alt
γι	vor [a, ɔ, u] *(s. auch 1. Tabelle)*		γιά [ja] für
γγ	vor [a, ɔ, u]	[ŋ̆g]	wie **ng** in si**ng**en, doch mit hörbarem **g** αγγούρι [a'ŋ̆guri] Gur**k**e
γγ	vor [ε, i]	[ŋ̆g̹]	wie **ng** in si**ng**en mit hörbarem **g** und mit schwachem **j** άγγελος ['aŋ̆g̹εlɔs] E**ng**el
γκ	vor [ε, i]	[ŋ̆g̹]	s. γγ vor [ε, i] άγκυρα ['aŋ̆g̹ira] Anker
γκ	vor [a, ɔ, u]	[g]	μαγκαζί [maga'zi] Laden
κ	vor [ε, i]	[k̹]	enge Verbindung von **k** und schwachem **j** και [k̹ε] und εκεί [ε'k̹i] dort

Buchstabenverbindung		Laut- wert	Ausspracheerklärung und Musterwort
κ	nach Vokal vor [ε, i]	[...ĭķ]	παιδάκι [pɛ'ðaĭķi] Kindchen
μπ	am Wortanfang	[b]	μπαίνω ['bɛnɔ] hineingehen
μπ ...ν	im Wortinnern π... zwischen Artikel und folgendem Wort	[m̆b]	κουμπί [ku'm̆bi] Knopf τον πατέρα [tɔm̆ba'tɛra] den Vater
μ	vor β oder φ	[m̦]	schwaches **m,** die Unterlippe berührt die oberen Schneidezähne λαμβάνω [la'm̦vanɔ] nehmen αμφιβάλλω [am̦fi'valɔ] zweifeln
ντ	am Wortanfang	[d]	ντουλάπι [du'lapi] Schrank
ντ νθ	im Wortinnern oder zwischen Artikel und folgendem Wort (..ν τ...; ..ν θ..)	[n̆d] [n̆θ]	schwaches **n;** die Zungenspitze nähert sich den Zähnen, berührt sie aber nicht δόντι ['ðɔn̆di] Zahn, την Τρίτη [ti'n̆driti] am Dienstag άνθρωπος ['an̆θrɔpɔs] Mensch την θέση αυτή [ti'n̆θɛsi a'fti] diesen Platz
ν	vor ψ	[m̆bz]	s. [m̆b] und [z] την ψύχη [tim̆bzi'çi] die Seele
σ	vor stimmhaften Konsonanten	[z]	κόσμος ['kɔzmɔs] Welt, Leute
χ	vor [a, ɔ, u]	[x]	χαρά [xa'ra] Freude
χ	vor [ε, i]	[ç]	wie [ç] χέρι ['çɛri] Hand. Ein betonter Vokal vor [ç] wird mit einem schwachen i-Nachklang gesprochen. όχι klingt also wie das deutsche *euch* + i. έχει ['ɛĭçi] hat όχι ['ɔĭçi] nein

Erklärung der einzelnen Lautzeichen mit Beispielen (alphabetisch)

'	steht vor der Silbe, die den Ton trägt	(το) νερό [nɛ'rɔ] Wasser
b d f g j l m n	lauten wie im Deutschen	(το) μπαρ [bar] Bar ντύνομαι ['dinɔmɛ] ich ziehe mich an (το) φως [fɔs] Licht (το) γκάζι ['gazi] Gas (η) γη [ji] Erde (η) λάμπα ['lam̆ba] Lampe (το) μάτι ['mati] Auge ναι [nɛ] ja(!)
a	kurzes mittleres **a,** etwas dunkler als in Wasser, wie in **Aka**demie	καλά [ka'la] gut
ç	wie **ch** in i**ch,** eu**ch**	όχι ['ɔĭçi] nein
ð	wie stimmhaftes **th** in englisch **th**at	δεν [ðɛn] nicht
dz	enge Verbindung zwischen **d** in **d**a und **s** in **s**agen	(το) τζάμι ['dzami] Fensterscheibe
ɛ	kurzes offenes **e** wie in **E**cke, f**e**st	φέρνω ['fɛrnɔ] ich bringe
ɣ	wie **g** in Wa**g**en in dialektischer Berliner Aussprache, ähnlich dem deutschen Zäpfchen-r, jedoch ohne Schwingung, ohne Rollen	(το) γάλα ['ɣala] Milch
i	kurzes geschlossenes **i,** etwa wie in M**i**nute. Es darf nicht wie in **i**ch oder b**i**n gesprochen werden	η μύτη [i'miti] die Nase
ĭ	sehr kurzes, fast unsilbiges **i** wie in Fer**i**en	(ο) κύριος ['ķirĭɔs] Herr
k	ein **k** ohne Behauchung wie in französisch **c**oup	κακός [ka'kɔs] schlecht
ķ	eine enge Verbindung zwischen **k** und **j**	και [ķɛ] und
m̆	ein sehr schwach ausgesprochenes **m** im Innern eines Wortes vor einem [b]-Laut	(το) κουμπί [ku'm̆bi] Knopf

ɱ	halbnasales **m** vor [v] und [f]. Der Laut wird durch Heben der unteren Lippe gegen die oberen Schneidezähne erzeugt.	αμφιβάλλω [aɱfi'valɔ] ich zweifle
n̆	**n** mit losem Verschluß vor [s] und [θ]. Die Zungenspitze nähert sich dem Zahnfleisch, ohne es zu berühren. Schwaches **n** vor d und t	(ο) άνθρωπος ['an̆θrɔpɔs] Mensch (το) δόντι ['ðɔn̆di] Zahn
ŋ̆g ŋ̆g̜	wie **ng** in si**ng**en, doch mit hörbarem g. Vor hellen Vokalen mit schwachem **j**	(το) αγγούρι [a'ŋ̆guri] Gurke (η) άγκυρα ['aŋ̆g̜ira] Butter
ɔ	kurzes offenes **o** wie in L**o**tto, **o**ffen	καλός καιρός [ka'lɔs k̜ɛ'rɔs] schönes Wetter
p	wie **p** in französisch **p**ère, d. h. ohne Behauchung; s. a. **k**	παρακαλώ [paraka'lɔ] (ich) bitte
r	Zungenspitzen-**r** wie im Italienischen oder Russischen	(το) ρεύμα ['rɛvma] Strom
s	stimmloses **s** wie **ss** in Wa**ss**er oder **ß** in schlie**ß**en	(η) σαλάτα [sa'lata] Salat
t	wie **t** in französisch **t**ante, unbehaucht wie **k** und **p**	(η) τιμή [ti'mi] Preis
ts	wie deutsch **z** oder **tz** in **Z**ahl oder Mü**tz**e	(το) τσάι [tsai] Tee
θ	wie das stimmlose **th** in englisch **th**ing. Man spreche mit der Zunge zwischen den vorderen Zahnreihen einen stimmlosen **s**-Laut, s. auch ð	(το) θέατρο ['θεatrɔ] Theater
u	geschlossenes **u**, etwa wie in **U**niversität	(το) κουτί [ku'ti] Schachtel
v	wie **w** in **W**asser, **w**er	(το) βιβλίο [vi'vliɔ] Buch
x	wie **ch** in no**ch**, au**ch**	(το) χωριό [xɔ'rjɔ] Dorf
z	wie stimmhaftes **s** in **S**onne, lei**s**e, französisch **z**èle	(το) ζώο [zɔɔ] Tier, (ο) κόσμος ['kɔzmɔs] Welt

ALLGEMEINES

Begrüßung

Guten Morgen!
Καλημέρα!
kali'mɛra

Guten Tag!
Καλημέρα!
kali'mɛra

Guten Abend!
Καλησπέρα!
kali'spɛra

Καλημέρα *wird bis etwa 12 Uhr mittags verwendet,*
Καλησπέρα *etwa ab 19 Uhr.*

Allgemeine Gruß- und Verabschiedungsformen ohne zeitliche Bindung sind:

Grüß dich!, Hallo!
Γεια σου!
'jasu

bei mehreren Personen:
Γεια σας!
'jasas

Etwas förmlicher:

Seien Sie gegrüßt!, Seid gegrüßt!
Χαίρετε!
'çɛrɛtɛ

***Herzlich willkommen!**
Καλώς ωρίσατε!
ka'lɔs ɔ'risatɛ

Die typische Antwortformel des Gastes / der Gäste lautet:

***Ich freue mich / Wir freuen uns,* euch wohlauf zu sehen.**
Καλώς σας *βρήκα / βρήκαμε.*
ka'lɔs sas 'vrika / 'vrikamɛ

Wie geht es Ihnen?
Τι *κάνετε / γίνεστε;*
ti 'kanɛtɛ / 'jinɛstɛ

Wie geht es dir?
Τι *κάνεις / γίνεσαι;*
ti 'kanis / 'jinɛsɛ

Und dir?
Κι εσύ;
ķɛ'si

Und Ihnen?
Κι εσείς;
ķɛ'sis

Wie geht es Ihrer Familie?
Τι κάνει η οικογένειά σας;
ti 'kani i ikɔjɛ'njasas

Man antwortet so:

Sehr gut!	**Gut!**	**Es geht!**
Πολύ καλά! / Μια χαρά!	Καλά!	Έτσι κι έτσι!
pɔ'li ka'la / mĭa xa'ra	ka'la	'ɛtsi 'k̡ɛtsi

Im allgemeinen teilt man nicht mit, daß es einem schlechtgeht. Für alle Fälle:

Ganz schlecht!	**Wie geht es dem (Kostas)?**
Χάλια!	Τι κάνει ο (Κώστας);
'xalĭa	ti 'kani ɔ ('kɔstas)

Es geht ihm gut.	**Er ist krank.**
Είναι καλά.	Είναι άρρωστος.
'inɛ ka'la	'inɛ 'arɔstɔs

Wie geht es der (Maria)?
Τι κάνει η (Μαρία);
ti 'kani i (ma'ria)

Es geht ihr gut.	**Sie ist krank.**
Είναι καλά.	Είναι άρρωστη.
'inɛ ka'la	'inɛ 'arɔsti

***Hattest du / Hatten Sie eine gute Reise?**
Είχες / Είχατε καλό ταξίδι;
'içɛs / 'ixatɛ ka'lɔ ta'ksiði

***Hast du / Haben Sie die Zeit gut verbracht?**
Πέρασες / Περάσατε καλά;
'pɛrasɛs / pɛ'rasatɛ ka'la

***Hast du / Haben Sie gut geschlafen?**
Κοιμήθηκες / Κοιμηθήκατε καλά;
k̡i'miθik̡ɛs / k̡imi'θikatɛ ka'la

Sie können so antworten:

Ja, danke.	**Leider nicht.**
Ναι, ευχαριστώ.	Δυστυχώς όχι.
nɛ, ɛfxari'stɔ	ðisti'xɔs 'ɔĭçi

Anreden

Herr ...!	Κύριε ...!	'ķirĭɛ
Frau ...!	Κυρία ...!	ķi'ria
Fräulein ...!	Δεσποινίς ...!	ðɛspi'nis
Meine Damen!	Κυρίες!	ķi'riɛs
Meine Herren!	Κύριοι!	'ķirii
Meine Damen und Herren!	Κυρίες και κύριοι!	ķi'riɛs ķɛ 'ķirii
Liebe Freunde!	Αγαπητοί φίλοι!	aɣapi'ti 'fili
Liebe Mitarbeiter und Mitarbeiterinnen!	Αγαπητοί συνεργάτες και συνεργάτιδες!	aɣapi'ti sinɛr'ɣatɛs ķɛ sinɛr'ɣatiðɛs
Liebe Kollegen und Kolleginnen!	Αγαπητοί συνάδελφοι!	aɣapi'ti si'naðɛlfi
Ihre Frau	η γυναίκα σας	i ji'nɛka sas
Ihr Mann	ο άνδρας σας	ɔ 'anðras sas

Briefe

Herrn	Κύριο	'ķirĭɔ
Frau	Κυρία	ķi'ria
Fräulein	Δεσποινίδα	ðɛspi'niða
Lieber Herr ...!	Αγαπητέ κύριε ...!	aɣapi'tɛ 'ķirĭɛ
Liebe Frau ...!	Αγαπητή κυρία ...!	aɣapi'ti ķi'ria
Lieber Peter!	*Αγαπητέ Πέτρο/ Πέτρο μου!*	aɣapi'tɛ 'pɛtrɔ/ 'pɛtrɔ mu
Liebe Johanna!	*Αγαπητή Ιωάννα/ Ιωάννα μου!*	aɣapi'ti iɔ'ana/ iɔ'ana mu
Hallo Kostas!	Γειά σου Κώστα!	'jasu 'kɔsta
Hallo Maria!	Γειά σου Μαρία!	'jasu ma'ria
Sehr geehrter Herr ...!	Αξιότιμε κύριε ...!	a'ksjɔtimɛ 'ķirĭɛ
Sehr geehrte Frau ...!	Αξιότιμη κυρία ...!	a'ksjɔtimi ķi'ria
Sehr geehrte Herren!	Αξιότιμοι κύριοι!	a'ksjɔtimi 'ķirii
Sehr geehrte Damen!	Αξιότιμες κυρίες!	a'ksjɔtimɛs ķi'riɛs
Hochachtungsvoll	Με εκτίμηση	mɛ ɛk'timisi
Mit freundlichen Grüßen	Μετά τιμής	mɛ'ta ti'mis
Dein(e)	Με αγάπη	mɛ a'ɣapi

Bekanntschaft

Ich heiße Hans Müller
Λέγομαι Hans Müller.
'lɛɣɔmɛ

Ich heiße Hans.
Με λένε Hans.
mɛ 'lɛnɛ

Mein Name ist ...
Ονομάζομαι ...
ɔnɔ'mazɔmɛ

Bei persönlicher Vorstellung:

Das ist ...	Από δω ...	a'pɔ 'ðɔ
mein Mann	ο άντρας μου	ɔ 'aňdrazmu
mein Sohn	ο γιος μου	ɔ 'jɔzmu
mein Freund	ο φίλος μου	ɔ 'filɔzmu
mein Verlobter	ο αρραβωνιαστικός μου	ɔ aravɔnĭasti'kɔzmu
Das ist ...	Από δω ...	a'pɔ 'ðɔ
meine Frau	η γυναίκα μου	i ji'nɛka mu
meine Tochter	η κόρη μου	i 'kɔri mu
meine Freundin	η φίλη μου	i 'fili mu
meine Verlobte	η αρραβωνιαστικιά μου	i aravɔnĭasti'kĭa mu

Sehr erfreut!
Χαίρω πολύ!
'çɛrɔ pɔ'li

Haben wir uns nicht schon kennengelernt?
Δεν έχουμε γνωριστεί ήδη;
ðɛn 'ɛxumɛ ɣnɔri'sti 'iði

Bist du der (Kostas)?
Είσαι ο (Κώστας);
'isɛ ɔ ('kɔstas)

Bist du die (Maria)?
Είσαι η (Μαρία);
'isɛ i (ma'ria)

Sind Sie Herr ...?
Είστε ο κύριος ...;
'istɛ ɔ 'ķiriɔs

Sind Sie *Frau / Fräulein* ...?
Είστε *η κυρία / η δεσποινίδα* ...;
'istɛ i ķi'ria / i ðɛspi'niða

Im Griechischen ist das Duzen viel verbreiteter als im Deutschen, auch zwischen Jung und Alt.
Man redet sich bald mit dem Vornamen an.

Wie heißt du?
Πώς σε λένε;
pɔs sɛ 'lɛnɛ

Wie ist Ihr Name bitte?
Πώς λέγεστε παρακαλώ;
pɔs 'lɛjɛstɛ paraka'lɔ

Woher *kommst du / kommen Sie*?
Από πού *είσαι / είστε*;
a'pɔ pu 'isɛ / 'istɛ

***Bist du / Sind Sie* schon lange hier?**
'Εχεις / 'Εχετε καιρό εδώ;
'ɛçis / 'ɛçɛtɛ ķɛ'rɔ ɛ'ðɔ

***Wir sind / Ich bin* seit *einer Woche / 15 Tagen* hier.**
Είμαστε / Είμαι μία βδομάδα / 15 μέρες εδώ.
'imastε / 'imε 'mia vðɔ'maða / ðεka'pεn̆dε 'mεrεs ε'ðɔ

***Gefällt es Ihnen hier?**
Σας αρέσει εδώ;
sas a'rεsi ε'ðɔ

***Gefällt es dir hier?**
Σου αρέσει εδώ;
su a'rεsi ε'ðɔ

***Uns / Mir* gefällt es (sehr) gut.**
Μας / Μου αρέσει (πολύ).
mas / mu a'rεsi (pɔ'li)

Nicht so sehr.
'Οχι και τόσο.
'ɔĭçi k̨ε 'tɔsɔ

***Wohnst du / Wohnen Sie* hier?**
Μένεις / Μένετε εδώ;
'mεnis / 'mεnεtε ε'ðɔ

Wo *arbeitest du / arbeiten Sie*?
Πού *δουλεύεις / δουλεύετε*;
pu ðu'lεvis / ðu'lεvεtε

Was *studierst du / studieren Sie*?
Τι *σπουδάζεις / σπουδάζετε*;
ti spu'ðazis / spu'ðazεtε

Was bist du von Beruf?
Τι δουλειά κάνεις;
ti ðu'lĭa 'kanis

Was sind Sie von Beruf?
Τι δουλειά κάνετε;
ti ðu'lĭa 'kanεtε

***Hast du / Haben Sie* noch etwas Zeit?**
'Εχεις / 'Εχετε ακόμα λίγο καιρό;
'εçis / 'εçεtε a'kɔma 'liɣɔ k̨ε'rɔ

Gehen wir spazieren?
Πάμε περίπατο;
'pamε pε'ripatɔ

Gehen wir!
Πάμε!
'pamε

Wann treffen wir uns?
Πότε θα συναντηθούμε;
'pɔtε θa sinan̆di'θumε

Kann ich *dich / Sie* abholen?
Να περάσω να *σε / σας* πάρω;
na pε'rasɔ na sε / sas 'parɔ

Ich muß jetzt gehen.
Πρέπει να φύγω τώρα.
'prεpi na 'fiɣɔ 'tɔra

Lassen Sie mich bitte in Ruhe!
Αφήστε με *ήσυχο (Frau: ήσυχη)*, παρακαλώ!
a'fistε mε 'isixɔ ('isiçi), paraka'lɔ

Besuch

Kann ich *Herrn / Frau / Fräulein* ... sprechen?
Μπορώ να μιλήσω *στον κύριο / στην κυρία / στην δεσποινίδα ...*;
bɔ'rɔ na mi'lisɔ stɔ'ŋ̆ɡ̟irĭɔ / stiŋ̆ɡ̟i'ria / stinðɛspi'niða

Wohnt der (Kostas) hier?
Μένει εδώ ο (Κώστας);
'mɛni ɛ'ðɔ ɔ ('kɔstas)

Wohnt die (Maria) hier?
Μένει εδώ η (Μαρία);
'mɛni ɛ'ðɔ i (ma'ria)

Ich suche ...
Ψάχνω ...
'psaxnɔ

Wohnt hier *Herr / Frau* ...?
Μένει εδώ *ο κύριος / η κυρία* ...;
'mɛni ɛ'ðɔ ɔ 'ķirĭɔs / i ķi'ria

Wann ist *er / sie* zu Hause?
Πότε θα είναι στο σπίτι;
'pɔtɛ θa 'inɛ stɔ 'spiti

Ich komme später noch einmal wieder.
Θα ξανάρθω αργότερα.
θa ksa'narθɔ ar'ɣɔtɛra

Wann soll ich wiederkommen?
Πότε να έρθω πάλι;
'pɔtɛ na 'ɛrθɔ 'pali

> *In Griechenland achten Besucher darauf, daß sie nachmittags bei ihren Gastgebern nicht vor 18 Uhr erscheinen und die Mittagsruhe stören.*

***Herein!**
Εμπρός!
ɛm̆'brɔs

***Komm herein!**
'Ελα μέσα!
'ɛla 'mɛsa

***Kommen Sie herein!**
Περάστε!
pɛ'rastɛ

Störe ich?
Μήπως ενοχλώ;
'mipɔs ɛnɔ'xlɔ

***Nimm Platz!**
Κάτσε!
'katsɛ

***Bitte nehmen Sie Platz!**
Καθήστε, παρακαλώ!
ka'θistɛ, paraka'lɔ

***Was trinkst du?**
Τι θα πιείς;
ti θa pjis

***Was trinken Sie?**
Τι θα πιείτε;
ti θa 'pjitɛ

Ich möchte *dir / Ihnen* keine Mühe machen!
Μη *σε / σας* βάζω σε κόπο!
mi sɛ / sas 'vazɔ sɛ 'kɔpɔ

Machen Sie sich bitte keine Umstände!
Μη σας βάζω σε κόπο!
mi sas 'vazɔ sɛ 'kɔpɔ

Schöne Grüße von *Herrn / Frau* ...
Πολλούς χαιρετισμούς από *τον κύριο / την κυρία ...*
pɔ'lus çɛrɛti'zmus a'pɔ tɔ'ŋ̆ɡ̟irĭɔ / tiŋ̆ɡ̟i'ria

Ich muß jetzt leider gehen.
Δυστυχώς πρέπει να φύγω τώρα.
ðisti'xɔs 'prɛpi na 'fiɣɔ 'tɔra

Vielen Dank für den netten Abend!
Σας ευχαριστώ για την ευχάριστη βραδιά!
sas εfxari'stɔ ja tin εf'xaristi vra'ðja

Und die Gastgeber antworten:

***Herzlichen Dank für *Ihren / deinen* Besuch!**
Εμείς ευχαριστούμε για την επίσκεψή *σας / σου*!
ε'mis εfxari'stumε ja tin ε'piskε'psi sas / su

Grüßen Sie bitte *Herrn / Frau* ... von mir!
Δώστε, παρακαλώ, τους χαιρετισμούς μου *στον κύριο / στην κυρία* ...
'ðɔstε, paraka'lɔ, tus çεrεti'zmuzmu stɔ'ŋgirïɔ / stiŋgi'ria

Abschied

Man verabschiedet sich unabhängig von der Tageszeit auf folgende Weise:

Tschüß!
Γεια *σου / σας*! *(mehrere Personen)*
'jasu / 'jasas

Auf Wiedersehen!
Αντίο!
a'diɔ

Bis bald! *(weniger förmlich)*
Θα τα ξαναπούμε!
θa ta ksana'pumε

Etwas förmlicher:

Auf Wiedersehen!
Χαίρετε!
'çεrεtε

Spät abends verabschiedet man sich mit:

Gute Nacht!
Καληνύχτα!
kali'nixta

Dem Abreisenden wünscht man:

Alles Gute!
Στο καλό!
stɔ ka'lɔ

Gute Reise!
Καλό ταξίδι!
ka'lɔ ta'ksiði

Der Abreisende bedankt und verabschiedet sich mit einer der oben genannten Wendungen:

Herzlichen Dank!
Ευχαριστώ πολύ!
εfxari'stɔ pɔ'li

Auf Wiedersehen!
Γεια σας!
'jasas

Ich möchte mich *von dir / von Ihnen* verabschieden.
Θέλω να *σε / σας* αποχαιρετίσω.
'θɛlɔ na sɛ / sas apɔçɛrɛ'tisɔ

***Ich muß / Wir müssen* leider gehen.**
Δυστυχώς πρέπει *να φύγω / να φύγουμε*.
ðisti'xɔs 'prɛpi na 'fiγɔ / na 'fiγumɛ

Ich rufe morgen an.
Θα τηλεφωνήσω αύριο.
θa tilɛfɔ'nisɔ 'avrĭɔ

***Danke für *deinen / Ihren* Besuch.**
Ευχαριστώ για την επίσκεψή *σου / σας*.
ɛfxari'stɔ ja tin ɛ'piskɛ'psi su / sas

****Komm / Kommen Sie* bald wieder!**
Να ξαναέρθεις / Να ξαναέρθετε σύντομα!
na ksana'ɛrθis / na ksana'ɛrθɛtɛ 'siňdɔma

Wann sehen wir uns wieder?
Πότε θα ξαναϊδωθούμε;
'pɔtɛ θa ksanaiðɔ'θumɛ

Darf ich Sie nach Hause bringen?
Μου επιτρέπετε να σας συνοδέψω ως το σπίτι σας;
mu ɛpi'trɛpɛtɛ na sas sinɔ'ðɛpsɔ ɔs tɔ 'spitisas

Ich bringe *dich / Sie* zum ...
Θα *σε / σας* πάω ως το ...
θa sɛ / sas 'paɔ ɔs tɔ

Es ist schon spät.
Είναι αργά.
'inɛ ar'γa

Viele Grüße an *den (Kostas) / die (Maria)*!
Χαιρετιυμούς *στον (Κώστα) / στη (Μαρία)*!
çɛrɛti'zmus stɔn ('kɔsta) / sti (ma'ria)

Vielen Dank!
Ευχαριστώ πολύ!
ɛfxari'stɔ pɔ'li

Es war sehr schön!
Ήταν πολύ ωραία!
'itan pɔ'li ɔ'rɛa

Es hat mir sehr gut gefallen.
Μου άρεσε πολύ.
mu 'arɛsɛ pɔ'li

Ich habe mich gut amüsiert.
Πέρασα πολύ ωραία!
'pɛrasa pɔ'li ɔ'rɛa

Allgemeine Fragen

Wann?
Πότε;
'pɔtɛ

Warum?
Γιατί;
ja'ti

Was?
Τι;
ti

Was für ...?
Τι (είδους) ...;
ti ('iðus)

Welche(r)?
Ποια (Ποιος);
pja (pjɔs)

Wem?
Ποιανού;
pja'nu

Mit wem?
Με ποιον;
mɛ pjɔn

Wen?
Ποιον;
pjɔn

Wer?
Ποιος;
pjɔs

Weshalb?
Γιατί;
ja'ti

Wie?
Πώς;
pɔs

Wie lange?
Πόσο (καιρό);
'pɔsɔ (ķɛ'rɔ)

Wieviel?
Πόσο;
'pɔsɔ

Wie viele?
Πόσοι (πόσες, πόσα);
'pɔsi ('pɔsɛs, 'pɔsa)

Wo?
Πού;
pu

Woher?
Από πού;
apɔ'pu

Wohin?
(Για) πού;
(ja) pu

Wozu?
Γιατί;
ja'ti

Darf man hier ...?
Επιτρέπεται εδώ να ...;
ɛpi'trɛpɛtɛ ɛ'ðɔ na

Kann ich ...?
Μπορώ να ...;
bɔ'rɔ na

Brauchen Sie / Brauchst du ...?
Χρειάζεστε/Χρειάζεσαι ...;
xri'azɛstɛ / xri'azɛsɛ

Haben Sie / Hast du ...?
'Εχετε / 'Εχεις ...;
'ɛçɛtɛ/'ɛçis

Wann kann ich ... bekommen?
Πότε μπορώ να έχω ...;
'pɔtɛ bɔ'rɔ na 'ɛxɔ

Wann wird *geöffnet / geschlossen*?
Πότε θα *ανοίξει / κλείσει*;
'pɔtɛ θa a'niksi / 'klisi

Was *wünschen Sie / wünschst du*?
Τι *θέλετε / θέλεις*;
ti 'θɛlɛtɛ / 'θɛlis

Was ist das?
Τι είναι αυτό;
ti 'inɛ a'ftɔ

Was ist geschehen?
Τι συνέβη;
ti si'nɛvi

Was bedeutet das?
Τι σημαίνει αυτό;
ti si'mɛni a'ftɔ

Was kostet das?
Πόσο κοστίζει αυτό;
'pɔsɔ kɔ'stizi a'ftɔ

Was *suchen Sie / suchst du*?
Τι *ζητάτε / ζητάς*;
ti zi'tatɛ / zi'tas

Wem gehört das?
Ποιανού είναι αυτό;
pja'nu 'inɛ a'ftɔ

***Zu wem *möchten Sie / möchtest du*?**
Σε ποιον *θέλετε να πάτε / θέλεις να πας*;
sɛ pjɔn 'θɛlɛtɛ na 'patɛ / 'θɛlis na pas

Wer ist da?
Ποιος είναι εκεί;
pjɔs 'inɛ ɛ'ḵi

Wer kann ...?
Ποιος μπορεί ...;
pjɔz bɔ'ri

Wie heißt ...?
Πώς λέγεται ...;
pɔz 'lɛjɛtɛ

Wie *heißen Sie / heißt du*?
Πώς *λέγεστε / λέγεσαι*;
pɔz 'lɛjɛstɛ / 'lɛjɛsɛ

Wie komme ich *nach / zum / zur / bis* ...?
Πώς θα πάω *για / στον / στην / ως* ...;
pɔs θa 'paɔ ja / stɔn / stin / ɔs

Wie funktioniert das?
Πώς λειτουργεί αυτό;
pɔs litur'ji a'ftɔ

Wie lange dauert es?
Πόσο θα κρατήσει;
'pɔsɔ θa kra'tisi

Wieviel bekomme ich?
Πόσο θα πάρω;
'pɔsɔ θa 'parɔ

Wieviel ist es?
Πόσο κάνουν;
'pɔsɔ 'kanun

Wo befindet sich ...?
Πού βρίσκεται ...;
pu 'vriskɛtɛ

Wo *ist / sind* ...?
Πού είναι ...;
pu 'inɛ

Wo kann ich ...?
Πού μπορώ να ...;
pu bɔ'rɔ na

Wo ist *der / die / das nächste* ...?
Πού είναι *ο πλησιέστερος / η πλησιέστερη / το πλησιέστερο* ...
pu 'inɛ ɔ pli'sjɛstɛrɔs / i pli'sjɛstɛri / tɔ pli'sjɛstɛrɔ

Wo bekomme ich ...?
Πού μπορώ να βρω ...;
pu bɔ'rɔ na vrɔ

Wo gibt es ...?
Πού υπάρχει ...;
pu i'parçi

Wo *wohnen Sie / wohnst du*?
Πού *κάθεστε / κάθεσαι*;
pu 'kaθɛstɛ / 'kaθɛsɛ

Wo sind wir?
Πού είμαστε;
pu 'imastɛ

Woher *kommen Sie / kommst du*?
Από πού *έρχεστε / έρχεσαι*;
apɔ'pu 'ɛrçɛstɛ / 'ɛrçɛsɛ

Wohin *gehen Sie / gehst du*?
Για πού *πάτε / πας*;
ja pu 'patɛ/pas

Wohin führt *dieser Weg / diese Straße*?
Προς τα πού πάει αυτός ο δρόμος;
prɔs ta pu 'pai a'ftɔs ɔ 'ðrɔmɔs

Bitte, Wunsch

Bringen Sie mir bitte ...
Φέρτε μου, παρακαλώ ...
'fɛrtɛmu, paraka'lɔ

Geben Sie uns bitte ...
Δώστε μας, παρακαλώ ...
'ðɔstɛmas, paraka'lɔ

Zeigen Sie mir bitte ...
Δείξτε μου, παρακαλώ ...
'ðikstɛmu, paraka'lɔ

Sagen Sie mir bitte ...
Πέστε μου, παρακαλώ ...
'pɛstɛmu, paraka'lɔ

Wie bitte?
Ορίστε;
ɔ'ristɛ

Was wünschen Sie?
Τι θέλετε;
ti 'θɛlɛtɛ

Haben Sie vielleicht ...?
Μήπως έχετε ...;
'mipɔs 'ɛçɛtɛ

***Ich hätte / Wir hätten* gern ...**
Θα ήθελα / Θα θέλαμε ...
θa 'iθɛla / θa 'θɛlamɛ

Ich brauche ...
Χρειάζομαι ...
xri'azɔmɛ

Ich möchte lieber ...
Θα προτιμούσα ...
θa prɔti'musa

Kann ich ... haben?
Μπορώ να έχω ...;
bɔ'rɔ na 'ɛxɔ

Bitte helfen Sie mir!
Βοηθήστε με, παρακαλώ!
vɔi'θistɛmɛ, paraka'lɔ

Holen Sie bitte ...
Φέρτε, παρακαλώ ...
'fɛrtɛ, paraka'lɔ

Können wir ... bekommen?
Μπορούμε να έχουμε ...;
bɔ'rumɛ na 'ɛxumɛ

Bitte sehr!
Παρακαλώ!
paraka'lɔ

Gestatten Sie?
Μου επιτρέπετε;
mu ɛpi'trɛpɛtɛ

Viel Vergnügen!
Καλή διασκέδαση!
ka'li ðĭa'sk̡ɛðasi

Danken

Danke (sehr)!
Ευχαριστώ (πολύ)!
εfxari'stɔ (pɔ'li)

***Vielen* Dank!**
Ευχαριστώ πολύ!
εfxari'stɔ pɔ'li

Danke, gleichfalls!
Παρακαλώ, επίσης!
paraka'lɔ, ε'pisis

Nein, danke.
Όχι, ευχαριστώ.
'ɔïçi, εfxari'stɔ

Ich bin *dir / Ihnen* sehr dankbar.
Σου / Σας είμαι πολύ ευγνώμων.
su / sas 'imε pɔ'li εv'ɣnɔmɔn

Das werde ich nie vergessen.
Δε θα το ξεχάσω ποτέ.
ðε θa tɔ ksε'xasɔ pɔ'tε

Vielen Dank für *deine / Ihre* Hilfe.
Ευχαριστώ πολύ για τη βοήθειά *σου / σας*.
εfxari'stɔ pɔ'li ja ti vɔ'iθi'a su / sas

***Ich bedanke mich / Wir bedanken uns* vielmals für ...**
Ευχαριστώ / Ευχαριστούμε πολύ για ...
εfxari'stɔ / εfxari'stumε pɔ'li ja

Vielen Dank für *deine / Ihre* Bemühungen.
Ευχαριστώ πολύ για τον κόπο *σου / σας*.
εfxari'stɔ pɔ'li ja tɔn 'kɔpɔ su / sas

Bejahung und Verneinung

Ja.
Ναι.
nε

Gewiß, klar.
Βέβαια.
'vεvεa

Selbstverständlich.
Φυσικά.
fisi'ka

Sehr gern.
Πολύ ευχαρίστως.
pɔ'li εfxa'ristɔs

(Sehr) Gut!
(Πολύ) Καλά!
(pɔ'li) ka'la

Richtig!
Σωστά!
sɔ'sta

Prima!
Πολύ ωραία!
pɔ'li ɔ'rεa

Mit Vergnügen!
Ευχαρίστως!
εfxa'ristɔs

Sicher!
Σίγουρα!
'siɣura

Einverstanden!
Σύμφωνοι!
'simfɔni

In Ordnung!
Εντάξει!
ε'ňdaksi

Wahrscheinlich.
Πιθανόν.
piθa'nɔn

Sehr wahrscheinlich.
Μάλλον.
'malɔn

Vielleicht.
Ίσως.
'isɔs

Nein.
Όχι.
'ɔĭçi

Niemals.
Ποτέ.
pɔ'tɛ

Nichts.
Τίποτα.
'tipɔta

Auf keinen Fall!
Σε καμμία περίπτωση!
sɛ ka'mia pɛ'riptɔsi

Ich will nicht.
Δε θέλω.
ðɛ 'θɛlɔ

Ich kann nicht.
Δε μπορώ.
ðɛ bɔ'rɔ

Das geht nicht.
Δε γίνεται.
ðɛ 'jinɛtɛ

Ich habe keine Lust.
Δεν έχω όρεξη.
ðɛn 'ɛxɔ 'ɔrɛksi

Entschuldigung, Bedauern

Entschuldigung / Verzeihung!
Συγνώμη!
si'ɣnɔmi

Με συγχωρείς! *(du)*
mɛ siŋxɔ'ris

Με συγχωρείτε! *(Sie)*
mɛ siŋxɔ'ritɛ

Es tut mir sehr leid.
Λυπάμαι πολύ.
li'pamɛ pɔ'li

Es ist mir sehr unangenehm.
Μου είναι πολύ δυσάρεστο.
mu 'inɛ pɔ'li ði'sarɛstɔ

Ich muß mich bei *dir / Ihnen* entschuldigen.
Πρέπει να *σου / σας* ζητήσω συγνώμη.
'prɛpi na su / sas zi'tisɔ si'ɣnɔmi

Nehmen Sie es bitte nicht übel!
Μη με παρεξηγήσετε!
mi mɛ parɛksi'jisɛtɛ

Entschuldigen Sie bitte!
Με συγχωρείτε!
mɛ siŋxɔ'ritɛ

Es ist leider unmöglich.
Δυστυχώς είναι αδύνατο.
ðisti'xɔs 'inɛ a'ðinatɔ

Es war mein Fehler.
Ήταν το δικό μου λάθος.
'itan tɔ ði'kɔ mu 'laθɔs

(Wie) schade!
(Τι) κρίμα!
(ti) 'krima

Das habe ich nicht absichtlich getan.
Δεν το έκανα επίτηδες.
ðɛn tɔ 'ɛkana ɛ'pitiðɛs

Ich bedaure das sehr.
Λυπάμαι πολύ γι' αυτό.
li'pamɛ pɔ'li ja'ftɔ

Es ist sehr schade, daß ...
Είναι πολύ κρίμα που ...
'inɛ pɔ'li 'krima pu

Glückwunsch und Beileid

Traditionell wünscht / sagt man zu folgenden Anlässen:

Namenstag:
Viele Jahre!
Χρόνια πολλά!
'xrɔnĭa pɔ'la

Der Namenstag hat in Griechenland eine viel größere Bedeutung als der Geburtstag.

Geburtstag:
Viele Jahre! / Werde 100 Jahre alt!
Χρόνια πολλά! / Να τα εκατοστήσεις!
'xrɔnĭa pɔ'la / na ta ɛkatɔ'stisis

Geburt, Taufe:
Es möge (Euch) leben!
Να σας ζήσει!
na sas 'zisi

Vermählung:
Ihr möget leben!
Να ζήσετε!
na 'zisɛtɛ

Trauerfälle:
Herzliches Beileid!
Συλλυπητήρια!
silipi'tirĭa

Krankheit:
Gute Besserung!
Περαστικά!
pɛrasti'ka

Ostern:
Christus ist auferstanden!
Χριστός Ανέστη!
xri'stɔs a'nɛsti

Viele Jahre!
Χρόνια πολλά!
'xrɔnĭa pɔ'la

Weihnachten:
Viele Jahre!
Χρόνια πολλά!
'xrɔnĭa pɔ'la

Neujahr:
Ein gutes Jahr!
Καλή χρονιά!
ka'li xrɔ'nĭa

Fröhliche Weihnachten und ein frohes neues Jahr!
Καλά Χριστούγεννα και ευτυχισμένο το Νέο Έτος!
ka'la xri'stujɛna ķɛ ɛftiçi'zmɛnɔ to 'nɛɔ 'ɛtɔs

Erfolg:
Herzlichen Glückwunsch!
Συγχαρητήρια!
siŋxari'tirĭa

etwa:
Und auf Höheres!, Weiter so!
Και εις ανώτερα!
ķɛ is a'nɔtɛra

Ich gratuliere Ihnen zu diesem Erfolg!
Σας συγχαίρω γι' αυτή την επιτυχία σας!
sas si'ŋçɛrɔ ja'fti tin ɛpiti'çiasas

Weitere Wünsche:
Viel Glück!
Καλή τύχη!
ka'li 'tiçi

Viel Erfolg!
Καλή επιτυχία!
ka'li ɛpiti'çia

Alles Gute!
Με το καλό!
mɛ tɔ ka'lɔ

Herzlichen Glückwunsch!
Θερμά συγχαρητήρια!
θɛr'ma siŋxari'tirĭa

Viel Vergnügen!
Καλή διασκέδαση!
ka'li ðĭa'sķɛðasi

***Ich wünsche / Wir wünschen* Ihnen …**
Σας *εύχομαι / ευχόμαστε* …
sas 'ɛfxɔmɛ / ɛf'xɔmastɛ

Beschwerden

Ich möchte mich beschweren.
Θέλω να παραπονεθώ.
'θεlɔ na parapɔnε'θɔ

Ich muß mich über ... beschweren.
Πρέπει να παραπονεθώ για ...
'prεpi na parapɔnε'θɔ ja

Das ist sehr ärgerlich.
Αυτό είναι πολύ λυπηρό.
a'ftɔ 'inε pɔ'li lipi'rɔ

Es *fehlt* / *fehlen* ...
Λείπει / *Λείπουν* ...
'lipi / 'lipun

Ich habe kein(e) ...
Δεν έχω ...
ðεn 'εxɔ

Es gibt kein(e) ...
Δεν υπάρχει ...
ðεn i'parçi

... funktioniert nicht.
... δεν λειτουργεί.
ðεn litur'ji

... ist nicht in Ordnung.
... δεν είναι εντάξει.
ðεn 'inε ε'ňdaksi

Verständigung

Sprechen Sie Deutsch?
Μιλάτε Γερμανικά;
mi'latε jεrmani'ka

Englisch?
Αγγλικά;
aŋ̌gli'ka

Französisch?
Γαλλικά;
ɣali'ka

Verstehen Sie mich?
Με καταλαβαίνετε;
mε katala'vεnεtε

Ich verstehe nichts.
Δεν καταλαβαίνω τίποτα.
ðεn katala'vεnɔ 'tipɔta

Sprechen Sie bitte etwas langsamer!
Μιλάτε, σας παρακαλώ, λίγο πιο σιγά!
mi'latε, sas paraka'lɔ, 'liɣɔ pjɔ si'ɣa

Ich habe (es) nicht verstanden.
Δεν κατάλαβα.
ðεn ka'talava

Sie sprechen sehr schnell.
Μιλάτε πολύ γρήγορα.
mi'latε pɔ'li 'ɣriɣɔra

Was heißt ... auf griechisch?
Πώς λέγεται ... στα ελληνικά;
pɔz 'lεjεtε ... sta εlini'ka

Was bedeutet das?
Τι σημαίνει αυτό;
ti si'mεni a'ftɔ

Wie heißt das auf griechisch?
Πώς λέγεται αυτό στα ελληνικά;
pɔz 'lɛjɛtɛ a'ftɔ sta ɛlini'ka

Ich verstehe.
Καταλαβαίνω.
katala'vɛnɔ

Wie spricht man dieses Wort aus?
Πώς προφέρεται αυτή η λέξη;
pɔs prɔ'fɛrɛtɛ a'fti i 'lɛksi

Wie bitte?
Ορίστε;
ɔ'ristɛ

Könnten Sie mir das bitte übersetzen?
Μπορείτε να μου το μεταφράσετε;
bɔ'ritɛ na mu tɔ mɛta'frasɛtɛ

Was sagten Sie bitte?
Τι είπατε παρακαλώ;
ti 'ipatɛ paraka'lɔ

Schreiben Sie das bitte auf!
Γράψτε το, σας παρακαλώ!
'ɣrapstɛ tɔ sas paraka'lɔ

Wo steht das im Wörterbuch?
Πού βρίσκεται αυτό στο λεξικό;
pu 'vrisķɛtɛ a'ftɔ stɔ lɛksi'kɔ

Buchstabieren Sie das bitte!
Το συλλαβίζετε, παρακαλώ;
tɔ sila'vizɛtɛ, paraka'lɔ

Ich kann nur wenig Griechisch.
Μιλάω μόνο λίγα Ελληνικά.
mi'laɔ 'mɔnɔ 'liɣa ɛlini'ka

Wetter

Wie wird das Wetter?
Πώς θα είναι ο καιρός;
pɔsta 'inɛ ɔ ķɛ'rɔs

Was meldet der Wetterbericht?
Τι λέει το δελτίο καιρού;
ti 'lɛi tɔ ðɛl'tiɔ ķɛ'ru

Das Barometer *steigt / fällt*.
Το βαρόμετρο *ανεβαίνει / πέφτει*.
tɔ va'rɔmɛtrɔ anɛ'vɛni / 'pɛfti

Wir bekommen ...
Θα έχουμε ...
θa 'ɛxumɛ

schönes Wetter	καλό καιρό	ka'lɔ ķɛ'rɔ
schlechtes Wetter ...	κακό καιρό	ka'kɔ ķɛ'rɔ
wechselhaftes Wetter .	άστατο καιρό	'astatɔ ķɛ'rɔ

Bleibt das Wetter schön?
Θα παραμείνει ο καιρός ωραίος;
θa para'mini ɔ ķɛ'rɔs ɔ'rɛɔs

Es bleibt schön.
Θα παραμείνει η καλοκαιρία.
θa para'mini i kalɔķɛ'ria

Das Wetter wird sich ändern.
Ο καιρός θα αλλάξει.
ɔ ķɛ'rɔs θa a'laksi

Das Wetter wird wieder schön.
Ο καιρός θα καλλιτερέψει.
ɔ ķɛ'rɔs θa kalitɛ'rɛpsi

Es ist *kalt* / *warm*.
Κάνει *κρύο* / *ζέστη*.
'kani 'kriɔ / 'zɛsti

Es sieht nach Regen aus.
Πάει για βροχή.
'pai ja vrɔ'çi

Wird es *regnen* / *schneien*?
Θά *βρέξει* / *χιονίσει*;
θa 'vrɛksi / çĭɔ'nisi

Ist die Paßstraße frei?
Είναι το πέρασμα ελεύθερο;
'inɛ tɔ 'pɛrazma ɛ'lɛfθɛrɔ

Wie ist der Zustand der Straße nach ...?
Ποια είναι η κατάσταση του δρόμου για ...;
pja 'inɛ i ka'tastasi tu 'ðrɔmu ja

Es ist sehr glatt.
Γλυστράει πολύ.
ɣli'strai pɔ'li

Es ist sehr heiß.
'Εχει πολλή ζέστη.
'ɛçi pɔ'li 'zɛsti

Es ist sehr schwül.
'Εχει κουφόβραση.
'ɛçi ku'fɔvrasi

Es ist neblig.
'Εχει ομίχλη.
'ɛçi ɔ'mixli

Es ist stürmisch.
'Εχει θύελλα.
'ɛçi 'θiɛla

Es ist sehr windig.
Φυσάει πολύ.
fi'sai pɔ'li

Es ist sonnig.
'Εχει λιακάδα.
'ɛçi lĭa'kaða

Wieviel Grad haben wir?
Πόσους βαθμούς έχουμε;
'pɔsuz vaθ'mus 'ɛxumɛ

Wir haben ... Grad (unter Null).
'Εχουμε ... βαθμούς (κάτω από το μηδέν).
'ɛxumɛ ... vaθ'mus ('katɔ a'pɔ tɔ mi'ðɛn)

Der Wind hat sich gelegt.
Ο αέρας σταμάτησε.
ɔ a'ɛras sta'matisɛ

Der Wind hat sich gedreht.
Ο αέρας γύρισε.
ɔ a'ɛras 'jirisɛ

Wir werden ein Gewitter bekommen.
Θα έχουμε καταιγίδα.
θa 'ɛxumɛ katɛ'jiða

Es gibt Sturm.
Θα έχουμε θύελλα.
θa 'ɛxumɛ 'θiɛla

Wird sich der Nebel auflösen?
Θα ανοίξει η ομίχλη;
θa a'niksi i ɔ'mixli

Es hat aufgehört zu regnen.
Η βροχή σταμάτησε.
i vrɔ'çi sta'matisɛ

Das Wetter klärt sich auf.
Ο καιρός ανοίγει.
ɔ ķɛ'rɔs a'niji

Die Sonne scheint.
Ο ήλιος λάμπει.
ɔ 'ilĭɔs 'lam̆bi

Die Sonne brennt.
Ο ήλιος καίει.
ɔ 'ilĭɔs 'ķei

Der Himmel ist klar.
Ο ουρανός είναι καθαρός.
ɔ ura'nɔs 'inɛ kaθa'rɔs

Es kommt eine Hitzewelle.
Θα έρθει καύσωνας.
θa 'ɛrθi 'kafsɔnas

Es gibt Seegang.
Η θάλασσα είναι ταραγμένη.
i 'θalasa 'inɛ tara'ɣmɛni

Das Meer ist ruhig.
Η θάλασσα είναι ήρεμη.
i 'θalasa 'inɛ 'irɛmi

Barometer	βαρόμετρο	va'rɔmɛtrɔ
bewölkt	συννεφιασμένος	sinɛfĭa'zmɛnɔs
Bewölkung	συννεφιά	sinɛ'fja
Blitz	αστραπή	astra'pi
– es blitzt	αστράφτει	a'strafti
Dämmerung	λυκόφως, σούρουπο	li'kɔfɔs, 'surupɔ
Donner	βροντή	vrɔ'n̆di
– es donnert	βροντάει	vrɔ'n̆dai
Eis	πάγος	'paɣɔs
Erdbeben	σεισμός	si'zmɔs
Flut	πλημμύρα	pli'mira
Frost	παγωνιά	paɣɔ'nja
– es friert	έχει παγωνιά	'ɛçi paɣɔ'nja
Gewitter	καταιγίδα	katɛ'jiða

Glatteis	γλιστερός πάγος	γlistɛ'rɔs 'paγɔs
Hagel	χαλάζι	xa'lazi
– es hagelt	πέφτει χαλάζι	'pɛfti xa'lazi
Hitze	ζέστη	'zɛsti
Hoch	υψηλό	ipsi'lɔ
Klima	(το) κλίμα	'klima
Luft	αέρας	a'ɛras
Luftdruck	πίεση αέρα	'piɛsi a'ɛra
Luftzug	(το) ρεύμα αέρα	'rɛvma a'ɛra
Mond	φεγγάρι	fɛ'ŋ̆gari
Nebel	ομίχλη	ɔ'mixli
Niederschläge	βροχοπτώσεις	vrɔxɔ'ptɔsis
Regen	βροχή	vrɔ'çi
– es regnet	βρέχει	'vrɛĭçi
Regenschauer	μπόρα	'bɔra
Schnee	χιόνι	'çĭɔni
– es schneit	χιονίζει	çĭɔ'nizi
Schneegestöber	χιονοστρόβιλος	çĭɔnɔ'strɔvilɔs
Schneesturm	χιονοθύελλα	çĭɔnɔ'θiɛla
Sonne	ήλιος	'ilĭɔs
Sonnenaufgang	ανατολή	anatɔ'li
Sonnenuntergang	δύση	'ðisi
Stern	αστέρι, άστρο	as'tɛri, 'astrɔ
Straßenzustand	κατάσταση δρόμου	ka'tastasi 'ðrɔmu
Sturm	θύελλα	'θiɛla
Tau	δροσιά	ðrɔ'sja
Tauwetter	(το) ξεπάγωμα	ksɛ'paγɔma
– es taut	το χιόνι λειώνει	tɔ 'çĭɔni li'ɔni
Temperatur	θερμοκρασία	θɛrmɔkra'sia
Tief	χαμηλό	xami'lɔ
Wetter	καιρός	ķɛ'rɔs
Wetterbericht	δελτίο καιρού	ðɛl'tiɔ ķɛ'ru
Wind	άνεμος, αέρας	'anɛmɔs, a'ɛras
– es ist windig	φυσάει	fi'sai
– Nordwind	βοριάς	vɔ'rjas
– Ostwind	ανατολικός αέρας	anatɔli'kɔs a'ɛras
– Südwind	νοτιάς	nɔ'tjas
– Westwind	δυτικός αέρας	ðiti'kɔs a'ɛras
Wolke	σύννεφο	'sinɛfɔ
Wolkenbruch	νεροποντή	nɛrɔpɔ'ňdi

Zahlen

Grundzahlen

1	ένα	'εna	6	έξι	'εksi
2	δύο	'ðiɔ	7	εφτά	ε'fta
3	τρία	'tria	8	οχτώ	ɔ'xtɔ
4	τέσσερα	'tεsεra	9	εννιά	ε'nja
5	πέντε	'pεñdε	10	δέκα	'ðεka

11	έντεκα	'εñdεka
12	δώδεκα	'ðɔðεka
13	δεκατρία	ðεka'tria
14	δεκατέσσερα	ðεka'tεsεra
15	δεκαπέντε	ðεka'pεñdε
16	δεκαέξι	ðεka'εksi
17	δεκαεφτά	ðεkaε'fta
18	δεκαοχτώ	ðεkaɔ'xtɔ
19	δεκαεννιά	ðεkaε'nja
20	είκοσι	'ikɔsi
21	εικοσιένα	ikɔsi'εna
22	εικοσιδύο	ikɔsi'ðiɔ
23	εικοσιτρία	ikɔsi'tria
24	εικοσιτέσσερα	ikɔsi'tεsεra
25	εικοσιπέντε	ikɔsi'pεñdε
26	εικοσιέξι	ikɔsi'εksi
27	εικοσιεφτά	ikɔsiε'fta
28	εικοσιοχτώ	ikɔsiɔ'xtɔ
29	εικοσιεννιά	ikɔsiε'nja
30	τριάντα	tri'añda
40	σαράντα	sa'rañda
50	πενήντα	pε'niñda
60	εξήντα	ε'ksiñda
70	εβδομήντα	ενðɔ'miñda
80	ογδόντα	ɔ'γðɔñda
90	ενενήντα	εnε'niñda
100	εκατό	εka'tɔ
200	διακόσια	ðia'kɔsja
1 000	χίλια	'çilja
2 000	δύο χιλιάδες	'ðiɔ çi'ljaðεs
10 000	δέκα χιλιάδες	'ðεka çi'ljaðεs
1 000 000	ένα εκατομμύριο	'εna εkatɔ'mirjɔ

Ordnungszahlen

1.	πρώτος	'prɔtɔs	**6.**	έκτος	'ɛktɔs
2.	δεύτερος	'ðɛftɛrɔs	**7.**	έβδομος	'ɛvðɔmɔs
3.	τρίτος	'tritɔs	**8.**	όγδοος	'ɔɣðɔɔs
4.	τέταρτος	'tɛtartɔs	**9.**	ένατος	'ɛnatɔs
5.	πέμπτος	'pɛm̃ptɔs	**10.**	δέκατος	'ðɛkatɔs

11.	ενδέκατος	ɛ'ñðɛkatɔs
12.	δωδέκατος	ðɔ'ðɛkatɔs
13.	δέκατος τρίτος	'ðɛkatɔs 'tritɔs
14.	δέκατος τέταρτος	'ðɛkatɔs 'tɛtartɔs
15.	δέκατος πέμπτος	'ðɛkatɔs 'pɛm̃ptɔs
16.	δέκατος έκτος	'ðɛkatɔs 'ɛktɔs
17.	δέκατος έβδομος	'ðɛkatɔs 'ɛvðɔmɔs
18.	δέκατος όγδοος	'ðɛkatɔs 'ɔɣðɔɔs
19.	δέκατος ένατος	'ðɛkatɔs 'ɛnatɔs
20.	εικοστός	ikɔ'stɔs
21.	εικοστός πρώτος	ikɔ'stɔs 'prɔtɔs
22.	εικοστός δεύτερος	ikɔ'stɔs 'ðɛftɛrɔs
23.	εικοστός τρίτος	ikɔ'stɔs 'tritɔs
24.	εικοστός τέταρτος	ikɔ'stɔs 'tɛtartɔs
25.	εικοστός πέμπτος	ikɔ'stɔs 'pɛm̃ptɔs
26.	εικοστός έκτος	ikɔ'stɔs 'ɛktɔs
27.	εικοστός έβδομος	ikɔ'stɔs 'ɛvðɔmɔs
28.	εικοστός όγδοος	ikɔ'stɔs 'ɔɣðoos
29.	εικοστός ένατος	ikɔ'stɔs 'ɛnatɔs
30.	τριακοστός	triakɔ'stɔs
40.	τεσσαρακοστός	tɛsarakɔ'stɔs
50.	πεντηκοστός	pɛñdikɔ'stɔs
60.	εξηκοστός	ɛksikɔ'stɔs
70.	εβδομηκοστός	ɛvðɔmikɔ'stɔs
80.	ογδοηκοστός	ɔɣðɔikɔ'stɔs
90.	ενενηκοστός	ɛnɛnikɔ'stɔs
100.	εκατοστός	ɛkatɔ'stɔs
200.	διακοσιοστός	ðĭakɔsjɔ'stɔs
1 000.	χιλιοστός	çiljɔ'stɔs
2 000.	δισχιλιοστός	ðisçiljɔ'stɔs
10 000	δεκάκις χιλιοστός	ðɛ'kaĭkis çiljɔ'stɔs

Die Ordnungszahlen werden wie Adjektive auf -ος dekliniert:

Nom.	ο πρώτος	η πρώτη	το πρώτο
Gen.	του πρώτου	της πρώτης	του πρώτου
Akk.	τον πρώτο	την πρώτη	το πρώτο

Uhrzeit

Wie spät ist es?
Τι ώρα είναι;
ti 'ɔra 'inɛ

Haben Sie genaue Zeit?
Έχετε ακριβή ώρα;
'ɛçɛtɛ akri'vi 'ɔra

Wann?
Πότε;
'pɔtɛ

Wie lange?
Για πόσο καιρό;
ja 'pɔsɔ ķɛ'rɔ

Von wann bis wann?
Από πότε μέχρι πότε;
a'pɔ 'pɔtɛ 'mɛxri 'pɔtɛ

Um wieviel Uhr?
Τι ώρα;
ti 'ɔra

Wann genau?
Πότε ακριβώς;
'pɔtɛ akri'vɔs

Es ist 1 Uhr.
Είναι 1 η ώρα.
'inɛ 'mia i 'ɔra

Es ist ungefähr 2 Uhr.
Είναι περίπου 2.
'inɛ pɛ'ripu 'ðiɔ

Es ist genau 3 Uhr.
Είναι ακριβώς 3.
'inɛ akri'vɔs tris

Es ist *halb 7 / 6 Uhr 30.*
Είναι 6 και μισή.
'inɛ 'ɛksi ķɛ mi'si

Es ist dreiviertel 7.
Είναι 7 παρά τέταρτο.
'inɛ ɛ'fta pa'ra 'tɛtartɔ

Es ist 5 (Minuten) nach 4.
Είναι 4 και πέντε (λεπτά).
'inɛ 'tɛsɛrisķɛ 'pɛňdɛ (lɛ'pta)

Es ist ein Viertel nach 5.
Είναι 5 και τέταρτο.
'inɛ 'pɛňdɛ ķɛ 'tɛtartɔ

Es ist 10 (Minuten) vor 8.
Είναι 8 παρά 10.
'inɛ ɔ'xtɔ pa'ra 'ðɛka

Um 10 Uhr.
Στις 10.
stis 'ðɛka

Um 9 Uhr 30.
Στις 9 και μισή.
stis ɛ'nja ķɛ mi'si

Pünktlich um 11.
Στις 11 ακριβώς.
stis 'ɛňdɛka akri'vɔs

Um 20 Uhr 15 *(= um 8 Uhr 15 abends).*
Στις 8 και τέταρτο (το βράδυ).
stis ɔ'xtɔ ķɛ 'tɛtartɔ (tɔ 'vraði)

Bei offiziellen Zeitangaben heißt es:

Um 20 Uhr 15.
Στις 20 και 15.
stis 'ikɔsi ķɛ ðɛka'pɛñdɛ

Eine Stunde lang.
Για μια ώρα.
ja mĩa 'ɔra

Für eine halbe Stunde.
Για μισή ώρα.
ja mi'si 'ɔra

Von 4 bis 5.
Από τις τέσσερεις ως τις πέντε.
a'pɔ tis 'tɛsɛris ɔs tis 'pɛñdɛ

Zwischen 5 und 6.
Μεταξύ πέντε και έξι.
mɛta'ksi 'pɛñdɛ ķɛ 'ɛksi

Um 5 Uhr nachmittags.
Στις πέντε το απόγευμα.
stis 'pɛñdɛ tɔ a'pɔjɛvma

Um 7 Uhr abends.
Στις εφτά το βράδυ.
stis ɛ'fta tɔ 'vraði

Spätestens bis 1 Uhr.
Το πολύ μέχρι τη 1.
tɔ pɔ'li 'mɛxri ti 'mia

Genau um 6 Uhr.
Στις 6 ακριβώς.
stis 'ɛksi akri'vɔs

Gegen 2 Uhr.
Γύρω στις 2.
'jirɔ stis 'ðiɔ

In einer halben Stunde.
Σε μισή ώρα.
sɛ mi'si 'ɔra

In zwei Stunden.
Σε δύο ώρες.
sɛ 'ðiɔ 'ɔrɛs

Nicht vor 7 Uhr.
Όχι πριν τις εφτά.
'ɔĩçi priñ dis ɛ'fta

Kurz nach 9 Uhr.
Λίγο μετά τις εννιά.
'liɣɔ mɛ'ta tis ɛ'nja

Es ist (zu) spät.
Είναι (πολύ) αργά.
'inɛ (pɔ'li) ar'ɣa

Es ist noch zu früh.
Είναι νωρίς ακόμα.
'inɛ nɔ'ris a'kɔma

Geht diese Uhr richtig?
Πάει αυτό το ρολόι σωστά;
'pai a'ftɔ tɔ rɔ'lɔi sɔ'sta

Sie geht *vor / nach*.
Πάει *μπροστά / πίσω*.
'pai brɔ'sta / 'pisɔ

Allgemeine Zeitangaben

Am Tage.
Την ημέρα.
tin i'mɛra

Morgens.
Το πρωί.
tɔ prɔ'i

Vormittags.
Το πρωί.
tɔ prɔ'i

Gegen Mittag.
Κατά το μεσημέρι.
ka'ta tɔ mɛsi'mɛri

Mittags.
Το μεσημέρι.
tɔ mɛsi'mɛri

Nachmittags.
Το απόγευμα.
tɔ a'pɔjɛvma

Abends.
Το βράδυ.
tɔ 'vraði

Nachts.
Τη νύχτα.
ti 'nixta

Um Mitternacht.
Τα μεσάνυχτα.
ta mɛ'sanixta

Täglich.
Καθημερινά (-νώς)
kaθimɛri'na (-'nɔs)

Stündlich.
Κάθε ώρα.
'kaθɛ 'ɔra

Vorgestern.
Προχθές.
prɔ'xθɛs

Gestern.
Χθές.
xθɛs

Heute.
Σήμερα.
'simɛra

Morgen.
Αύριο.
'avrĭɔ

Übermorgen.
Μεθαύριο.
mɛ'θavrĭɔ

In einer Woche.
Σε μια βδομάδα.
se mja vðɔ'maða

In 14 Tagen.
Σε 14 μέρες.
sɛ ðɛka'tɛsɛris 'mɛrɛs

Heute *morgen / vormittag / mittag*.
Σήμερα *το πρωί / το πρωί / το μεσημέρι.*
'simɛra tɔ prɔ'i / tɔ prɔ'i / tɔ mɛsi'mɛri

Heute *nachmittag / abend / nacht*.
Σήμερα *το απόγευμα / το βράδυ / τη νύχτα.*
'simɛra tɔ a'pɔjɛvma / tɔ 'vraði / ti 'nixta

Morgen früh.
Αύριο το πρωί.
'avrĭɔ tɔ prɔ'i

Gestern abend.
Χτες το βράδυ.
xtɛs tɔ 'vraði

Vor zwei Tagen.
Πριν δύο μέρες.
prin 'ðiɔ 'mɛrɛs

Vor drei Wochen.
Πριν τρεις βδομάδες.
prin tris vðɔ'maðɛs

Vor einem Monat.
Πριν ένα μήνα.
prin 'ɛna 'mina

Seit zehn Tagen.
Εδώ και δέκα μέρες.
ɛ'ðɔ ķɛ 'ðɛka 'mɛrɛs

Innerhalb einer Woche.
Μέσα σε μια βδομάδα.
'mɛsa sɛ mja vðɔ'maða

Am Wochenende.
Το Σαββατοκύριακο.
tɔ savatɔ'ķiriakɔ

Jede Woche.
Κάθε βδομάδα.
'kaθɛ vðɔ'maða

***Voriges / nächstes* Jahr.**
Πέρσι / Του χρόνου.
'pɛrsi / tu 'xrɔnu

Jedes Jahr.
Κάθε χρόνο.
'kaθɛ 'xrɔnɔ

Von Zeit zu Zeit.
Από καιρό σε καιρό.
a'pɔ ķɛ'rɔ sɛ ķɛ'rɔ

Um diese Zeit.
Αυτό τον καιρό.
a'ftɔ tɔŋ̆g̦ɛ'rɔ

Zur Zeit.
Προς το παρόν / Για την ώρα.
prɔs tɔ pa'rɔn / ja tin 'ɔra

bald	σύντομα	'siňdɔma
bis	ώς, μέχρι	ɔs, 'mɛxri
früher	νωρίτερα, άλλοτε	nɔ'ritɛra, 'alɔtɛ
jederzeit	πάντοτε	'paňdɔtɛ
jetzt	τώρα	'tɔra
manchmal	μερικές φορές, πού και πού	mɛri'ķɛs fɔ'rɛs, 'pu ķɛ 'pu
neulich	τελευταία	tɛlɛ'ftɛa
rechtzeitig	εγκαίρως	ɛ'ŋ̆g̦ɛrɔs
seit	από	a'pɔ
später	αργότερα	ar'ɣɔtɛra
vorher	προηγουμένως	prɔiɣu'mɛnɔs
vor kurzem	πριν από λίγο	prin a'pɔ 'liɣɔ
vorläufig	προσωρινά	prɔsɔri'na
Sekunde	δευτερόλεπτο	ðɛftɛ'rɔlɛptɔ
Minute	λεπτό	lɛ'ptɔ
Stunde	ώρα	'ɔra
Tag	(η) μέρα	(i) 'mɛra
Woche	(ε)βδομάδα	(ɛ)vðɔ'maða
Monat	μήνας	'minas
Jahr	(το) έτος, χρόνος	'ɛtɔs, 'xrɔnɔs
– halbes Jahr	εξάμηνο	ɛ'ksaminɔ
– Vierteljahr	τριμηνία	trimi'nia

Wochentage

Montag	Δευτέρα	ðɛ'ftɛra
Dienstag	Τρίτη	'triti
Mittwoch	Τετάρτη	tɛ'tarti
Donnerstag	Πέμπτη	'pɛm̃bti
Freitag	Παρασκευή	paraskɛ'vi
Sonnabend/Samstag	Σάββατο	'savatɔ
Sonntag	Κυριακή	kirja'ki

Monate

Januar	Ιανουάριος (Γενάρης)	janu'arĭɔs (jɛ'naris)
Februar	Φεβρουάριος (Φλεβάρης)	fɛvru'arĭɔs (flɛ'varis)
März	Μάρτιος (Μάρτης)	'martĭɔs ('martis)
April	Απρίλιος (Απρίλης)	a'prilĭɔs (a'prilis)
Mai	Μάιος (Μάης)	'majɔs ('mais)
Juni	Ιούνιος (Ιούνης)	'ĭunĭɔs ('ĭunis)
Juli	Ιούλιος (Ιούλης)	'ĭulĭɔs ('ĭulis)
August	Αύγουστος	'avɣustɔs
September	Σεπτέμβριος (Σεπτέμβρης)	sɛ'ptɛmvrĭɔs (sɛ'ptɛmvris)
Oktober	Οκτώβριος (Οκτώβρης)	ɔ'ktɔvrĭɔs (ɔ'ktɔvris)
November	Νοέμβριος (Νοέμβρης)	nɔ'ɛmvrĭɔs (nɔ'ɛmvris)
Dezember	Δεκέμβριος (Δεκέμβρης)	ðɛ'kɛmvrĭɔs (ðɛ'kɛmvris)

Den in Klammern gesetzten Monatsnamen begegnet man vor allem in der gesprochenen Sprache.

Jahreszeiten

Frühling	άνοιξη	'aniksi
Sommer	καλοκαίρι	kalɔ'ķɛri
Herbst	φθινόπωρο	fθi'nɔpɔrɔ
Winter	χειμώνας	çi'mɔnas
im Frühling	την άνοιξη	tin 'aniksi
im Sommer	το καλοκαίρι	tɔ kalɔ'ķɛri
im Herbst	το φθινόπωρο	tɔ fθi'nɔpɔrɔ
im Winter	το χειμώνα	tɔ çi'mɔna

Feiertage

Rosenmontag	η Καθαρή Δευτέρα	i kaθa'ri ðɛ'ftɛra
Karfreitag	η Μεγάλη Παρα-σκευή	i mɛ'ɣali paraskɛ'vi
Ostern	το Πάσχα	tɔ 'pasxa
Ostermontag	η Δευτέρα του Πάσχα	i ðɛ'ftɛra tu 'pasxa
Himmelfahrt	Της Αναλήψεως	tis ana'lipsɛɔs
Pfingsten	η Πεντηκοστή	pɛňdikɔ'sti
15. August	ο Δεκαπεντ-αύγουστος	ɔ ðɛkapɛ'ňd-avɣustɔs
Fronleichnam	Της Αγίας Δωρεάς	tis a'jiaz ðɔrɛ'as
Allerheiligen	Των Αγίων Πάντων	tɔn a'jiɔn 'paňdɔn
Weihnachten	τα Χριστούγεννα	ta xri'stujɛna
Silvester	παραμονή Πρωτοχρονιάς	paramɔ'ni prɔtɔxrɔ'ňias

Von großer Bedeutung sind auch die beiden Nationalfeiertage:

der 25. März
(zum Gedenken an den Ausbruch des Befreiungskampfes gegen das Osmanische Reich im Jahre 1821) und

der 28. Oktober
(der „ochi"-Tag, das entschlossene Nein auf Mussolinis Ultimatum zur kampflosen Unterwerfung im Jahre 1940).

Datum

Den wievielten haben wir heute?
Πόσες του μηνός έχουμε σήμερα;
'pɔsɛs tu mi'nɔs 'ɛxumɛ 'simɛra

Welches Datum haben wir heute?
Τι ημερομηνία έχουμε σήμερα;
ti imɛrɔmi'nia 'ɛxumɛ 'simɛra

Heute ist der 2. Juli.
Σήμερα είναι δύο Ιουλίου.
'simɛra 'inɛ 'ðiɔ ĭu'liu

Gestern war der 1. Juli.
Χτες ήταν η πρώτη Ιουλίου.
xtɛs 'itan i 'prɔti ĭu'liu

Morgen ist der 3. Juli.
Αύριο είναι τρεις Ιουλίου.
'avrĭɔ 'inɛ tris ĭu'liu

Am 15. August 1990.
Στις δεκαπέντε Αυγούστου χίλια εννιακόσια ενενήντα.
stis ðɛka'pɛn͂dɛ av'ɣustu 'çilĭa ɛnĭa'kɔsĭa ɛnɛ'nin͂da

Am 1. April dieses Jahres.
Φέτος την πρώτη Απριλίου.
'fɛtɔs tin 'prɔti apri'liu

Am 8. März vergangenen Jahres.
Πέρσι στις οχτώ Μαρτίου.
'pɛrsi stis ɔ'xtɔ mar'tiu

Nächstes Jahr am 30. Mai.
Του χρόνου στις τριάντα Μαΐου.
tu 'xrɔnu stis tri'an͂da ma'iu

Wir reisen am 20. September ab.
Θα αναχωρήσουμε στις είκοσι Σεπτεμβρίου.
θa anaxɔ'risɔmɛ stis 'ikɔsi sɛptɛm̥'vriu

Am 4. *dieses / nächsten* Monats.
Στις τέσσερεις *αυτού του / του επόμενου* μήνα.
stis 'tɛsɛris a'ftu tu / tu ɛ'pɔmɛnu 'mina

Wir sind am 12. August angekommen.
Φθάσαμε στις δώδεκα Αυγούστου.
'ftasamɛ stis 'ðɔðɛka av'ɣustu

Bis zum 10. März.
Μέχρι τις δέκα Μαρτίου.
'mɛxri tis 'ðɛka mar'tiu

Alter

Wie alt *bist du* / *sind Sie*?
Πόσων χρονών *είσαι* / *είστε*;
'pɔsɔn xrɔ'nɔn 'isɛ / 'istɛ

Wie alt ist *er* / *sie*?
Πόσων χρονών είναι;
'pɔsɔn xrɔ'nɔn 'inɛ

Ich bin 20 Jahre alt.
Είμαι είκοσι χρονών.
'imɛ 'ikɔsi xrɔ'nɔn

Ich bin über 18 Jahre alt.
Είμαι πάνω από δεκαοχτώ.
'imɛ 'panɔ a'pɔ ðɛkaɔ'xtɔ

Wann *hast du* / *haben Sie* Geburtstag?
Πότε *έχεις* / *έχετε* γενέθλια;
'pɔtɛ 'ɛçis / 'ɛçɛtɛ jɛ'nɛθlĭa

Er ist *jünger* / *älter*.
Είναι *μικρότερος* / *μεγαλύτερος*.
'inɛ mi'krɔtɛrɔs / mɛɣa'litɛrɔs

Sie ist *jünger* / *älter*.
Είναι *μικρότερη* / *μεγαλύτερη*.
'inɛ mi'krɔtɛri / meɣa'litɛri

Ich bin am ... geboren.
Γεννήθηκα στις ...
jɛ'niθika stis

Im Alter von ... Jahren.
Σε ηλικία ... ετών.
sɛ ili'ķia ... ɛ'tɔn

In meinem Alter.
Στην ηλικία μου.
stin ili'ķiamu

Kinder unter 6 Jahren.
Παιδιά κάτω των έξι ετών.
pɛ'ðja 'katɔ tɔn 'ɛksi ɛ'tɔn

minderjährig / volljährig
ανήλικος, -η / ενήλικος, -η
a'nilikɔs, -i / ɛ'nilikɔs, -i

Baby	μωρό	mɔ'rɔ
Kind	παιδί	pɛ'ði
Jugendliche(r)	νεαρός, νεαρή	nɛa'rɔs, nɛa'ri
junger Mann	νέος άντρας	'nɛɔs 'an̆dras
junge Frau	νέα γυναίκα	'nɛa ji'nɛka
älterer Mann	ηλικιωμένος	iliķĭɔ'mɛnɔs
ältere Frau	ηλικιωμένη	iliķĭɔ'mɛni
alter Mann	γέρος	'jɛrɔs
alte Frau	γριά	ɣrĭ'a

Familie

Bruder	αδελφός	aðɛl'fɔs
Cousin	ξάδελφος	'ksaðɛlfɔs
Cousine	ξαδέλφη	ksa'ðɛlfi
Ehefrau	σύζυγος, γυναίκα	'siziɣɔs, ji'nɛka
Ehemann	σύζυγος, άντρας	'siziɣɔs, 'andras
Eltern	γονείς	ɣɔ'nis
Enkel	εγγονός	ɛŋgɔ'nɔs
Enkeltochter	εγγονή	ɛŋgɔ'ni
Familie	οικογένεια	ikɔ'jɛnĭa
Großmutter	γιαγιά	ja'ja
Großvater	παππούς	pa'pus
Junge	αγόρι	a'ɣɔri
Mädchen	κορίτσι	kɔ'ritsi
Mutter	μητέρα	mi'tɛra
– Stiefmutter	μητριά	mitrĭ'a
Neffe	ανηψιός	ani'psjɔs
Nichte	ανηψιά	ani'psja
Onkel	θείος	'θiɔs
Pate	νονός	nɔ'nɔs
Patin	νονά	nɔ'na
Schwester	αδελφή	aðɛl'fi
Sohn	γιος	jɔs
Tante	θεία	'θia
Tochter	κόρη	'kɔri
Vater	πατέρας	pa'tɛras
– Stiefvater	πατριός	patrĭ'ɔs
Vetter	ξάδελφος	'ksaðɛlfɔs

Berufe

Angestellte(r)	υπάλληλος	i'palilɔs
Apotheker	φαρμακοποιός	farmakɔ'pjɔs
Arbeiter	εργάτης	ɛr'ɣatis
Arbeiterin	εργάτρια	ɛr'ɣatrĭa
Architekt	αρχιτέκτονας	arçi'tɛktɔnas

Arzt	γιατρος	ja'trɔs
Automechaniker	μηχανικός αυτοκινήτων	mixani'kɔs aftɔķi'nitɔn
Bäcker	φούρναρης	'furnaris
Beamte(r)	δημόσιος υπάλληλος	ði'mɔsĭɔs i'palilɔs
Bergmann	ανθρακωρύχος	anθrakɔ'rixɔs
Bibliothekar	βιβλιοθηκάριος	vivlĭɔθi'karĭɔs
Bildhauer	γλύπτης	'ɣliptis
Briefträger	ταχυδρόμος	taçi'ðrɔmɔs
Buchhalter	λογιστής	lɔji'stis
Buchhändler	βιβλιοπώλης	vivlĭɔ'pɔlis
Dolmetscher	διερμηνέας	ðĭɛrmi'nɛas
Elektriker	ηλεκτρολόγος	ilɛktrɔ'lɔɣɔs
Fahrlehrer	δάσκαλος οδήγησης	'ðaskalɔs ɔ'ðijisis
Fischer	ψαράς	psa'ras
Fleischer	χασάπης, κρεοπώλης	xa'sapis, krɛɔ'pɔlis
Förster	δασονόμος	ðasɔ'nɔmɔs
Fotograf	φωτογράφος	fɔtɔ'ɣrafɔs
Friseur (Damen-)	κομμωτής	kɔmɔ'tis
Friseur (Herren-)	κουρέας	ku'rɛas
Friseuse	κομμώτρια	kɔ'mɔtrĭa
Gärtner	κηπουρός	kipu'rɔs
Großhändler	μεγαλέμπορος	mɛɣa'lɛm̃bɔrɔs
Handwerker	τεχνίτης	tɛx'nitis
Hausfrau	νοικοκυρά	nikɔķi'ra
Hebamme	μαμμή	ma'mi
Ingenieur	μηχανικός	mixani'kɔs
Installateur	υδραυλικός	iðravli'kɔs
Journalist	δημοσιογράφος	ðimɔsĭɔ'ɣrafɔs
Kapitän	καπετάνιος	kapɛ'tanĭɔs
Kaufmann	έμπορος	'ɛm̃bɔrɔs
Kellner	σερβιτόρος	sɛrvi'tɔrɔs
Kellnerin	σερβιτόρα	sɛrvi'tɔra

Kindergärtnerin	νηπιαγωγός	nipĭaɣɔ'ɣɔs
Koch	μάγειρας	'majiras
Köchin	μαγείρισσα	ma'jirisa
Konditor	ζαχαροπλάστης	zaxarɔ'plastis
Kraftfahrer	επαγγελματίας οδηγός	ɛpaŋ̆g̡ɛlma'tias ɔði'ɣɔs
Krankenpfleger	νοσοκόμος	nɔsɔ'kɔmɔs
Krankenschwester	νοσοκόμα	nɔsɔ'kɔma
Künstler	καλλιτέχνης	kali'tɛxnis
Landwirt	αγρότης	a'ɣrɔtis
Lehrer	καθηγητής	kaθiji'tis
– ***(Grundschule)***	δάσκαλος	'ðaskalɔs
Lehrerin	καθηγήτρια	kaθi'jitrĭa
– ***(Grundschule)***	δασκάλα	ða'skala
Lehrling	μαθητευόμενος	maθitɛ'vɔmɛnɔs
Maler	μπογιατζής	bɔja'dzis
– ***(Kunst-)***	ζωγράφος	zɔ'ɣrafɔs
Maurer	οικοδόμος	ikɔ'ðɔmɔs
Mechaniker	μηχανικός	mixani'kɔs
Metzger	χασάπης	xa'sapis
Musiker	μουσικός	musi'kɔs
Notar	συμβολαιογράφος	simvɔlɛɔ'ɣrafɔs
Optiker	οπτικός	ɔpti'kɔs
Pfarrer	παπάς	pa'pas
Politiker	πολιτικός	pɔliti'kɔs
Polizist	αστυνόμος	asti'nɔmɔs
Postbeamter	ταχυδρομικός υπάλληλος	taçiðrɔmi'kɔs i'palilɔs
Programmierer	προγραμματιστής κομπιούτερ	prɔɣramati'stis kɔm'pjutɛr
Rechtsanwalt	δικηγόρος	ðik̡i'ɣɔrɔs
Rentner	συνταξιούχος	sin̆da'ksĭuxɔs
Richter	δικαστής	ðika'stis
Schlosser	σιδηρουργός	siðirur'ɣɔs

Schneider	ράφτης	'raftis
Schneiderin	μοδίστρα	mɔ'ðistra
Schriftsteller	συγγραφέας	siŋ̆gra'fεas
Schuhmacher	τσαγκάρης	tsa'ŋ̆garis
Schüler	μαθητής	maθi'tis
Schülerin	μαθήτρια	ma'θitrĭa
Sekretär(in)	γραμματέας	ɣrama'tεas
Soldat	στρατιώτης	stratĭ'otis
Student	φοιτητής	fiti'tis
Studentin	φοιτήτρια	fi'titrĭa
Studienrat	καθηγητής	kaθiji'tis
Studienrätin	καθηγήτρια	kaθi'jitrĭa
Taxifahrer	οδηγός ταξί	oði'ɣɔs ta'ksi
Tierarzt	κτηνίατρος	kti'niatrɔs
Tischler	μαραγκός	mara'ŋ̆gɔs
Verkäufer	πωλητής	pɔli'tis
Verkäuferin	πωλήτρια	pɔ'litrĭa
Vertreter	αντιπρόσωπος	aňdi'prɔsɔpɔs
Wissenschaftler	επιστήμονας	εpi'stimɔnas
Zahnarzt	οδοντίατρος	ɔðɔ'ňdiatrɔs

Die weibliche und männliche Berufsbezeichnung ist im Griechischen häufig identisch und wird nur durch den Artikel unterschieden.

Beispiel:
υπάλληλος *heißt sowohl* „Angestellter“ (ο υπάλληλος) *als auch* „Angestellte“ (η υπάλληλος).

Ausbildung

Was studierst du?	**Was studieren Sie?**
Τι σπουδάζεις;	Τι σπουδάζετε;
ti spu'ðazis	ti spu'ðazɛtɛ

Ich studiere ...
Σπουδάζω ...
spu'ðazɔ

Ich besuche die ... Schule.
Πηγαίνω στην ... Σχολή.
pi'jɛnɔ stin ... sxɔ'li

Wo studierst du?	**Wo studieren Sie?**
Πού σπουδάζεις;	Πού σπουδάζετε;
pu spu'ðazis	pu spu'ðazɛtɛ

Ich studiere in München.
Σπουδάζω στο Μόναχο.
spu'ðazɔ stɔ 'mɔnaxɔ

Ich studiere in Athen.
Σπουδάζω στην Αθήνα.
spu'ðazɔ stin a'θina

Wie lange dauert die Ausbildung?
Πόσο διαρκεί η εκπαίδευση;
pɔ'sɔ ðiar'ķi i ɛk'pɛðɛfsi

Wo willst du später arbeiten?
Πού θέλεις να δουλέψεις μετά;
pu 'θɛlis na ðu'lɛpsis mɛ'ta

Wo wollen Sie später arbeiten?
Πού θέλετε να δουλέψετε μετά;
pu 'θɛlɛtɛ na ðu'lɛpsɛtɛ mɛ'ta

Gibt es Arbeitslosigkeit in diesem Zweig?
Υπάρχει ανεργία σ' αυτόν τον κλάδο;
i'parçi anɛr'jia saf'tɔn tɔn 'klaðɔ

Akademie	ακαδημία	akaði'mia
– **Kunstakademie**	Σχολή Καλών Τεχνών	sxɔ'li ka'lɔn tɛ'xnɔn
Fakultät	Σχολή	sxɔ'li
Hochschule	Ανώτατη Σχολή	a'nɔtati sxɔ'li
Institut	Ινστιτούτο	insti'tutɔ
Kursgebühr	δίδακτρα	'ðiðaktra
Kursus, Lehrgang	σειρά (*od.* κύκλος) μαθημάτων, εκπαίδευση	si'ra (*od.* 'ķiklɔs) maθi'matɔn, ɛk'pɛðɛfsi
Praktikum	πρακτική εκπαίδευση	prakti'ķi ɛk'pɛðɛfsi
Schule	σχολή, σχολείο	sxɔ'li, sxɔ'liɔ
– **Berufsschule**	*Τεχνική / επαγγελματική* σχολή	tɛxni'ķi / ɛpaŋ̆gɛlmati'ķi sxɔ'li
– **Grundschule**	δημοτικό	ðimɔti'kɔ
– **Handelsschule**	εμπορική σχολή	ɛm̆bɔri'ķi sxɔ'li
– **Oberschule**	γυμνάσιο, λύκειο	jim'nasĭɔ, 'liķĭɔ
– **Privatschule**	ιδιωτική σχολή	iðĭɔti'ķi sxɔ'li
Seminar	σεμινάριο	sɛmi'narĭɔ
Studium	σπουδές	spu'ðɛs
– **Fernstudium**	σπουδές δι' αλληλογραφίας	spu'ðɛs ðialilɔɣra'fias
Studienfach	κλάδος σπουδών	'klaðɔs spu'ðɔn
– **Anglistik**	αγγλική φιλολογία	aŋ̆gli'ķi filɔlɔ'jia
– **Archäologie**	αρχαιολογία	arçɛɔlɔ'jia
– **Architektur**	αρχιτεκτονική	arçitɛktɔni'ķi
– **Betriebswirtschaft**	οικονομία επιχειρήσεων	ikɔnɔ'mia ɛpiçi'risɛɔn
– **Biologie**	βιολογία	viɔlɔ'jia
– **Botanik**	φυτολογία	fitɔlɔ'jia
– **Chemie**	χημεία	çi'mia
– **Geographie**	γεωγραφία	jɛɔɣra'fia
– **Geologie**	γεωλογία	jɛɔlɔ'jia
– **Germanistik**	γερμανική φιλολογία	jɛrmani'ķi filɔlɔ'jia
– **Geschichte**	ιστορία	istɔ'ria
– **Informatik**	πληροφορική	plirɔfɔri'ķi
– **Jura**	νομικά	nɔmi'ka
– **Kunstgeschichte**	ιστορία τέχνης	istɔ'ria 'tɛxnis
– **Malerei**	ζωγραφική	zɔɣrafi'ķi
– **Maschinenbau**	μηχανολογία	mixanɔlɔ'jia

– **Mathematik**	μαθηματικά	maθimati'ka
– **Medizin**	ιατρική	ĭatri'ķi
– **Musik**	μουσική	musi'ķi
– **Pädagogik**	παιδαγωγικά	pεðaɣɔji'ka
– **Pharmazie**	φαρμακευτική	farmaķεfti'ķi
– **Physik**	φυσική	fisi'ķi
– **Politologie**	πολιτολογία	pɔlitɔlɔ'jia
– **Psychologie**	ψυχολογία	psixɔlɔ'jia
– **Romanistik**	ρωμανική φιλολογία	romani'ķi filɔlɔ'jia
– **Schiffbau**	ναυπηγία	nafpi'jia
– **Slawistik**	σλαβική φιλολογία	slavi'ķi filɔlɔ'jia
– **Soziologie**	κοινωνιολογία	ķinɔnĭɔlɔ'jia
– **Veterinärmedizin**	κτηνιατρική	ktinĭatri'ķi
– **Wirtschafts-wissenschaften**	οικονομικές επιστήμες	ikɔnɔmi'ķεs εpi'stimεs
– **Zahnmedizin**	οδοντιατρική	ɔðɔňdĭatri'ķi
– **Zoologie**	ζωολογία	zɔɔlɔ'jia
Universität	πανεπιστήμιο	panεpi'stimĭɔ
Vorlesungen	παραδόσεις	para'ðɔsis

Die (zwölfklassige) griechische Schule wird als σχολείο *bezeichnet. Zahlreiche Einrichtungen im Bildungsbereich und in der Berufsausbildung heißen dagegen* σχολή, *ebenso die Fakultäten an den Hochschulen.*

Klasse			
	12 11 10	Λύκειο *Lyzeum*	Τεχνικό – Επαγγελματικό Λύκειο *Technisches Lyzeum*
	9 8 7	Γυμνάσιο *Gymnasium*	
	6 5 4 3 2 1	Δημοτικό Σχολείο *Grundschule*	
		Νηπιαγωγείο *Kindergarten*	

MIT AUTO, MOTORRAD UND FAHRRAD

Fragen nach dem Weg

Wo *ist / sind* ...?
Πού είναι ...;
pu 'inɛ

Ist das die Straße nach ...?
Είναι αυτός ο δρόμος για ...;
'inɛ a'ftɔs ɔ 'ðrɔmɔs ja

Muß ich ... *fahren / gehen*?
Πρέπει να πάω ...;
'prɛpi na 'paɔ

Wie lange?
Πόση ώρα;
'pɔsi 'ɔra

Wohin?
Πού;
pu

Wie komme ich nach ...?
Πώς θα πάω *στην / στο* ...;
pɔs θa 'paɔ stin / stɔ

Bin ich hier richtig nach ...?
Είμαι εδώ σωστά για ...;
'imɛ ɛ'ðɔ sɔ'sta ja

Gibt es einen Wegweiser?
Υπάρχει πινακίδα;
i'parçi pina'ķiða

Wie weit ist es nach ...?
Πόσος δρόμος είναι ως ...;
'pɔsɔs 'ðrɔmɔs 'inɛ ɔs

Zeigen Sie mir das bitte auf der Karte.
Μου το δείχνετε στο χάρτη, παρακαλώ.
mu tɔ 'ðixnɛtɛ stɔ 'xarti, paraka'lɔ

Auskünfte dazu:

Rechts.
Δεξιά.
ðɛ'ksja

Links.
Αριστερά.
aristɛ'ra

Geradeaus.
Κατ' ευθείαν.
katɛ'fθian

Zurück.
Πίσω.
'pisɔ

Dort.
Εκεί.
ɛ'ķi

In dieser Richtung.
Προς αυτή την κατεύθυνση.
prɔs a'fti tiŋga'tɛfθiňsi

Bis ...
Μέχρι ...
'mɛxri

Hier.
Εδώ.
ɛ'ðɔ

... Meter.
... μέτρα.
'mɛtra

... Kilometer.
... χιλιόμετρα.
çi'lĭɔmɛtra

An der Kreuzung.
Στη διασταύρωση.
sti ðĭa'stavrɔsi

An der Straßenecke.
Στη γωνία.
sti ɣɔ'nia

An der *ersten / zweiten / dritten* Ampel.
Στα *πρώτα / δεύτερα / τρίτα* φανάρια.
sta 'prɔta / 'ðɛftɛra / 'trita fa'naria

Fahrzeuge

Anhänger	ρυμούλκα, (το) τρέιλερ	ri'mulka, 'trεĭlεr
Auto	αυτοκίνητο	aftɔ'ķinitɔ
– Kombiwagen	(το) καραβάν	kara'van
– Lastwagen, Lieferwagen	φορτηγό	fɔrti'ɣɔ
– Personenwagen	επιβατικό	εpivati'kɔ
Autobus	λεωφορείο	lεɔfɔ'riɔ
Campingwagen	τροχόσπιτο	trɔ'xɔspitɔ
Fahrrad	ποδήλατο	pɔ'ðilatɔ
Fahrzeug	τροχοφόρο	trɔxɔ'fɔrɔ
Jeep	(το) τζιπ	dzip
Moped	μοτοποδήλατο	mɔtɔpɔ'ðilatɔ
Motorrad	μηχανή	mixa'ni
Reiseomnibus	(το) πούλμαν	'pulman
Taxi	ταξί	ta'ksi

Autovermietung

Wo kann ich ein Auto mieten?
Πού μπορώ να νοικιάσω ένα αυτοκίνητο;
pu bɔ'rɔ na ni'ķasɔ 'εna aftɔ'ķinitɔ

Ich möchte ein Auto mieten.
Θέλω να νοικιάσω ένα αυτοκίνητο.
'θεlɔ na ni'ķasɔ 'εna aftɔ'ķinitɔ

... für *einen Tag* / *zwei Tage* / *eine Woche* / *zwei Wochen*.
... για *μια μέρα* / *δυο μέρες* / *μια εβδομάδα* / *δυο εβδομάδες*.
ja mja 'mεra / 'ðiɔ 'mεrεs / mja εvðɔ'maða / 'ðiɔ εvðɔ'maðεs

Wieviel kostet es?
Πόσο κάνει;
'pɔsɔ 'kani

... einschließlich voller Versicherung?
... με πλήρη ασφάλεια;
mε 'pliri a'sfalĭa

... fur 6 Personen.
... για έξι άτομα.
ja 'εksi 'atɔma

Muß ich das Benzin selbst bezahlen?
Πρέπει να πληρώσω τη βενζίνη εγώ;
'prεpi na pli'rɔsɔ ti vεň'zini ε'ɣɔ

Wie hoch ist die Vorauszahlung?
Πόση είναι η προκαταβολή;
'pɔsi 'inε i prɔkatavɔ'li

Wie lange ist das Büro geöffnet?
Μέχρι πότε είναι ανοιχτό το γραφείο;
'mεxri 'pɔtε 'inε ani'xtɔ tɔ ɣra'fiɔ

***Wann* / *Wo* kann ich den Wagen abholen?**
Πότε / *Πού* μπορώ να παραλάβω το αυτοκίνητο;
'pɔtε / pu bɔ'rɔ na para'lavɔ tɔ aftɔ'ķinitɔ

Fahren

Ich fahre nach ...
Πηγαίνω προς ...
pi'jɛnɔ prɔs

***Fährst du / Fahren Sie* nach ...?**
Πηγαίνεις / Πηγαίνετε προς ...;
pi'jɛnis / pi'jɛnɛtɛ prɔs

Ich fahre mit dem Auto.
Πάω με το αυτοκίνητο.
'paɔ mɛ tɔ aftɔ'ķinitɔ

... mit dem Motorrad.
... με τη μηχανή.
mɛ ti mixa'ni

... mit dem Bus.
... με το λεωφορείο.
mɛ tɔ lɛɔfɔ'riɔ

... mit dem Taxi.
... με το ταξί.
mɛ tɔ ta'ksi

Ampel	φανάρι	fa'nari
Ausfahrt	έξοδος	'ɛksɔðɔs
Autobahn	αυτοκινητόδρομος	aftɔķini'tɔðrɔmɔs
Autobahngebühr	διόδια	'ðjɔðĭa
Automobilklub	λέσχη αυτοκινήτου	'lɛsçi aftɔķi'nitu
Bahnübergang	διάβαση	ðĭ'avasi
Baustelle	δημόσια έργα	ði'mɔsĭa 'erga
Brücke	γέφυρα	'jɛfira
Bürgersteig	πεζοδρόμιο	pɛzɔ'ðrɔmĭɔ
Durchfahrt	διέλευση	'ðjɛlɛfsi
Einfahrt	είσοδος	'isɔðɔs
Fahrt	πορεία	pɔ'ria
– abbiegen	στρίβω	'strivɔ
– anhalten	σταματώ	stama'tɔ
– aussteigen	κατεβαίνω	katɛ'vɛnɔ
– ausweichen	παραμερίζω	paramɛ'rizɔ
– bremsen	φρενάρω	frɛ'narɔ
– sich einordnen	κρατώ λωρίδα	kra'tɔ lɔ'riða
– einsteigen	μπαίνω	'bɛnɔ
– fahren	οδηγώ	ɔði'ɣɔ
– halten	σταματώ	stama'tɔ
– parken	σταθμεύω, παρκάρω	staθ'mɛvɔ, par'karɔ
– überholen	προσπερνώ	prɔspɛr'nɔ
– wenden	γυρίζω	ji'rizɔ
Führerschein	(το) δίπλωμα οδήγησης	'ðiplɔma ɔ'ðijisis
Fußgängerzone	πεζόδρομος	pɛ'zɔðrɔmɔs

Gefälle	κατηφόρα	kati'fɔra
Geschwindigkeit	ταχύτητα	ta'çitita
Geschwindigkeitsbegrenzung	όριο ταχύτητας	'ɔrĭɔ ta'çititas
Halteverbot	απαγορεύεται η στάθμευση	apaɣɔ'rɛvɛtɛ i 'staθmɛfsi
Kreisverkehr	κυκλωτερή	ķiklɔtɛ'ri
Kreuzung	διασταύρωση	ðĭa'stavrɔsi
Kurve	στροφή	strɔ'fi
Mittelstreifen	νησίδα	ni'siða
Nationalstraße	εθνική οδός	ɛθni'ķi ɔ'ðɔs
Parkplatz	(το) πάρκιγκ, χώρος σταθμεύσεως	(tɔ) 'parķiŋg, 'xɔrɔs staθ'mɛfsɛɔs
Parkuhr	παρκόμετρο	par'kɔmɛtrɔ
Parkverbot	απαγορεύεται η στάθμευση	apaɣɔ'rɛvɛtɛ i 'staθmɛfsi
Rutschgefahr	κίνδυνος ολισθήσεως	'ķinðinɔs ɔli'sθisɛɔs
Serpentine	στροφές	strɔ'fɛs
Steigung	ανηφόρα	ani'fɔra
Steinschlag	κινδυνος λιθόπτωσης	'ķinðinɔs li'θɔptɔsis
Straße	οδός, δρόμος	ɔ'ðɔs, 'ðrɔmɔs
– **asphaltierte Straße**	ασφαλτοστρωμένος δρόμος	asfaltɔstrɔ'mɛnɔs 'ðrɔmɔs
– **nicht asphaltierte Straße**	χωματόδρομος	xɔma'tɔðrɔmɔs
– **Einbahnstraße**	μονόδρομος	mɔ'nɔdrɔmɔs
– **Hauptstraße**	κεντρική οδός	ķɛňdri'ķi ɔ'ðɔs
– **Küstenstraße**	παραλιακή οδός	paralĭa'ķi ɔ'ðɔs
Tunnel	(το) τούνελ	(tɔ) 'tunɛl
Umgehungsstraße	περιφερειακός	pɛrifɛrĭa'kɔs
Umleitung	παράκαμψη	pa'rakampsi
Verkehr	κυκλοφορία	ķiklɔfɔ'ria
Verkehrspolizei	τροχαία	trɔ'çɛa
Verkehrsregeln	διατάξεις τροχαίας	ðĭa'taksis trɔ'çɛas
Verkehrsschild	σήμα τροχαίας	'sima trɔ'çɛas
Vorfahrt	προτεραιότητα	prɔtɛrɛ'ɔtita
Weg	οδός, δρόμος	ɔ'ðɔs, 'ðrɔmɔs
Wegweiser	οδοδείκτης, πινακίδα	ɔðɔ'ðiktis, pina'kiða

Garage, Parkplatz

Ist hier in der Nähe *eine Garage / ein Parkplatz*?
Υπάρχει εδώ κοντά κανένα *γκαράζ / πάρκιγκ*;
i'parçi ɛ'ðɔ kɔ'nda ka'nɛna ga'raz / 'parķiŋg

Kann ich hier parken?
Μπορώ να παρκάρω εδώ;
bɔ'rɔ na par'karɔ ɛ'ðɔ

Wie lange kann ich hier parken?
Πόση ώρα μπορώ να παρκάρω εδώ;
'pɔsi 'ɔra bɔ'rɔ na par'karɔ ɛ'ðɔ

Wo kann ich meinen Wagen unterstellen?
Πού μπορώ να βάλω το αυτοκίνητό μου;
pu bɔ'rɔ na 'valɔ tɔ aftɔķini'tɔmu

Kann ich ihn hier lassen?
Μπορώ να το αφήσω εδώ;
bɔ'rɔ na tɔ a'fisɔ ɛ'ðɔ

Wie hoch sind die Parkgebühren pro Stunde?
Πόσο κάνει το παρκάρισμα για μια ώρα;
'pɔsɔ 'kani tɔ par'karizma ja mĭa 'ɔra

... pro Tag?
... για μια μέρα;
ja mĭa 'mɛra

... pro Nacht?
... για μια νύχτα;
ja mĭa 'nixta

Wann schließen Sie?
Πότε κλείνετε;
'pɔtɛ 'klinɛtɛ

Ist der Parkplatz bewacht?
Φυλάγεται το πάρκιγκ;
fi'lajɛtɛ tɔ 'parkiŋ̌g

Bringen Sie mir bitte meinen Wagen!
Φέρτε το αυτοκίνητό μου, παρακαλώ!
'fɛrtɛ tɔ aftɔ'ķini'tɔ mu, paraka'lɔ

Tankstelle, Kundendienst

Wo ist die nächste Tankstelle?
Πού είναι το πλησιέστερο βενζινάδικο;
pu 'inɛ tɔ pli'sjɛstɛrɔ vɛñzi'naðikɔ

Wie weit ist es?
Πόσο μακριά είναι;
'pɔsɔ ma'krja 'inɛ

Bitte 20 Liter bleifreies Benzin.
Παρακαλώ 20 λίτρα αμόλυβδη.
paraka'lɔ 'ikɔsi 'litra a'mɔlivði

Geben Sie mir bitte 20 Liter *Normalbenzin / Super*.
Δώστε μου, παρακαλώ, 20 λίτρα *απλή / σούπερ*.
'ðɔstɛmu, paraka'lɔ, 'ikɔsi 'litra a'pli / 'supɛr

Ich möchte 15 Liter Diesel.
Θέλω 15 λίτρα ντήζελ.
'θɛlɔ ðɛka'pɛňdɛ 'litra 'dizɛl

Den Tank voll, bitte.
Γεμίστε το ρεζερβουάρ, παρακαλώ.
jɛ'mistɛ tɔ rɛzɛrvu'ar, paraka'lɔ

Ich brauche Kühlwasser.
Χρειάζομαι νερό για το ψυγείο.
xri'azɔmɛ nɛ'rɔ ja tɔ psi'jiɔ

Füllen Sie bitte Kühlwasser nach.
Γεμίστε παρακαλώ, το νερό του ψυγείου.
jɛ'mistɛ paraka'lɔ, tɔ nɛ'rɔ tu psi'jiu

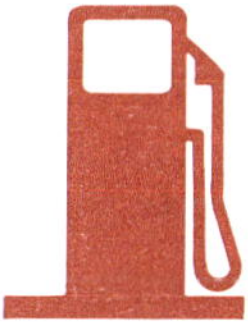

Prüfen Sie bitte die Bremsflüssigkeit.
Κοιτάξτε τα υγρά φρένων, παρακαλώ.
ķi'takstɛ ta i'ɣra 'frɛnɔn, paraka'lɔ

Eine Straßenkarte, bitte.
'Εναν οδικό χάρτη, παρακαλώ.
'ɛnan ɔði'kɔ 'xarti, paraka'lɔ

Benzin	βενζίνη	vɛ'ňzini
Benzinkanister	δοχείο βενζίνης	ðɔ'çiɔ vɛ'ňzinis
Benzinschein	κουπόνι βενζίνης	ku'pɔni vɛ'ňzinis
Benzintank	(το) ρεζερβουάρ	(tɔ) rɛzɛrvu'ar
Bremsflüssigkeit	υγρά φρένων	i'ɣra 'frɛnɔn
Frostschutzmittel	αντιψυκτικό	aňdipsikti'kɔ
Kühlwasser	νερό ψυγείου	nɛ'rɔ psi'jiu
Kundendienst	εξυπηρέτηση	ɛksipi'rɛtisi
Reservetank	εφεδρικό ρεζερβουάρ	ɛfɛðri'kɔ rɛzɛrvu'ar
Tankstelle	βενζινάδικο	vɛňzi'naðikɔ
Tankwart	πρατηριούχος	pratirĭ'uxɔs
Wasser	νερό	nɛ'rɔ
– destilliertes Wasser	αποσταγμένο νερό	apɔstaɣ'mɛnɔ nɛ'rɔ

Öl

Prüfen Sie bitte den Ölstand.
Εξετάστε, παρακαλώ, την στάθμη του λαδιού.
εksε'tastε, paraka'lɔ, tin 'staθmi tu la'ðju

Ist noch genug Öl da?
Είναι αρκετό το λάδι;
'inε arķε'tɔ tɔ 'laði

Ich brauche *Motorenöl / Getriebeöl.*
Χρειάζομαι λάδι *μηχανής / γιά τό κιβώτιο ταχυτήτων.*
xri'azɔmε 'laði mixa'nis / ja tɔ ķi'vɔtĭɔ taçi'titɔn

... Liter Öl, bitte.
... λίτρα λάδι, παρακαλώ.
'litra 'laði, paraka'lɔ

Füllen Sie bitte Öl nach.
Συμπληρώστε τα λάδια, παρακαλώ.
sim̆bli'rɔstε ta 'laðĭa, paraka'lɔ

Wechseln Sie bitte das Öl.
Αλλάξτε τα λάδια, παρακαλώ.
a'lakstε ta 'laðĭa, paraka'lɔ

Abschmierdienst	(το) γρασσάρισμα	γra'sarizma
Getriebeöl	λάδι κιβωτίου ταχυτήτων	'laði ķivɔ'tiu taçi'titɔn
Motorenöl	λάδι μηχανής	'laði mixa'nis
Öl	λάδι	'laði
– spezial/normal	ειδικό/απλό	iði'kɔ/a'plɔ
Ölkanne	λαδωτήρι	laðɔ'tiri
Ölstand	στάθμη λαδιού	'staθmi la'ðju
Ölwechsel	αλλαγή λαδιού	ala'ji la'ðju

Reifendienst

Können Sie diesen Reifen reparieren?
Μπορείτε να διορθώσετε αυτό το λάστιχο;
bɔ'ritε na ðĭɔr'θɔsεtε a'ftɔ tɔ 'lastixɔ

Können Sie diesen Schlauch noch flicken?
Μπορείτε να κολλήσετε αυτή την σαμπρέλλα;
bɔ'ritε na kɔ'lisεtε a'fti tiň sa'm̆brεla

Einen neuen Schlauch, bitte.
Μια καινούργια σαμπρέλλα, παρακαλώ.
mja ķε'nurja sa'm̆brεla, paraka'lɔ

Ein Reifen ist geplatzt.
Έσκασε ένα λάστιχο.
'εskasε 'εna 'lastixɔ

Pumpen Sie bitte den Reservereifen auf.
Φουσκώστε την ρεζέρβα, παρακαλώ.
fu'skɔstε tin rε'zεrva, paraka'lɔ

Prüfen Sie bitte den Reifendruck.
Μετρήστε, παρακαλώ, την πίεση στα λάστιχα.
mɛ'tristɛ, paraka'lɔ, tim'biɛsi sta 'lastixa

Vorn 1.6, hinten 2.0 atü.
Μπροστά 1,6, πίσω 2 ατμόσφαιρες.
brɔ'sta 'mia kɔma 'ɛksi, 'pisɔ 'ðiɔ a'tmɔsfɛrɛs

Bereifung	λάστιχα	'lastixa
Rad	ρόδα	'rɔða
– **Hinterrad**	πίσω ρόδα	'pisɔ 'rɔða
– **Reserverad**	ρεζέρβα	rɛ'zɛrva
– **Vorderrad**	μπροστινή ρόδα	brɔsti'ni 'rɔða
Reifen	λάστιχο	'lastixɔ
– **schlauchloser Reifen**	– χωρίς σαμπρέλλα λάστιχο	xɔ'ris sa'mbrɛla 'lastixɔ
Reifendruck	πίεση στα λάστιχα	'piɛsi sta 'lastixa
Reifenpanne	βλάβη στα λάστιχα	'vlavi sta 'lastixa
Reifenwechsel	αλλαγή λάστιχου	ala'ji 'lastixu
Schlauch	σαμπρέλλα	sa'mbrɛla
Ventil	βαλβίδα	val'viða

Wagenwäsche

Wo kann ich meinen Wagen waschen lassen?
Πού μπορώ να δώσω το αυτοκίνητό μου για πλύσιμο;
pu bɔ'rɔ na 'ðɔsɔ tɔ aftɔkini'tɔmu ja 'plisimɔ

Säubern Sie bitte *die Windschutzscheibe / die Scheiben.*
Καθαρίστε *το παρμπρίζ / τα τζάμια*, παρακαλώ.
kaθa'ristɛ tɔ par'briz / ta 'dzamia, paraka'lɔ

Waschen Sie mir bitte den Wagen.
Πλύνετέ μου το αυτοκίνητο, παρακαλώ.
plinɛ'tɛmu tɔ aftɔ'kinitɔ, paraka'lɔ

Reinigen Sie den Wagen bitte auch innen.
Καθαρίστε το αυτοκίνητο και μέσα, παρακαλώ.
kaθa'ristɛ tɔ aftɔ'kinitɔ kɛ 'mɛsa paraka'lɔ

Panne, Unfall

***Ich habe* / *Wir haben* eine Panne.**
'Εχω / *'Εχουμε* μια βλάβη.
'εxɔ / 'εxumε mĭa 'vlavi

... ist defekt.
... χάλασε.
'xalasε

Ich habe einen Unfall gehabt.
Είχα ένα ατύχημα.
'ixa 'εna a'tiçima

Kann ich bei Ihnen telefonieren?
Μπορώ να τηλεφωνήσω από δω;
bɔ'rɔ na tilεfɔ'nisɔ a'pɔ ðɔ

Verständigen Sie bitte die Polizei.
Ειδοποιήστε, παρακαλώ, την αστυνομία.
iðɔpi'istε, paraka'lɔ, tin astinɔ'mia

Holen Sie einen Arzt!
Φωνάξτε ένα γιατρό!
fɔ'nakstε 'εna ja'trɔ

Bitte helfen Sie mir!
Βοηθήστε με, παρακαλώ!
vɔi'θistε mε, paraka'lɔ

Können Sie mir helfen?
Μπορείτε να με βοηθήσετε;
bɔ'ritε na mε vɔi'θisεtε

Können Sie mir ... leihen?
Μπορείτε να μου δανείσετε ...;
bɔ'ritε na mu ða'nisεtε

Können Sie ...
Μπορείτε ...
bɔ'ritε

- **mir beim Reifenwechsel helfen?**
- να με βοηθήσετε ν' αλλάξουμε το λάστιχο;
  na mε vɔi'θisεtε na'laksumε tɔ 'lastixɔ

- **mir einen *Mechaniker* / *Abschleppwagen* schicken?**
- να μου στείλετε ένα *μηχανικό* / *γερανό*;
  na mu 'stilεtε 'εna mixani'kɔ / jεra'nɔ

- **meinen Wagen abschleppen?**
- να ρυμουλκήσετε το αυτοκίνητό μου;
  na rimul'k̡isεtε tɔ aftɔk̡ini'tɔmu

- **mich bis zur nächsten *Tankstelle* / *Werkstatt* mitnehmen?**
- να με πάρετε μέχρι το επόμενο *βενζινάδικο* / *συνεργείο*;
  na mε 'parεtε 'mεxri tɔ ε'pɔmεnɔ vεn̆zi'naðikɔ / sinεr'jiɔ

- **sich um die Verletzten kümmern?**
- να φροντίσετε τους τραυματίες;
  na frɔ'n̆disεtε tus travma'tiεs

Ich brauche Verbandszeug.
Χρειάζομαι επιδέσμους.
xri'azɔmε εpi'ðεzmus

Er ist verletzt.
Είναι τραυματισμένος.
'inε travmati'zmεnɔs

Sie ist verletzt.
Είναι τραυματισμένη.
'inε travmati'zmεni

Es ist niemand verletzt.
Δεν τραυματίστηκε κανείς.
ðeňdravma'tistikε ka'nis

Vielen Dank für Ihre Hilfe!
Ευχαριστώ πολύ για την βοήθειά σας!
εfxari'stɔ pɔ'li ja tin vɔ'i'θjasas

Können Sie mein Zeuge sein?
Μπορείτε να παρουσιαστήτε σαν μάρτυράς μου;
bɔ'ritε na parusĭa'stitε san marti'razmu

Ist Ihr Wagen versichert?
Είναι ασφαλισμένο το αυτοκίνητό σας;
'inε asfali'zmεnɔ tɔ aftɔ'ķini'tɔsas

Bitte geben Sie mir Ihren Namen und Ihre Adresse an.
Δώστε μου το όνομά σας και την διεύθυνσή σας, παρακαλώ.
'ðɔstεmu tɔ ɔnɔ'masas ķε tiň ðĭεfθiň'sisas, paraka'lɔ

Es ist Ihre Schuld!
Εσείς φταίτε!
ε'sis 'ftεtε

Sie haben ... beschädigt.
Χαλάσατε ...
xa'lasatε

Ich hatte Vorfahrt.
Είχα προτεραιότητα.
'ixa prɔtεrε'ɔtita

Abschleppdienst	συνεργείο ρυμουλκήσεως	sinεr'jiɔ rimul'ķisεɔs
Abschleppseil	*σχοινί / (το) σύρμα* ρυμουλκήσεως	sçi'ni / 'sirma rimul'ķisεɔs
Abschleppwagen	γερανός	jεra'nɔs
Auffahrunfall	(το) ατύχημα προσκρούσεως	a'tiçima prɔ'skrusεɔs
Aufprall	πρόσκρουση	'prɔskrusi
Blechschaden	υλική ζημιά	ili'ķi zi'mĭa
Federbruch	σπάσιμο της σούστας	'spasimɔ tis 'sustas
Feuerwehr	πυροσβεστική υπηρεσία	pirɔsvεsti'ķi ipirε'sia
Hilfe	βοήθεια	vɔ'iθĭa
Krankenhaus	νοσοκομείο	nɔsɔkɔ'miɔ
Krankenwagen	ασθενοφόρο	asθεnɔ'fɔrɔ
Mechaniker	μηχανικός αυτοκινήτων	mixani'kɔs aftɔķi'nitɔn
Panne	βλάβη	'vlavi
Polizei	αστυνομία	astinɔ'mia
Reparaturwerkstatt	συνεργείο αυτοκινήτων	sinεr'jiɔ aftɔķi'nitɔn
Sanitätsstelle	σταθμός πρώτων βοηθειών	staθ'mɔs 'prɔtɔn vɔi'θjɔn

Unfall	(το) ατύχημα	a'tiçima
Unfallschaden	ζημιά	zi'mĭa
Verbandszeug	επίδεσμοι	ε'piðεzmi
Verletzung	τραυματισμός	travmati'zmɔs
Versicherung	ασφάλεια	a'sfalĭa
Vertragswerkstatt	συνεργείο αντιπροσωπείας	sinεr'jiɔ aňdiprɔsɔ'pias
Vorsicht!	προσοχή!	prɔsɔ'çi
Zusammenstoß	σύγκρουση	'siŋ̆grusi

Reparaturwerkstatt

Wo ist die nächste *Reparaturwerkstatt / Vertragswerkstatt* von ...?
Πού είναι το πλησιέστερο συνεργείο *αυτοκινήτων / αντιπροσωπεία της* ...;
pu 'inε tɔ pli'sjεstεrɔ sinεr'jiɔ aftɔķi'nitɔn/aňdiprɔsɔ'pia tis ...

... ist nicht in Ordnung.
... δεν είναι εντάξει.
ðεn 'inε ε'ňdaksi

... ist defekt.
... χάλασε.
'xalasε

Können Sie das machen?
Μπορείτε να το κάνετε;
bɔ'ritε na tɔ 'kanεtε

Wer kann das machen?
Ποιος μπορεί να το κάνει;
pjɔz bɔ'ri na tɔ 'kani

Prüfen Sie bitte ...
Εξετάστε, παρακαλώ ...
εksε'tastε, paraka'lɔ

Geben Sie mir bitte ...
Δώστε μου, παρακαλώ ...
'ðɔstεmu, paraka'lɔ

Reparieren Sie das, bitte.
Διορθώστε αυτό, παρακαλώ.
ðĭɔr'θɔstε a'ftɔ, paraka'lɔ

Wann ist es fertig?
Πότε θα είναι έτοιμο;
'pɔtε θa 'inε 'εtimɔ

Haben Sie Original-Ersatzteile für ...?
Έχετε ανταλλακτικά εργοστασίου για ...;
'εïçεtε aňdalakti'ka εrɣɔsta'siu ja

Wann treffen die Ersatzteile ein?
Πότε θα έρθουν τα ανταλλακτικά;
'pɔtε θa 'εrθun ta aňdalakti'ka

Wieviel kostet es?
Πόσο κάνει;
'pɔsɔ 'kani

Ich brauche *eine neue / einen neuen* ...
Χρειάζομαι *μια καινούργια / ένα καινούργιο* ...
xri'azɔmε mĭa ķε'nurja/'εna ķε'nurjɔ

Kann ich damit noch fahren?
Μπορώ να το οδηγήσω ακόμα;
mbɔ'rɔ na tɔ ɔði'jisɔ a'kɔma

Machen Sie bitte nur die nötigsten Reparaturen.
Κάνετε μόνο τις απαραίτητες επισκευές.
'kanεtε 'mɔnɔ tis apa'rεtitεs episķε'vεs

Wagenteile, Reparaturen

Achse	άξονας	'aksɔnas
Anlasser	μίζα	'miza
Auspuff	εξάτμηση	ɛ'ksatmisi
Automatik	αυτόματο	a'ftɔmatɔ
Batterie	μπαταρία, συσσωρευτής	bata'ria, sisɔrɛ'ftis
Beleuchtung	φωτισμός	fɔti'zmɔs
Benzinleitung	αγωγός βενζίνης	aɣɔ'ɣɔs vɛ'n̆zinis
Benzinpumpe	αντλία βενζίνης	a'n̆dlia vɛ'n̆zinis
Birne	λάμπα	'lam̆ba
– **auswechseln**	αλλάζω	a'lazɔ
Blinker	δείκτης κατευθύνσεως, φλας	'ðiktis katɛ'fθin̆sɛɔs, flas
Bremsbelag	(το) φερμουίτ	fɛrmu'it
Bremsen	(τα) φρένα	'frɛna
– **Fußbremse**	ποδόφρενο	pɔ'ðɔfrɛnɔ
– **Handbremse**	χειρόφρενο	çi'rɔfrɛnɔ
– **Scheibenbremse**	(τα) δισκόφρενα	ði'skɔfrɛna
Bremsflüssigkeit	υγρό φρένων	i'ɣrɔ 'frɛnɔn
Bremslichter	(τα) φώτα φρένων	'fɔta 'frɛnɔn
Bremspedal	πετάλι φρένων	pɛ'tali 'frɛnɔn
Bremstrommel	τύμπανο φρένων	'tim̆banɔ 'frɛnɔn
Dichtung	φλάντζα	'flan̆dza
Differential	διαφορικό	ðĭafɔri'kɔ
Düse	ακροφύσιο	akrɔ'fisĭɔ
Einspritzpumpe	αντλία εμφυσήσεως	a'n̆dlia ɛm̥fi'sisɛɔs

Die Batterie *ist leer / muß aufgeladen werden.*
Η μπαταρία *άδειασε / πρέπει νά γεμίσει.*
i bata'ria 'aðĭasɛ / 'prɛpi na jɛ'misi

Die Bremsen sind nicht in Ordnung.
Τα φρένα δεν είναι εντάξει.
ta 'frɛna ðɛn 'inɛ ɛ'n̆daksi.

Sie sind *locker / zu fest.*
Είναι *χαλαρα/πολύ σφιχτα.*
'inɛ xala'ra / pɔ'li sfi'xta

Die Bremstrommeln werden zu heiß.
Τα τύμπανα των φρένων ζεσταίνονται πολύ.
ta 'tim̆bana tɔn 'frɛnɔn zɛ'stɛnɔn̆dɛ pɔ'li

Ersatzrad	ρεζέρβα	rɛ'zɛrva
Ersatzteil	ανταλλακτικό	aňdalakti'kɔ
Fahrgestell	σασσί	sa'si
Feder	σούστα	'susta
Fehlzündung	ελαττωματική ανάφλεξη	ɛlatɔmati'ķi a'naflɛksi
Fett	γράσσο	'ɣrasɔ
Feuerlöscher	πυροσβεστήρας	pirɔzvɛs'tiras
Freilauf(nabe)	ελεύθερο	ɛ'lɛfθɛrɔ
Frostschutzmittel	αντιψυκτικό υγρό	aňdipsikti'kɔ i'ɣrɔ
Funke	σπίθα	'spiθa
Gang	ταχύτητα	ta'çitita
– **Gang einlegen**	βάζω ταχύτητα	'vazɔ ta'çitita
– **Leerlauf**	νεκρό	nɛ'krɔ
– **Rückwärtsgang**	(το) όπισθεν	'ɔpisθɛn
Gangschaltung	μοχλός ταχυτήτων	mɔ'xlɔs taçi'titɔn
Gas	γκάζι	'gazi
– **Gas geben**	πατώ γκάζι	pa'tɔ 'gazi
– **Gas wegnehmen**	αφήνω το γκάζι	a'finɔ tɔ 'gazi
Gaspedal	(το) πεντάλ γκαζιού	pɛ'dal ga'zju
Getriebe	κιβώτιο ταχυτήτων	ķi'vɔtĭɔ taçi'titɔn
Griff	λαβή	la'vi
Heizung	θέρμανση	'θɛrmaňsi
Hupe	κόρνα	'kɔrna
– **Lichthupe**	κλάξον φωτός	'klaksɔn fɔ'tɔs
Isolierung	μόνωση	'mɔnɔsi
Kabel	καλώδιο	ka'lɔðĭɔ
Kardanwelle	άξονας καρντάν	'aksɔnas kar'dan

Der ... Gang springt heraus.
Η ... ταχύτητα βγαίνει έξω.
i ... ta'çitita 'vjɛni 'ɛksɔ

Die Gangschaltung muß nachgesehen werden.
Πρέπει να ελεγχθεί ο μοχλός ταχυτήτων.
'prɛpi na ɛlɛŋ'xθi ɔ mɔ'xlɔs taçi'titɔn

Aus dem Getriebe tropft Öl.
Από το κιβώτιο ταχυτήτων στάζει λάδι.
a'pɔ tɔ ķi'vɔtĭɔ taçi'titɔn 'stazi 'laði

Karosserie	(το) αμάξωμα	a'maksɔma
Katalysator	καταλύτης	kata'litis
Keilriemen	ιμάντας, λουρί	i'mandas, lu'ri
Kette	αλυσίδα	ali'siða
– Schneeketten	αλυσίδες χιονιού	ali'siðεs çĭɔ'nĭu
Kilometerzähler	(το) κοντέρ	kɔ'ndεr
Kofferraum	(το) πόρτ-μπαγκάζ	'pɔrtba'gaz
Kolben	έμβολο	'εm̥vɔlɔ
Kolbenring	δακτύλιος εμβόλου	ða'ktilĭɔs εm̥'vɔlu
Kompression	συμπίεση	si'm̆biεsi
Kondensator	συμπυκνωτής	sim̆biknɔ'tis
Kontakt	επαφή	εpa'fi
Kontrollampe	λάμπα ελέγχου	'lam̆ba ε'lεŋ̆xu
Kotflügel	φτερό	ftε'rɔ
Kugellager	(το) ρουλεμάν	rulε'man
Kühler	ψυγείο	psi'jiɔ
Kühlergrill	μάσκα ψυγείου	'maska psi'jiu
Kupplung	συμπλέκτης, (το) ντεμπραγιάζ	si'm̆blεktis, dεbra'jaz
Kupplungspedal	(το) πεντάλ ντεμπραγιάζ	pε'dal dεbra'jaz
Kurbelwelle	στροφαλοφόρος άξονας	strɔfalɔ'fɔrɔs 'aksɔnas
Kurzschluß	(το) βραχυκύκλωμα	vraçi'ķiklɔma
Lack	βερνίκι	vεr'niķi
Lackierung	(το) βερνίκωμα	vεr'nikɔma
Lampe, Birne	λάμπα	'lam̆ba
Lager	έδρανο	'εðranɔ

Die Heizung funktioniert nicht.
Το καλοριφέρ δεν λειτουργεί.
tɔ kalɔri'fεr ðεn litur'ji

Aus dem Kühler tropft Wasser.
Το ψυγείο στάζει.
tɔ psi'jiɔ 'stazi

Die Kupplung *rutscht durch / trennt nicht.*
Το ντεμπραγιάζ *γλυστράει / δεν χωρίζει.*
tɔ dεbra'jaz ɣli'strai / ðεn xɔ'rizi

Lenkrad	τιμόνι	ti'mɔni
Lenkung	(το) σύστημα οδήγησης	'sistima ɔ'ðijisis
Lichtmaschine	δυναμό	ðina'mɔ
löten	συγκολλώ	siŋ̈gɔ'lɔ
Luftfilter	φίλτρο αέρος	'filtrɔ a'ɛrɔs
Luftpumpe	αεραντλία	aɛra'n̈dlia
Motor	κινητήρας	ķini'tiras
– Dieselmotor	κινητήρας ντήζελ	ķini'tiras 'dizɛl
– Heckmotor	οπίσθιος κινητήρας	ɔ'pisθĭɔs ķini'tiras
– Zweitaktmotor	δίχρονος κινητήρας	'ðixrɔnɔs ķini'tiras
Nabe	πλήμνη	'plimni
Nationalitätszeichen	σήμα εθνικότητας	'sima ɛθni'kɔtitas
Nockenwelle	εκκεντροφόρος άξονας	ɛķɛn̈drɔ'fɔrɔs 'aksɔnas
Nummernschild	πινακίδα κυκλοφορίας	pina'ķiða ķiklɔfɔ'rias
Öleinfüllstutzen	σωλήνας υποδοχής λαδιού	sɔ'linas ipɔðɔ'çis la'ðju
Ölmeßstab	ράβδος μέτρησης	'ravðɔs 'mɛtrisis
	στάθμης λαδιού	'staθmis la'ðju
Ölpumpe	αντλία λαδιού	a'n̈dlia la'ðju
Pedal	(το) πεντάλ	pɛ'dal
Pleuellager	έδρανο διωστήρα	'ɛðranɔ ðĭɔ'stira
Pleuelstange	διωστήρας	ðĭɔ'stiras
Rad	τροχός	trɔ'xɔs
Radkappe	τάσι	'tasi
Reparatur	επιδιόρθωση	ɛpiðjɔrθɔsi
Reservekanister	δοχείο εφεδρικό	ðɔ'çiɔ ɛfɛðri'kɔ

Der Motor zieht nicht.
Η μηχανή δεν τραβάει.
i mixa'ni ðɛn̈dra'vai

– läuft sich heiß.
– ζεσταίνεται.
zɛ'stɛnɛtɛ

– springt nicht an.
– δεν παίρνει μπρος.
ðɛn 'pɛrni mbrɔs

– klopft.
– κτυπάει.
kti'pai

– setzt plötzlich aus.
– σταματάει ξαφνικά.
stama'tai ksafni'ka

– stottert.
– έχει διαλείψεις.
'ɛĭçi ðĭa'lipsis

Rückspiegel	εσωτερικός καθρέφτης	εsɔteri'kɔs ka'θrɛftis
Schalter	διακόπτης	ðĭa'kɔptis
Schalthebel	μοχλός ταχυτήτων	mɔ'xlɔs taçi'titɔn
Scheibenwaschanlage	εγκατάσταση καθαρισμού τζαμιών	εŋ̃ga'tastasi kaθari'zmu tza'mjɔn
Scheibenwischer	υαλοκαθαριστήρας	ĭalɔkaθari'stiras
Scheinwerfer	προβολέας	prɔvɔ'lεas
– **Abblendlicht**	αντιθαμβωτικό φως	aňdiθamvɔti'kɔ fɔs
– **Fernlicht**	(τα) φώτα αποστάσεως	'fɔta apɔ'stasεɔs
– **Schlußlicht**	οπίσθιο φως	ɔ'pisθĭɔ fɔs
– **Standlicht**	φώτα σταθμεύσεως	'fɔta staθ'mεfsεɔs
Schiebedach	πτυσσόμενη σκεπή	pti'sɔmεni skε'pi
Schlauch	σωλήνας ελαστικός	sɔ'linas εlasti'kɔs
Schraube	βίδα	'viða
– **Schraubenmutter**	παξιμάδι	paksi'maði
Schwimmer	(το) φλοτέρ, πλωτήρας	flɔ'tεr, plɔ'tiras
Sicherheitsgurt	ζώνη ασφαλείας	'zɔni asfa'lias
Sicherung	ασφάλεια	a'sfalĭa
Sitz	(το) κάθισμα	'kaθizma
– **Rücksitz**	πίσω κάθισμα	pisɔ 'kaθizma
– **Vordersitz**	μπροστινό κάθισμα	brɔsti'nɔ 'kaθizma
Speiche	ακτίνα	a'ktina
Steuerung	(το) σύστημα ελέγχου	'sistima ε'lεŋ̃xu
Stoßdämpfer	(το) αμορτισέρ	amɔrti'sεr
Stoßstange	προφυλακτήρας	prɔfilak'tiras

Der Scheibenwischer *schmiert / ist abgebrochen.*
Ο υαλοκαθαριστής *λερώνει / έσπασε.*
ɔ ĭalɔkaθari'stis lε'rɔni / 'εspasε

Diese Schraube muß *angezogen / gelockert* werden.
Αυτή η βίδα πρέπει νά *σφίξει / λασκάρει.*
a'fti i 'viða 'prεpi na 'sfiksi / la'skari

Die Sicherung ist durchgebrannt.
Χάλασε η ασφάλεια.
'xalasε i a'sfalĭa

Tachometer	ταχύμετρο	ta'çimεtrɔ
Thermostat	θερμοστάτης	θermɔ'statis
Türschloß	κλειδαριά πόρτας	kliða'rja 'pɔrtas
Unterbrecher	διακόπτης	ðĭa'kɔptis
Ventil	βαλβίδα	val'viða
Ventilator	ανεμιστήρας	anεmi'stiras
Verdeck	(το) κάλυμμα	'kalima
Vergaser	(το) καρμπυρατέρ	karbira'tεr
Verteiler	διανομέας	ðĭanɔ'mεas
Wagenschlüssel	κλειδί αυτοκινήτου	kli'ði aftɔķi'nitu
Warndreieck	τρίγωνο βλάβης	'triɣɔnɔ 'vlavis
Windschutzscheibe	(το) παρμπρίζ	par'briz
Zündanlage	εγκατάσταση ανάφλεξης	εŋga'tastasi a'naflεksis
Zündkabel	καλώδιο ανάφλεξης	ka'lɔðĭɔ a'naflεksis
Zündkerze	μπουζί	bu'zi
Zündschloß	μίζα	'miza
Zündschlüssel	κλειδί μίζας	kli'ði 'mizas
Zündung	ανάφλεξη	a'naflεksi
Zylinder	κύλινδρος	'ķilinðrɔs
Zylinderkopf	κεφαλή κυλίνδρου	ķεfa'li ķi'linðru
Zylinderkopfdichtung	*τσιμούχα/φλάντζα* κεφαλής κυλίνδρου	tsi'muxa/'flańdza ķεfa'lis ķi'linðru

Würden Sie bitte den Vergaser *überprüfen / reinigen*?
Μπορείτε να *κοιτάξετε / καθαρίσετε* το καρμπυρατέρ, παρακαλώ;
bɔ'ritε na ķi'taksεtε / kaθa'risεtε tɔ karbira'tεr, paraka'lɔ

Wechseln Sie bitte die Zündkerzen aus.
Αλλάξτε τα μπουζιά, παρακαλώ.
a'lakstε ta bu'zja, paraka'lɔ

Werkzeug

Können Sie mir ... leihen?
Μπορείτε να μου δανείσετε ...;
bɔ'ritɛ na mu ða'nisɛtɛ

Ich brauche ...
Χρειάζομαι ...
xri'azɔmɛ

Haben Sie vielleicht ...?
Μήπως έχετε ...;
'mipɔs 'ɛçɛtɛ

Bindfaden	σπάγγος	'spaŋ̆gɔs
Bohrer	τρυπάνι	tri'pani
Draht	(το) σύρμα	'sirma
– **ein Stück Draht**	ένα κομμάτι σύρμα	'ɛna kɔ'mati 'sirma
Feile	λίμα	'lima
Hammer	σφυρί	sfi'ri
Kabel	καλώδιο	ka'lɔðĭɔ
Luftpumpe	αεραντλία, τρόμπα	aɛra'n̆dlia, 'trɔm̆ba
Meißel	καλέμι	ka'lɛmi
Nagel	καρφί	kar'fi
Prüflampe	λάμπα ελέγχου	'lam̆ba ɛ'lɛŋ̆xu
Schmirgelpapier	γυαλόχαρτο	ja'lɔxartɔ
Schraube	βίδα	'viða
– **Schraubenmutter**	παξιμάδι	paksi'maði
Schraubenschlüssel	κλειδί	kli'ði
Schraubenzieher	κατσαβίδι	katsa'vιði
Steckschlüssel	γαλλικό κλειδί	ɣali'kɔ kli'ði
Trichter	χωνί	xɔ'ni
Tuch, Lappen	πανί, κουρέλι	pa'ni, ku'rɛli
Wagenheber	γρύλλος	'ɣrilɔs
Werkzeug	εργαλείο	ɛrɣa'liɔ
Werkzeugkasten	κιβώτιο εργαλείων	ķi'vɔtĭɔ ɛrɣa'liɔn
Zange	τανάλια	ta'nalĭa

Verkehrshinweise

ΑΠΑΓΟΡΕΥΕΤΑΙ Η ΔΙΕΛΕΥΣΙΣ
Durchfahrt verboten!

ΑΠΑΓΟΡΕΥΕΤΑΙ Η ΣΤΑΘΜΕΥΣΙΣ.
Parken verboten!

ΑΠΑΓΟΡΕΥΕΤΑΙ Η ΣΤΡΟΦΗ ΠΡΟΣ ΤΑ ΔΕΞΙΑ
Abbiegen nach rechts verboten!

ΑΠΑΓΟΡΕΥΕΤΑΙ ΤΟ ΠΡΟΣΠΕΡΑΣΜΑ
Überholen verboten!

ΑΡΙΣΤΕΡΑ
Nach links

ΔΕΞΙΑ
Nach rechts

ΔΙΑΣΤΑΥΡΩΣΙΣ
Kreuzung

ΕΛΕΥΘΕΡΑ ΣΙΔΗΡΟΔΡΟΜΙΚΗ ΔΙΑΒΑΣΙΣ
Unbewachter Bahnübergang.

ΦΥΛΑΤΤΟΜΕΝΗ ΣΙΔΗΡΟΔΡΟΜΙΚΗ ΔΙΑΒΑΣΙΣ
Bewachter Bahnübergang.

ΚΑΤ' ΕΥΘΕΙΑΝ
Geradeaus!

ΝΟΣΟΚΟΜΕΙΟΝ
Krankenhaus

ΠΡΟΣΟΧΗ!
Achtung!

ΠΡΟΣΟΧΗ! ΣΥΡΜΟΣ!
Vorsicht! Zug!

ΠΡΟΣΟΧΗ! ΠΡΟΠΟΡΕΙΑ!
Vorfahrt beachten!

ΣΤΡΟΦΗ
Kurve

ΧΩΡΟΣ ΣΤΑΘΜΕΥΣΕΩΣ
Parkplatz

ΟΔΟΣ ΜΟΝΗΣ ΚΑΤΕΥΘΥΝΣΕΩΣ
Einbahnstraße

ΣΤΕΝΗ ΔΙΑΒΑΣΙΣ
Engpaß

ΠΑΡΑΚΑΜΨΗ
Umleitung

ΟΡΙΟΝ ΤΑΧΥΤΗΤΟΣ
Höchstgeschwindigkeit

MIT DEM BUS

Wo ist die nächste Bushaltestelle?
Πού είναι η πλησιέστερη στάση λεωφορείου;
pu 'inɛ i pli'sjɛstɛri 'stasi lɛɔfɔ'riu

Wo halten die Busse nach ...?
Πού σταματάνε τα λεωφορεία για ...;
pu stama'tanɛ ta lɛɔfɔ'ria ja

Wann fährt ein Bus nach ...?
Πότε περνάει λεωφορείο για ...;
'pɔtɛ pɛr'nai lɛɔfɔ'riɔ ja

Fährt *ein / dieser* Bus nach ...?
Πάει *ένα / αυτό το* λεωφορείο για ...;
'pai 'ɛna / a'ftɔ tɔ lɛɔfɔ'riɔ ja

Wann sind wir in ...?
Πότε θα φτάσουμε *στο / στην* ...;
'pɔtɛ θa 'ftasumɛ stɔ / stin

Muß ich umsteigen?
Πρέπει να αλλάξω λεωφορείο;
'prɛpi na a'laksɔ lɛɔfɔ'riɔ

Ist das weit?
Είναι μακριά;
'inɛ ma'krja

Wohin fährt der Bus?
Πού πάει το λεωφορείο;
pu 'pai tɔ lɛɔfɔ'riɔ

Welcher Bus fährt nach ...?
Ποιο λεωφορείο πάει για ...;
pjɔ lɛɔfɔ'riɔ 'pai ja

Ich fahre nach ...
Πηγαίνω ...
pi'jɛnɔ

Wo?
Πού;
pu

Wieviel kostet eine Fahrkarte nach ...?
Πόσο κάνει το εισιτήριο για ...;
'pɔsɔ 'kani tɔ isi'tirĭɔ ja

Bitte *eine Fahrkarte / zwei Fahrkarten* nach ...
Παρακαλώ *ένα εισιτήριο / δύο εισιτήρια* για ...
paraka'lɔ 'ɛna isi'tirĭɔ / 'ðiɔ isi'tirĭa ja

Abfahrtsstation	αφετηρία	afɛti'ria
Bus	λεωφορείο	lɛɔfɔ'riɔ
Endstation	(το) τέρμα	'tɛrma
Fahrer	οδηγός	ɔði'ɣɔs
Fahrschein	εισιτήριο	isi'tirĭɔ
Haltestelle	στάση	'stasi
Kinderfahrkarte	παιδικό εισιτήριο ..	pɛði'kɔ isi'tirĭɔ
Linie	γραμμή	ɣra'mi
Richtung	κατεύθυνση	ka'tɛfθin̆si
Schaffner	εισπράκτορας	i'spraktɔras

MIT DER EISENBAHN

Bahnhof

Wo ist der (Haupt-)Bahnhof?
Πού είναι ο (κεντρικός) σταθμός των τραίνων;
pu 'inɛ ɔ (ķɛňdri'kɔs) staθ'mɔs tɔň'drɛnɔn

Wo ist ...?	Πού είναι ...	pu 'inɛ
das Auskunftsbüro	το γραφείο πληροφοριών	tɔ ɣra'fiɔ plirɔfɔ'rjɔn
Bahnsteig 2	η αποβάθρα 2	i apɔ'vaθra 'ðiɔ
der Fahrkartenschalter	η θυρίδα εισιτηρίων	i θi'riða isiti'riɔn
der Fahrplan	το δρομολόγιο	tɔ ðrɔmɔ'lɔjĭɔ
die Gepäckaufbewahrung	η φύλαξη αποσκευών	i 'filaksi apɔsķɛ'vɔn
die Gepäckausgabe	η παραλαβή αποσκευών	i parala'vi apɔsķɛ'vɔn
Gleis 4	η γραμμή 4	i ɣra'mi 'tɛsɛra
das Restaurant	το εστιατόριο	tɔ ɛstĭa'tɔrĭɔ
der Sanitätsraum	ο σταθμός πρώτων βοηθειών	ɔ staθ'mɔs 'prɔtɔn vɔi'θjɔn
die Toilette	η τουαλέτα	i tua'lɛta
der Wartesaal	η αίθουσα αναμονής	i 'ɛθusa anamɔ'nis
die Wechselstube	η τράπεζα	i 'trapɛza
die Zimmervermittlung	το γραφείο ευρέσεως δωματίων	tɔ ɣra'fiɔ ɛ'vrɛsɛɔs ðɔma'tiɔn

Fahrplan

Abfahrt	αναχώρηση	ana'xɔrisi
Ankunft	άφιξη	'afiksi
Anschlußzug	τραίνο ανταπόκρισης	'trɛnɔ aňda'pɔkrisis
Bahnsteig	αποβάθρα	apɔ'vaθra
Eilzug	ταχεία	ta'çia
Fahrplan	δρομολόγιο	ðrɔmɔ'lɔjĭɔ
Gleis	γραμμή	ɣra'mi

Kurswagen	βαγόνι για	va'ɣɔni ja
Liegewagen	τουριστικό βαγκόν-λί	turisti'kɔ vagɔn̆'li
Personenzug	επιβατικό τραίνο	ɛpivati'kɔ 'trɛnɔ
Schienenbus	(η) ωτομοτρίς	ɔtɔmɔ'tris
Schlafwagen	(το) βαγκόν-λί, κλινάμαξα	vagɔn̆'li kli'namaksa
Schnellzug	ταχεία	ta'çia
Speisewagen	εστιατόριο	ɛstĭa'tɔrĭɔ
Triebwagen	αυτοκινητάμαξα	aftɔk̡ini'tamaksa
zuschlagspflichtig	με πρόσθετη πληρωμή	mɛ 'prɔsθɛti plirɔ'mi

Auskunft

Wann fährt ein *Personenzug / Schnellzug* nach ...?
Πότε φεύγει *το τραίνο / η ταχεία για* ...;
'pɔtɛ 'fɛvji tɔ 'trɛnɔ / i ta'çia ja

Wann fährt der *erste / letzte* Zug nach ...?
Πότε φεύγει το *πρώτο / τελευταίο* τραίνο για ...;
'pɔtɛ 'fɛvji tɔ 'prɔtɔ / tɛlɛ'ftɛɔ 'trɛnɔ ja

Wo ist der Zug nach ...?
Πού είναι το τραίνο για ...;
pu 'inɛ tɔ 'trɛnɔ ja

Hält dieser Zug in ...?
Σταματάει αυτό το τραίνο στην ...;
stama'tai a'ftɔtɔ 'trɛnɔ stin

Hat der Zug aus ... Verspätung?
Έχει το τραίνο από ... καθυστέρηση;
'ɛïçi tɔ 'trɛnɔ a'pɔ ... kaθi'stɛrisi

Wieviel?
Πόση;
'pɔsi

Haben wir Anschluß nach ...?
Έχουμε ανταπόκριση για ...;
'ɛxumɛ an̆da'pɔkrisi ja

Wann ist er in ...?
Πότε φτάνει στην ...;
'pɔtɛ 'ftani stin

Müssen wir umsteigen?
Πρέπει να αλλάξουμε τραίνο;
'prɛpi na a'laksumɛ 'trɛnɔ

Wo?
Πού;
pu

Hat der Zug einen Speisewagen?
Έχει το τραίνο εστιατόριο;
'ɛïçi tɔ 'trɛnɔ ɛstĭa'tɔrĭɔ

Kann ich die Fahrt in ... unterbrechen?
Μπορώ να διακόψω τη διαδρομή στην ...;
bɔ'rɔ na ðĭa'kɔpsɔ ti ðĭaðrɔ'mi stin

Auf welchem Bahnsteig kommt der Zug aus ... an?
Σε ποια αποβάθρα έρχεται το τραίνο από ...;
sɛ pja apɔ'vaθra 'ɛrçɛtɛ tɔ 'trɛnɔ a'pɔ

Von welchem Bahnsteig fährt der Zug nach ... ab?
Από ποια αποβάθρα φεύγει το τραίνο για ...;
a'pɔ pja apɔ'vaθra 'fɛvji tɔ 'trɛnɔ ja

Fahrkarten

Bitte *eine Karte* / *zwei Karten* nach ...
'Ενα εισιτήριο / *δύο εισιτήρια* για ..., παρακαλώ.
'ɛna isi'tirĭɔ / 'ðiɔ isi'tirĭa ja ..., paraka'lɔ.

– hin und zurück.
– μετ' επιστροφής.
mɛtɛpistrɔ'fis

– einfach.
– απλό.
a'plɔ

– erster Klasse.
– πρώτης θέσης.
'prɔtis 'θɛsis

Wie lange ist die Karte gültig?
Για πόσο ισχύει το εισιτήριο;
ja 'pɔsɔ i'sçii tɔ isi'tirĭɔ

Was kostet die Fahrt nach ...?
Πόσο κάνει η διαδρομή ως ...;
pɔsɔ 'kani i ðĭaðrɔ'mi ɔs

Fahrkarte	εισιτήριο	isi'tirĭɔ
– einfache Fahrkarte	απλό εισιτήριο	a'plɔ isi'tirĭɔ
– Hin- und Rückfahrkarte	εισιτήριο μετ' επιστροφής	isi'tirĭɔ mɛt-epistrɔ'fis
– ermäßigte Fahrkarte	μειωμένο εισιτήριο	miɔ'mɛnɔ isi'tirĭɔ
Fahrpreis	τιμή εισιτηρίου	ti'mi isiti'riu
Kinderfahrkarte	παιδικό εισιτήριο	pɛði'kɔ isi'tirĭɔ
Platzkarte	αριθμημένο εισιτήριο	ariθmi'mɛnɔ isi'tirĭɔ
Rückfahrkarte	εισιτήριο επιστροφής	isi'tirĭɔ ɛpistrɔ'fis
Schlafwagenkarte	εισιτήριο κλινάμαξας	isi'tirĭɔ kli'namaksas

Gepäck

Ich möchte ... Θέλω ... 'θɛlɔ

- **dieses Gepäck nach ... aufgeben.**
  - να παραδώσω αυτές τις αποσκευές για ...
  - na para'ðɔsɔ a'ftɛs tis apɔsķɛ'vɛs ja
- **dieses Gepäck hierlassen.**
  - να αφήσω εδώ αυτές τις αποσκευές.
  - na a'fisɔ ɛ'ðɔ a'ftɛs tis apɔsķɛ'vɛs
- **mein Gepäck *versichern / abholen.***
  - να *ασφαλίσω / παραλάβω* τισ αποσκευές μου.
  - na asfa'lisɔ / para'lavɔ tis apɔsķɛ'vɛzmu

Hier ist *die Fahrkarte / der Gepäckschein.*
Ορίστε το *εισιτήριο / δελτίο* αποσκευών.
ɔ'ristɛ tɔ isi'tirĭɔ / ðɛl'tiɔ apɔsķɛ'vɔn

Es sind zwei Koffer und eine Tasche.
Είναι δύο βαλίτσες και μια τσάντα.
'inɛ 'ðiɔ va'litsɛs ķɛ mja 'tsaňda

Es fehlt ein Koffer.
Λείπει μια βαλίτσα.
'lipi mja va'litsa

Geht das Gepäck mit demselben Zug ab?
Θα φύγουν οι αποσκευές με το ίδιο τραίνο;
θa 'fiɣun i apɔsķɛ'vɛz mɛ tɔ 'iðĭɔ 'trɛnɔ

Wann ist es in ...?
Πότε θα είναι στο ...;
'pɔtɛ θa 'inɛ stɔ

Das sind nicht meine Sachen.
Αυτά δεν είναι τα πράγματά μου.
a'fta ðɛn 'inɛ ta praɣma'tamu

Gepäck	αποσκευές	apɔsķɛ'vɛs
Gepäckannahme	παραλαβή αποσκευών	parala'vi apɔsķɛ'vɔn
Gepäckaufbewahrung	φύλαξη αποσκευών	'filaksi apɔsķɛ'vɔn
Gepäckausgabe	παράδοση αποσκευών	pa'raðɔsi apɔsķɛ'vɔn
Gepäckschein	δελτίο αποσκευών	ðɛl'tiɔ apɔsķɛ'vɔn
Gepäckschließfach	θυρίδα αποσκευών	θi'riða apɔsķɛ'vɔn
Handgepäck	χειραποσκευές	çirapɔsķɛ'vɛs
Koffer	βαλίτσα	va'litsa
(Reise-)Tasche	τσάντα ταξιδιού	'tsaňda taksi'ðĭu

Gepäckträger

Gepäckträger ...... αχθοφόρος .... axθɔ'fɔrɔs

Diese Koffer bitte ...
Αυτές τις βαλίτσες παρακαλώ ...
a'ftεs tis va'litsεs paraka'lɔ

– zum Zug nach ...
– στο τραίνο για ...
stɔ 'trεnɔ ja

– zum Bahnsteig 2.
– στην αποβάθρα δύο.
stin apɔ'vaθra 'ðiɔ

– zur Aufbewahrung.
– στην παράδοση αποσκευών.
stin pa'raðɔsi apɔskε'vɔn

– zum Ausgang.
– στην έξοδο.
stin 'εksɔðɔ

– zum Taxi.
– στο ταξί.
stɔ ta'ksi

– zum Bus nach ...
– στο λεωφορείο για ...
stɔ lεɔfɔ'riɔ ja

Wieviel bekommen Sie?
Πόσα θέλετε;
'pɔsa 'θεlεtε

Danke!
Ευχαριστώ!
εfxari'stɔ

Auf dem Bahnsteig

Ist das der Zug *nach / aus* ...?
Αυτό είναι το τραίνο *για / από* ...;
a'ftɔ 'inε tɔ 'trεnɔ ja / a'pɔ

Wo ist ...
Πού είναι ...
pu 'inε

– der Speisewagen?
– το εστιατόριο;
tɔ εstĭa'tɔrĭɔ

– der Kurswagen nach ...?
– το βαγόνι για ...;
tɔ va'ɣɔni ja

– die erste Klasse?
– η πρώτη θέση;
i 'prɔti 'θεsi

– der Liegewagen?
– το τουριστικό βαγκόν-λί;
tɔ turisti'kɔ vagɔň'li

– der Schlafwagen?
– το βαγκόν-λί;
tɔ vagɔň'li

– **der Gepäckwagen?**
– η σκευοφόρος;
i skεvɔ'fɔrɔs

– **Wagen Nr. ...?**
– το βαγόνι αριθμός ...;
tɔ va'γɔni ariθ'mɔs

Dort.
Εκεί.
ε'ki

Vorn.
Μπροστά.
brɔ'sta

In der Mitte.
Στη μέση.
sti 'mεsi

Am Ende.
Στο τέλος.
stɔ 'tεlɔs

Wann kommt der Zug an?
Πότε φθάνει το τραίνο;
'pɔtε 'ftani tɔ 'trεnɔ

Ist der Zug schon abgefahren?
Μήπως έφυγε ήδη το τραίνο;
'mipɔs 'εfijε 'iði tɔ 'trεnɔ

ΕΠΟΠΤΗΣ
Aufsicht

ΠΛΗΡΟΦΟΡΙΕΣ
Auskunft

ΕΞΟΔΟΣ
Ausgang

ΠΡΟΣ ΑΠΟΒΑΘΡΑΣ
Zu den Bahnsteigen

ΑΝΑΨΥΚΤΙΚΑ
Erfrischungen

ΠΑΡΑΛΑΒΗ ΑΠΟΣΚΕΥΩΝ
Gepäckannahme

ΓΡΑΜΜΗ
Gleis

ΠΡΩΤΩΝ ΒΟΗΘΕΙΩΝ
Sanitätsstelle

ΑΠΟΧΩΡΗΤΗΡΙΑ
Toiletten

ΑΝΔΡΩΝ
Herren

ΓΥΝΑΙΚΩΝ
Damen

ΔΙΕΛΕΥΣΙΣ
Übergang

ΑΙΘΟΥΣΑ ΑΝΑΜΟΝΗΣ
Wartesaal

Im Zug

Ist dieser Platz frei?
Είναι ελεύθερη αυτή η θέση;
'inε ε'lεfθεri a'fti i 'θεsi

Das ist mein Platz.
Αυτή είναι η θέση μου.
a'fti 'inε i 'θεsi mu

Darf ich das Fenster *öffnen / schließen*?
Μπορώ να *ανοίξω / κλείσω* το παράθυρο;
bɔ'rɔ na a'niksɔ / 'klisɔ tɔ pa'raθirɔ

Dürf ich?
Επιτρέπεται;
εpi'trεpεtε

Können Sie mir bitte helfen?
Μπορείτε, σας παρακαλώ, να με βοηθήσετε;
bɔ'ritε, sas paraka'lɔ, na mε vɔi'θisεtε

Können wir die Plätze tauschen?
Μπορούμε να αλλάξουμε θέσεις;
bɔ'rumε na a'laksumε 'θεsis

***Die Fahrkarten, bitte!**
Τα εισιτήρια, παρακαλώ!
ta isi'tirĭa paraka'lɔ

Einen Moment bitte.
Ένα λεπτό παρακαλώ.
'εna lε'ptɔ paraka'lɔ

Wie viele Stationen sind es noch bis ...?
Πόσοι σταθμοί είναι ακόμα ως ...;
'pɔsi staθ'mi 'inε a'kɔma ɔs

Wo sind wir jetzt?
Πού είμαστε τώρα;
pu 'imastε 'tɔra

Sind wir pünktlich in ...?
Θα είμαστε στην ώρα μας στο ...;
θa 'imastε stin 'ɔra mas stɔ

Wie lange haben wir Aufenthalt?
Πόση ώρα θα σταματήσουμε;
'pɔsi 'ɔra θa stama'tisumε

ΦΡΕΝΟ ΚΙΝΔΥΝΟΥ
Notbremse

ΕΣΤΙΑΤΟΡΙΟΝ
Speisewagen

ΚΛΙΝΑΜΑΞΑ
Schlafwagen

ΑΠΟΧΩΡΗΤΗΡΙΑ
Toiletten

ΕΛΕΥΘΕΡΟΝ
Frei

ΚΑΤΕΙΛΗΜΜΕΝΟΝ
Besetzt

ΑΠΑΓΟΡΕΥΕΤΑΙ ΤΟ ΚΑΠΝΙΣΜΑ
Rauchen verboten

ΠΡΟΣΟΧΗ! ΚΙΝΔΥΝΟΣ!
Achtung! Gefahr!

ΣΥΡΑΤΕ
Ziehen

ΩΘΗΣΑΤΕ
Drücken

abfahren	φεύγω, αναχωρώ	'fεvγɔ, anaxɔ'rɔ
Abfahrt	αναχώρηση	ana'xɔrisi
Abteil	(το) κουπέ	ku'pε
ankommen	φθάνω	'ftanɔ
Ankunft	άφιξη	'afiksi
Anschluß	ανταπόκριση	aňda'pɔkrisi
Aufenthalt	παραμονή	paramɔ'ni
Ausgang	(η) έξοδος	'εksɔðɔs
Auskunft	πληροφορία	plirɔfɔ'ria
aussteigen	κατεβαίνω	katε'vεnɔ
Bahnhof	σταθμός	staθ'mɔs
Bahnhofsvorsteher	σταθμάρχης	staθ'marçis
Bahnsteig	αποβάθρα	apɔ'vaθra
Eingang	(η) είσοδος	'isɔðɔs
einsteigen	ανεβαίνω	anε'vεnɔ
Eisenbahn	σιδηρόδρομος	siði'rɔðrɔmɔs
Ermäßigung	έκπτωση	'εkptɔsi
Fahrkarte	εισιτήριο	isi'tirĭɔ
Fahrpreis	τιμή εισιτηρίου	ti'mi isiti'riu
Fensterplatz	θέση στο παράθυρο	'θεsi stɔ pa'raθirɔ
Gepäck	(οι) αποσκευές	apɔsķε'vεs
Gepäcknetz	δίχτυ αποσκευών	'ðixti apɔsķε'vɔn
Gleis	γραμμή	γra'mi
Güterbahnhof	εμπορικός σταθμός	εm̃bɔri'kɔs staθ'mɔs
Heizung	θέρμανση	'θεrmañsi
– kalt	κρύο	'kriɔ
– warm	ζεστό	zε'stɔ
Kursbuch	δρομολόγιο	ðrɔmɔ'lɔjĭɔ
Lokomotive	ατμομηχανή	atmɔmixa'ni
Schaffner	εισπράκτορας	i'spraktɔras
Schienen	γραμμές του τραίνου	γra'mεs tu 'trεnu
Sperre	(το) κιγκλίδωμα	ķi'ŋgliðɔma
Strecke	διαδρομή	ðĭaðrɔ'mi
umsteigen	αλλάζω τραίνο	a'lazɔ 'trεnɔ
Wagen, Waggon	βαγόνι	va'γɔni
Wagentür	πόρτα βαγονιού	'pɔrta vaγɔ'nju
Zug	τραίνο	'trεnɔ
Zugführer	οδηγός τραίνου	ɔði'γɔs 'trεnu

MIT DEM FLUGZEUG

Auskunft und Buchung

Gibt es eine (direkte) Flugverbindung nach ...?
Υπάρχει (κατ' ευθείαν) πτήση για ...;
i'parçi (katɛ'fθian) 'ptisi ja

Wann fliegt *heute* / *morgen* ein Flugzeug nach ...?
Πότε φεύγει *σήμερα* / *αύριο* αεροπλάνο για ...;
'pɔtɛ 'fɛvji 'simɛra / 'avrĭɔ aɛrɔ'planɔ ja

Wann fliegt die nächste Maschine nach ...?
Πότε φεύγει το επόμενο αεροπλάνο για ...;
'pɔtɛ 'fɛvji tɔ ɛ'pɔmɛnɔ aɛrɔ'planɔ ja

Habe ich Anschluß nach ...?
'Εχω ανταπόκριση για ...;
'ɛxɔ an̆da'pɔkrisi ja

Wann sind wir in ...?
Πότε θα είμαστε στο ...;
'pɔtɛ θa 'imastɛ stɔ

Sind noch Plätze frei?
Υπάρχουν θέσεις ακόμη;
i'parxun 'θɛsis a'kɔmi

Wieviel kostet ein Flug nach ... (und zurück)?
Πόσο κάνει μια πτήση για ... (μετ' επιστροφής);
'pɔsɔ 'kani 'mia 'ptisi ja ... (mɛtɛpistrɔ'fis)

Wieviel Gepäck ist frei?
Πόσες αποσκευές είναι ελεύθερες;
'pɔsɛs apɔsķɛ'vɛs 'inɛ ɛ'lɛfθɛrɛs

Was kostet das Übergepäck?
Πόσο κοστίζει το υπέρβαρος;
'pɔsɔ kɔ'stizi tɔ i'pɛrvarɔs

Wie hoch ist die Flughafengebühr?
Πόσα είναι τα τέλη αεροδρομίου;
'pɔsa 'inɛ ta 'tɛli aɛrɔðrɔ'miu

Wie komme ich zum Flughafen?
Πώς θα πάω στό αεροδρόμιο;
pɔsta 'paɔ stɔ aɛrɔ'ðrɔmĭɔ

Wann muß ich dort sein?
Πότε πρέπει να είμαι εκεί;
'pɔtɛ 'prɛpi na 'imɛ ɛ'ķi

Bitte für Freitag einen Flug nach ...
Παρακαλώ, ένα εισιτήριο την Παρασκευή για ...
paraka'lɔ, 'εna isi'tiriɔ tin paraskε'vi ja

Bitte für den 8. Mai ein Ticket nach ...
Παρακαλώ για τις 8. Μαΐου ένα εισιτήριο για ...
paraka'lɔ ja tis ɔ'xtɔ ma'iu 'εna isi'tiriɔ ja

– 1. Klasse.
– πρώτη θέση.
'prɔti 'θεsi

– Economy-Klasse.
– τουριστική θέση.
turisti'ki 'θεsi

Wie lange ist das Ticket gültig?
Για πόσο ισχύει το εισιτήριο;
ja 'pɔsɔ i'sçii tɔ isi'tiriɔ

Ich muß diesen Flug *annullieren* / *umbuchen*.
Πρέπει να *ακυρώσω* / *αλλάξω* αυτό το εισιτήριο.
'prεpi na aki'rɔsɔ / a'laksɔ a'ftɔ tɔ isi'tiriɔ

Wie hoch ist die Annullierungsgebühr?
Πόσο είναι το τέλος ακυρώσεως;
'pɔsɔ 'inε tɔ 'tεlɔs aki'rɔsεɔs

Auf dem Flughafen

Kann ich das als Handgepäck mitnehmen?
Μπορώ να το πάρω σαν χειραποσκευή;
bɔ'rɔ na tɔ 'parɔ san çirapɔskε'vi

Was muß ich zahlen?
Τι πρέπει να πληρώσω;
ti 'prεpi na pli'rɔsɔ

Wo ist der Warteraum?
Πού είναι η αίθουσα αναμονής;
pu 'inε i 'εθusa anamɔ'nis

Wo ist der Ausgang 10?
Πού είναι η έξοδος 10;
pu 'inɛ i 'ɛksɔðɔs 'ðɛka

Wo ist der Informationsschalter?
Πού είναι η θυρίδα πληροφοριών;
pu 'inɛ i θi'riða plirɔfɔ'rjɔn

Wo gibt es hier zollfreie Waren?
Πού υπάρχουν εδώ αφορολόγητα είδη;
pu i'parxun ɛ'ðɔ afɔrɔ'lɔjita 'iði

Hat die Maschine nach ... Verspätung?
'Εχει το αεροπλάνο για ... καθυστέρηση;
'ɛïçi tɔ aɛrɔ'planɔ ja ... kaθi'stɛrisi

Ist die Maschine aus ... schon gelandet?
Προσγειώθηκε το αεροπλάνο από ...;
prɔzji'ɔθikɛ tɔ aɛrɔ'planɔ a'pɔ

Abflug	απογείωση	apɔ'jiɔsi
Anflug	προσγείωση	prɔz'jiɔsi
Ankunft	άφιξη	'afiksi
sich anschnallen	δένω τη ζώνη	'ðɛnɔ ti 'zɔni
Anschnallgurt	ζώνη ασφαλείας	'zɔni asfa'lias
aufsteigen	ανεβαίνω	anɛ'vɛnɔ
Auskunft	πληροφορία	plirɔfɔ'ria
Ausgang	έξοδος	'ɛksɔðɔs
Besatzung	(το) πλήρωμα	'plirɔma
Buchung	κλείσιμο εισιτηρίου	'klisimɔ isiti'riu
Chartermaschine	(το) τσάρτερ	'tsartɛr
Düsenflugzeug	αεριοθούμενο	aɛrĭɔ'θumɛnɔ
fliegen	πετώ	pɛ'tɔ
Flug	πτήση	'ptisi
Fluggast	επιβάτης αεροπλάνου	ɛpi'vatis aɛrɔ'planu
Fluggesellschaft	αεροπορική εταιρία	aɛrɔpɔri'k̬i ɛtɛ'ria
Flughafen	αεροδρόμιο	aɛrɔ'ðrɔmĭɔ

Flughafengebühr	τέλος αεροδρομίου	'tɛlɔs aɛrɔðrɔ'miu
Flugplan	δρομολόγιο αεροπλάνου	ðrɔmɔ'lɔjĭɔ aɛrɔ'planu
Flugstrecke	αεροπορική διαδρομή	aɛrɔpɔri'ķi ðĭaðrɔ'mi
Flugticket	αεροπορικό εισιτήριο	aɛrɔpɔri'kɔ isi'tirĭɔ
Flugzeit	χρόνος πτήσης	'xrɔnɔs 'ptisis
Flugzeug	αεροπλάνο	aɛrɔ'planɔ
Flugzeugführer	πιλότος	pi'lɔtɔs
Frischluftdüse	βαλβίδα αέρα	val'viða a'ɛra
Gewitter	καταιγίδα	katɛ'jiða
Handgepäck	χειραποσκευές	çirapɔsķɛ'vɛs
Informationsschalter	θυρίδα πληροφοριών	θi'riða plirɔfɔ'rjɔn
landen	προσγειώνομαι	prɔzji'ɔnɔmɛ
Landung	προσγείωση	prɔz'jiɔsi
Linienmaschine	αεροπλάνο γραμμής	aɛrɔ'planɔ ɣra'mis
Luftkrankheit	ναυτία	na'ftia
Nebel	ομίχλη	ɔ'mixli
Notausgang	έξοδος κινδύνου	'ɛksɔðɔs ķi'ňðinu
Notlandung	αναγκαστική προσγείωση	anaŋgasti'ķi prɔz'jiɔsi
Rückflug	πτήση επιστροφής	'ptisi ɛpistrɔ'fis
Schwimmweste	σωσίβιο	sɔ'sivĭɔ
Start	απογείωση	apɔ'jiɔsi
starten	απογειώνομαι	apɔji'ɔnɔmɛ
Steward	φροντιστής	frɔndi'stis
Stewardeß	αεροσυνοδός	aɛrɔsinɔ'ðɔs
Triebwerk	κινητήρας	ķini'tiras
Übergepäck	υπέρβαρο	i'pɛrvarɔ
Warteraum	αίθουσα αναμονής	'ɛθusa anamɔ'nis
Wetter	καιρός	ķɛ'rɔs
Zielflughafen	αεροδρόμιο προορισμού	aɛrɔ'ðrɔmĭɔ prɔɔriz'mu
zollfreie Waren	εμπορεύματα αφορολόγητα (άνευ δασμού)	ɛm̌bɔ'rɛvmata afɔrɔ'lɔjita ('anɛf ða'zmu)
Zwischenlandung	ενδιάμεση προσγείωση	ɛ'ňðjamɛsi prɔz'jiɔsi

MIT DEM SCHIFF

Auskunft und Passage

Wann fährt *ein Schiff / die Fähre* nach ... ab?
Πότε φεύγει *καράβι / φέρρυμπωτ* για ...;
'pɔtɛ 'fɛvji ka'ravi / 'fɛribɔt ja

Welches Schiff fährt nach ...?
Ποιο καράβι φεύγει για ...;
pjɔ ka'ravi 'fɛvji ja

Wo?
Πού;
pu

Wie lange dauert die Überfahrt?
Πόσο διαρκεί το ταξίδι;
'pɔsɔ ðĭar'k̦i tɔ ta'ksiði

Wann legen wir in ... an?
Πότε θα φθάσουμε στην ...;
'pɔtɛ θa 'ftasumɛ stin

Welche Häfen werden angelaufen?
Σε ποια λιμάνια πιάνουμε;
sɛ pja li'manĭa 'pjanumɛ

Wann müssen wir an Bord sein?
Πότε πρέπει να επιβιβαστούμε;
'pɔtɛ 'prɛpi na ɛpiviva'stumɛ

Wo bekommt man die Karten?
Πού πουλιούνται τα εισιτήρια;
pu pu'lĭundɛ ta isi'tirĭa

Wieviel kostet eine Karte nach ...?
Πόσο κάνει το εισιτήριο για ...;
'pɔsɔ 'kani tɔ isi'tirĭɔ ja

... 1. Klasse.
... πρώτης θέσης.
'prɔtis 'θɛsis

... zweiter Klasse.
... δεύτερης θέσης.
'ðɛftɛris 'θɛsis

... Touristenklasse.
... τουριστικής θέσης.
turisti'k̦is 'θɛsis

... mit Einzelkabine.
... με μονή καμπίνα.
mɛ mɔ'ni ka'bina

... mit Doppelbettkabine.
... με διπλή καμπίνα.
mɛ ði'pli ka'bina

Bitte auch ein Ticket für den Pkw!
Παρακαλώ ένα εισιτήριο και για το αυτοκίνητο!
paraka'lɔ 'ɛna isi'tirĭɔ k̦ɛ ja tɔ aftɔ'k̦initɔ

An Bord

Ich suche Kabine Nr. ...
Ψάχνω την καμπίνα αριθμός ...
'psaxnɔ tiŋ ka'bina ariθ'mɔs

Wo ist mein Gepäck?
Πού είναι οι αποσκευές μου;
pu 'inɛ i apɔsk̦ɛ'vɛzmu

Haben Sie ... an Bord?
Έχετε στο πλοίο...;
'ɛĭçɛtɛ stɔ 'pliɔ

Bitte, wo ist der Speisesaal?
Παρακαλώ, πού είναι η τραπεζαρία;
paraka'lɔ, pu 'inɛ i trapɛza'ria

Steward, bringen Sie mir bitte ...
Καμαρότε, φέρτε μου, παρακαλώ ...
kama'rɔtɛ, 'fɛrtɛmu, paraka'lɔ

Wann wird das Essen serviert?
Πότε σερβίρεται το φαγητό;
'pɔtɛ sɛr'virɛtɛ tɔ faji'tɔ

Rufen Sie bitte den Schiffsarzt!
Φωνάξτε, παρακαλώ, τον γιατρό!
fɔ'nakstɛ, paraka'lɔ, tɔn ja'trɔ

Haben Sie ein Mittel gegen Seekrankheit?
Έχετε κάτι για τη ναυτία;
'ɛĭçɛtɛ 'kati ja ti na'ftia

Welche Stromspannung ist hier?
Ποια είναι η τάση του ρεύματος εδώ;
pja 'inɛ i 'tasi tu 'rɛvmatɔs ɛ'ðɔ

Ich möchte den ... sprechen.	Θέλω να μιλήσω στον ...	'θɛlɔ na mi'lisɔ stɔn
– **Deckoffizier**	αξιωματικό καταστρώματος	aksĭɔmati'kɔ kata'strɔmatɔs
– **Gepäckoffizier** ...	αξιωματικό αποσκευών	aksĭɔmati'kɔ apɔsk̦ɛ'vɔn
– **Kapitän**	καπετάνιο	kapɛ'tanĭɔ
– **Obersteward**	αρχικαμαρότο	arçikama'rɔtɔ
– **Schiffsarzt**	γιατρό	ja'trɔ
– **Reiseleiter**	υπεύθυνο ταξιδιού	i'pɛfθinɔ taksi'ðju
– **Zahlmeister**	λογιστή	lɔji'sti

Anker	άγκυρα	'aŋgira
anlaufen	καταπλέω	kata'plεɔ
anlegen	προσδένω, αράζω	prɔz'ðεnɔ, a'razɔ
Anlegeplatz	προβλήτα	prɔ'vlita
Anlegesteg	σκάλα	'skala
Aufenthaltsraum	σαλόνι	sa'lɔni
ausbooten	ξεμπαρκάρω	ksεm̃bar'karɔ
Ausflugsprogramm	(το) πρόγραμμα εκδρομών	'prɔɣrama εkðrɔ'mɔn
auslaufen	αποπλέω	apɔ'plεɔ
Backbord	πρύμνη	'primni
Bar	(το) μπαρ	bar
Boje	σημαδούρα	sima'ðura
Boot	βάρκα	'varka
– **Barkasse**	(η) βενζινάκατος	vεñzi'nakatɔs
– **Fischerboot**	τράτα	'trata
– **Motorboot**	(το) κρίς-κράφτ	kris'kraft
– **Rettungsboot**	σωσίβια λέμβος	sɔ'sivĭa 'lεm̥vɔs
– **Segelboot**	ιστιοφόρο	istĭɔ'fɔrɔ
Bord	(το) κατάστρωμα	ka'tastrɔma
Bordfest	γιορτή στο πλοίο	jɔr'ti stɔ 'plio
Brise	αύρα	'avra
Bug	πλώρη	'plɔri
Dampfer	ατμόπλοιο	at'mɔplĭɔ
Deck	(το) κατάστρωμα	ka'tastrɔma
– **Bootsdeck**	κατάστρωμα λεμβών	ka'tastrɔma lεm̥'vɔn
– **Hauptdeck**	κυρίως κατάστρωμα	k̹i'riɔs ka'tastrɔma
– **Oberdeck**	πάνω κατάστρωμα	'panɔ ka'tastrɔma
– **Promenadendeck**	κατάστρωμα περιπάτου	ka'tastrɔma pεri'patu
– **Salondeck**	κατάστρωμα σαλονιού	ka'tastrɔma salɔ'nju
– **Sonnendeck**	κατάστρωμα ηλιοθεραπείας	ka'tastrɔma ilĭɔθεra'pias

– Vordeck	κατάστρωμα πλώρης	ka'tastrɔma 'plɔris
– Zwischendeck	ενδιάμεσο κατάστρωμα	ɛ'ñðjamɛsɔ ka'tastrɔma
Decksplatz	θέση καταστρώματος	'θɛsi kata'strɔmatɔs
Deckstuhl	καρέκλα καταστρώματος	ka'rɛkla kata'strɔmatɔs
Fähre	(το) φέρρυμπωτ	'fɛribɔt
Flagge	σημαία	si'mɛa
Friseursalon	κομμωτήριο	kɔmɔ'tirĭɔ
Funkraum	ασύρματος	a'sirmatɔs
Hafen	λιμάνι	li'mani
Hafengebühr	λιμενικά τέλη	limɛni'ka 'tɛli
Hafenpolizei	λιμεναρχείο	limɛnar'çiɔ
Heck	πρύμνη	'primni
Insel	νησί	ni'si
Jacht	θαλαμηγός, (το) γιωτ	θalami'ɣɔs, jɔt
Kabine, Kajüte	καμπίνα	ka'bina
Kai	προκυμαία	prɔk̯i'mɛa
Kanal	διώρυγα	'ðjɔriɣa
Kapitän	καπετάνιος, πλοίαρχος	kapɛ'tanĭɔs, 'pliarxɔs
Knoten	κόμβος	'kɔm̥vɔs
Kommandobrücke	γέφυρα ναυσιπλοΐας	'jɛfira nafsiplɔ'ias
Kreuzfahrt	κρουαζιέρα	krua'zjɛra
Kurs	πορεία	pɔ'ria
Küste	ακτή	a'kti
Landausflug	εκδρομή στην ξηρά	ɛkðrɔ'mi stiŋ̑gzi'ra
Landungsbrücke	γέφυρα αποβιβάσεως	'jɛfira apɔvi'vasɛɔs
Lastkahn	φορτηγίδα	fɔrti'jiða
Leuchtturm	φάρος	'farɔs
Leseraum	αναγνωστήριο, βιβλιοθήκη	anaɣnɔ'stirĭɔ, vivlĭɔ'θik̯i
Liegestuhl	(η) σαίζ-λόγκ	sɛz'lɔŋ̑g
Mannschaft	(το) πλήρωμα	'plirɔma
Mast	κατάρτι	ka'tarti
Matrose	ναύτης	'naftis

Mole	μώλος	'mɔlɔs
1. Offizier	πρώτος αξιωματικός	'prɔtɔs aksĭɔmati'kɔs
Passagier	επιβάτης	ɛpi'vatis
Reeder	εφοπλιστής	ɛfɔpli'stis
Reederei	ναυτιλιακή εταιρία	naftilĭa'ķi ɛtɛ'ria
Reling	κουπαστή	kupa'sti
Rettungsring	σωσσίβιο	sɔ'sivĭɔ
Ruder	τιμόνι	ti'mɔni
Schiff	καράβι, πλοίο	ka'ravi, 'pliɔ
– **Frachtschiff**	φορτηγό	fɔrti'ɣɔ
– **Kriegsschiff**	πολεμικό	pɔlɛmi'kɔ
– **Passagierschiff**	επιβατικό	ɛpivati'kɔ
Schiffsagentur	γραφείο ναυτιλιακής εταιρίας	ɣra'fiɔ naftilĭa'ķis ɛtɛ'rias
Schiffsarzt	γιατρός πλοίου	ja'trɔs 'pliu
Schiffsreise	θαλασσινό ταξίδι	θalasi'nɔ ta'ksiδi
Schlepper	ρυμουλκό	rimul'kɔ
Schwimmweste	σωσσίβιο	sɔ'sivĭɔ
See, Meer	θάλασσα	'θalasa
– **auf hoher See**	στ' ανοιχτά	stani'xta
Seegang	τρικυμία	triķi'mia
seekrank sein (werden)	έχω ναυτία	'ɛxɔ na'ftia
Seekrankheit	ναυτία	na'ftia
Seil, Tau	σχοινί, κάβος	sçi'ni, 'kavɔs
Speisesaal	τραπεζαρία	trapɛza'ria
Steuer	τιμόνι	ti'mɔni
Steuerbord	δεξιά	δɛ'ksja
Steuermann	τιμονιέρης, πηδαλιούχος	timɔ'njɛris, piδa'ljuxɔs
Steward	καμαρότος	kama'rɔtɔs
Swimmingpool	πισίνα	pi'sina
Touristenklasse	τουριστική θέση	turisti'ķi 'θɛsi
Überfahrt	διάπλους	'δjaplus
Ufer	ακτή	ak'ti
Welle	κύμα	'ķima
Wetterbericht	δελτίο καιρού	δɛl'tiɔ ķɛ'ru
Wolldecke	μάλλινη κουβέρτα	'malini ku'vɛrta
Zahlmeisterbüro	λογιστήριο	lɔji'stirĭɔ

AN DER GRENZE

Paßkontrolle

***Ihre Papiere, bitte!**
Τα χαρτιά σας, παρακαλώ!
ta xar'tjasas, paraka'lɔ

***Ihren Paß, bitte!**
Το διαβατήριό σας, παρακαλώ!
tɔ ðĭavati'rjɔsas, paraka'lɔ

Hier, bitte.
Ορίστε!
ɔ'ristɛ

***Er ist abgelaufen.**
Έχει λήξει.
'ɛçi 'liksi

Was soll ich tun?
Τι να κάνω;
ti na 'kanɔ

Ich gehöre zu der Reisegruppe von ...
Ανήκω στην ομάδα ταξιδιού ...
a'nikɔ stin ɔ'maða taksi'ðiu

Die Kinder sind in meinem Paß eingetragen.
Τα παιδιά αναφέρονται στο διαβατήριό μου.
ta pɛ'ðja ana'fɛrɔn̆dɛ stɔ ðĭavati'rjɔmu

Kann ich das Visum hier bekommen?
Μπορώ να πάρω τη βίζα εδώ;
bɔ'rɔ na 'parɔ ti 'viza ɛ'ðɔ

Kann ich mit meinem Konsulat telefonieren?
Μπορώ να τηλεφωνήσω στο προξενείο μου;
bɔ'rɔ na tilɛfɔ'nisɔ stɔ prɔksɛ'niɔmu

Aufenthaltserlaubnis ...	άδεια παραμονής ...	'aðĭa paramɔ'nis
Ausreise	(η) έξοδος	'ɛksɔðɔs
Ausreisevisum	θεώρηση εξόδου ..	θɛ'ɔrisi ɛ'ksɔðu
Ausweis	ταυτότητα	ta'ftɔtita
Beruf	(το) επάγγελμα	ɛ'paŋ̆gɛlma
Besondere Kennzeichen	ιδιαίτερα χαρακτηριστικά	i'ðĭɛtɛra xaraktiristi'ka
Bestimmungen	διατάξεις	ðĭa'taksis

Einreise	(η) είσοδος	'isɔðɔs
Einreisevisum	θεώρηση εισόδου, βίζα	θε'ɔrisi i'sɔðu, 'viza
Familienname	επώνυμο	ε'pɔnimɔ
Familienstand	οικογενειακή κατάσταση	ikɔjenĭa'ķi ka'tastasi
– ledig ***(Mann)***	άγαμος, ελεύθερος	'aɣamɔs, ε'lεfθεrɔs
– ledig ***(Frau)***	άγαμος, ελεύθερη	'aɣamɔs, ε'lεfθεri
– verheiratet ***(Mann)***	έγγαμος, παντρεμένος	'εŋ̆gamɔs, pañdrε'mεnɔs
– verheiratet ***(Frau)***	έγγαμος, παντρεμένη	'εŋ̆gamɔs, pañdrε'mεni
Farbe der Augen	χρώμα ματιών	'xrɔma ma'tjɔn
Führerschein	(το) δίπλωμα οδήγησης	'ðiplɔma ɔ'ðijisis
Geburtsdatum	ημερομηνία γεννήσεως	imεrɔmi'nia jε'nisεɔs
Geburtsname	πατρώνυμο	pa'trɔnimɔ
Geburtsort	τόπος γεννήσεως	'tɔpɔs jε'nisεɔs
Grenze	(τα) σύνορα	'sinɔra
Größe	(το) ύψος	'ipsɔs
gültig	ισχύον	i'sçiɔn
Haarfarbe	(το) χρώμα μαλλιών	'xrɔma ma'ljɔn
Nationalitätskennzeichen	(το) σήμα εθνικότητας	'sima εθni'kɔtitas
Nummer	αριθμός	ariθ'mɔs
Paß	διαβατήριο	ðĭava'tirĭɔ
Paßkontrolle	έλεγχος διαβατηρίων	'εlεŋ̆xɔs ðĭavati'riɔn
Reisepaß	διαβατήριο	ðĭava'tirĭɔ
Staatsangehörigkeit	υπηκοότητα	ipikɔ'ɔtita
Transitvisum	βίζα τράνζιτ	'viza 'trañzit
Unterschrift	υπογραφή	ipɔɣra'fi
verlängern	παρατείνω	para'tinɔ
Verlängerung	παράταση	pa'ratasi
Versicherungskarte	κάρτα ασφαλίσεως	'karta asfa'lisεɔs
Vorname	(το) όνομα	'ɔnɔma
Wohnort	τόπος κατοικίας	'tɔpɔs kati'ķias

Zollkontrolle

***Haben Sie etwas zu verzollen?**
'Εχετε τίποτα να εκτελωνίσετε;
'εçεtε 'tipɔta na εktεlɔ'nisεtε

Ich habe nur Sachen für den persönlichen Bedarf.
'Εχω μόνο προσωπικά είδη.
'εxɔ 'mɔnɔ prɔsɔpi'ka 'iði

Das ist mein Koffer.
Αυτή είναι η βαλίτσα μου.
a'fti 'inε i va'litsamu

Das gehört mir nicht.
Αυτό δεν μου ανήκει.
a'ftɔ ðεn mu a'niķi

***Öffnen Sie bitte ...**
Ανοίξτε, παρακαλώ ...
a'nikstε, paraka'lɔ

Das ist ein Geschenk.
Αυτό είναι δώρο.
a'ftɔ 'inε 'ðɔrɔ.

Ich habe ... *Zigaretten / eine Flasche ... / Parfüm.*
'Εχω ... *τσιγάρα / ένα μπουκάλι ... / άρωμα.*
'εxɔ ... tsi'ɣara/'εna bu'kali .../ 'arɔma

***Was ist darin?**
Τι είναι εκεί μέσα;
ti 'inε ε'ķi 'mεsa

Das ist alles.
Αυτά είναι όλα.
a'fta 'inε 'ɔla

***In Ordnung!**
Εντάξει!
ε'ňdaksi

Ich möchte das verzollen.
Θέλω να το εκτελωνίσω.
'θεlɔ na tɔ εktεlɔ'nisɔ

Muß ich das verzollen?
Πρέπει να το εκτελωνίσω;
'prεpi na tɔ εktεlɔ'nisɔ

Wieviel ist zollfrei?
Πόσα είναι αφορολόγητα;
'pɔsa 'inε afɔrɔ'lɔjita

Was muß ich dafür zahlen?
Τι πρέπει να πληρώσω γι' αυτά;
ti 'prεpi na pli'rɔsɔ ja'fta

Ausfuhrzoll	δασμός (φόρος)	ða'zmɔs ('fɔrɔs)
	εξαγωγής	εksaɣɔ'jis
Einfuhrzoll	φόρος εισαγωγής .	'fɔrɔs isaɣɔ'jis
Grenzübergang	διάβαση συνόρων .	'ðĭavasi si'nɔrɔn
Zoll	τελωνείο	tεlɔ'niɔ
Zollabfertigung	εκτελωνισμός	εktεlɔni'zmɔs
Zollamt	τελωνείο	tεlɔ'niɔ
Zollbeamter	τελωνειακός	tεlɔnĭa'kɔs
Zollerklärung	τελωνειακή δήλωση	tεlɔnĭa'ķi 'ðilɔsi
Zollkontrolle	τελωνειακός έλεγχος	tεlɔnĭa'kɔs 'εlεŋ̌xɔs

UNTERKUNFT

Erkundigung

In den meisten griechischen Städten und auf sehr vielen Inseln können sich Reisende bei der Zimmersuche an das örtliche Büro der Griechischen Zentrale für den Fremdenverkehr (E.O.T.) wenden.

Gibt es hier eine Touristenzentrale?
Υπάρχουν εδώ γραφεία του Ε.Ο.Τ.;
i'parxun ɛ'ðɔ ɣra'fia tu ɛ'ɔt

Wo ist das Hotel ...?
Πού είναι το ξενοδοχείο ...;
pu 'inɛ tɔ ksɛnɔðɔ'çiɔ

Können Sie mir ein (gutes) Hotel empfehlen?
Μπορείτε να μου συστήσετε ένα (καλό) ξενοδοχείο;
bɔ'ritɛ na mu si'stisɛtɛ 'ɛna (ka'lɔ) ksɛnɔðɔ'çiɔ

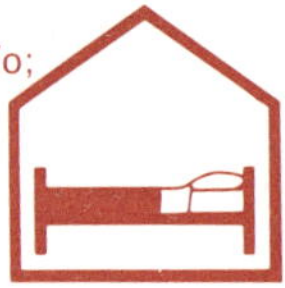

Wo werden hier in der Nähe Zimmer vermietet?
Πού νοικιάζονται δωμάτια εδώ κοντά;
pu ni'ķĭazɔñdɛ ðɔ'matĭa ɛ'ðɔ kɔ'ñda

Nicht zu teuer!
Όχι πολύ ακριβά!
'ɔĭçi pɔ'li akri'va

Etwa ... Drachmen pro Tag.
Περίπου ... δραχμές την ημέρα.
pɛ'ripu ... ðra'xmɛs tin i'mɛra

Zimmer zu vermieten.
Ενοικιάζονται δωμάτια.
ɛni'ķĭazɔñdɛ ðɔ'matĭa

Gibt es in der Nähe ...?
Υπάρχει εδώ κοντά ...;
i'parçi ɛ'ðɔ kɔ'ñda

ein Appartement	ένα διαμέρισμα ...	'ɛna ðĭa'mɛrizma
einen Bungalow	ένα μπάγκαλοου ..	'ɛna 'baŋ̃galɔu
einen Campingplatz .	ένα κάμπινγκ	'ɛna 'kam̃biŋ̃g
einen Gasthof	ένα πανδοχείο	'ɛna pañðɔ'çiɔ
ein Hotel	ένα ξενοδοχείο	'ɛna ksɛnɔðɔ'çiɔ
eine Jugendherberge .	ένας ξενώνας νεότητας	'ɛnas ksɛ'nɔnas nɛ'ɔtitas
eine Pension	μια πανσιόν	'mia pañ'sjɔñ
ein Privatzimmer	ένα δωμάτιο για νοίκιασμα	'ɛna ðɔ'matĭɔ ja 'niķĭazma

– in Strandnähe.
– κοντά στην παραλία.
kɔ'ñda stim̃ bara'lia

– in *ruhiger / zentraler* Lage.
– σε *ήσυχη / κεντρική* περιοχή.
sɛ 'isiçi / ķɛñdri'ķi pɛrĭɔ'çi

Am Empfang

Haben Sie ein *Einzelzimmer / Doppelzimmer* frei?
Έχετε ένα *μονόκλινο / δίκλινο* δωμάτιο;
'εçετε 'εna mɔ'nɔklinɔ / 'ðiklinɔ ðɔ'matĭɔ

Ich hätte gern ...	Θα ήθελα ...	θa 'iθεla
ein Appartement	ένα διαμέρισμα ...	'εna ðĭa'mεrizma
einen Bungalow	ένα μπάγκαλοου ..	'εna 'baŋ̆galɔu
ein Zimmer	ένα δωμάτιο	'εna ðɔ'matĭɔ
– mit Bad	με μπάνιο	mε 'banĭɔ
– mit Balkon	με μπαλκόνι	mε bal'kɔni
– mit Dusche	με ντους	mε dus
– mit Kalt- und Warmwasser ..	με κρύο και ζεστό νερό	mε 'kriɔ ķε zε'stɔ nε'rɔ
– zur Landseite	με θέα προς την ξηρά	mε 'θεa prɔs tiŋ̆gzi'ra
– mit Meerblick	με θέα προς τη θάλασσα	mε 'θεa prɔs ti 'θalasa
– mit Terrasse	με βεράντα	mε vε'raňda
– im zweiten Stock ...	στο δεύτερο πάτωμα	stɔ 'ðεftεrɔ 'patɔma
– für ... Personen	για ... άτομα	ja ... 'atɔma
ein ruhiges Zimmer ..	ένα ήσυχο δωμάτιο	'εna 'isixɔ ðɔ'matĭɔ
ein Zweibettzimmer .	ένα δίκλινο δωμάτιο	'εna 'ðiklinɔ ðɔ'matĭɔ

... für eine Nacht.
... για μια νύχτα.
ja mĭa 'nixta

... für zwei Tage.
... για δύο μέρες.
ja 'ðiɔ 'mεrεs

... für eine Woche.
... για μια βδομάδα.
ja mĭa vðɔ'maða

... für vier Wochen.
... για ένα μήνα.
ja 'εna 'mina

Kann ich mir das Zimmer ansehen?
Μπορώ να δω το δωμάτιο;
bɔ'rɔ na 'ðɔ tɔ ðɔ'matĭɔ

***Ich nehme / Wir nehmen* es.**
Θα το *πάρω / πάρουμε*.
θa tɔ 'parɔ / 'parumε

Können Sie noch *ein Bett / ein Kinderbett* hereinstellen?
Μπορείτε να βάλετε ακόμα *ένα κρεβάτι / παιδικό κρεβάτι*;
bɔ'ritɛ na 'valɛtɛ a'kɔma 'ɛna krɛ'vati / pɛði'kɔ krɛ'vati

Wieviel kostet das Zimmer pro *Tag / Woche*?
Πόσο κοστίζει το δωμάτιο την *ημέρα / βδομάδα*;
'pɔsɔ kɔ'stizi tɔ ðɔ'matĭɔ tin i'mɛra / vðɔ'maða

– mit Frühstück.
– με πρωινό.
mɛ prɔi'nɔ

– mit Halbpension.
– με ημιδιατροφή.
mɛ imiðĭatrɔ'fi

– mit Vollpension.
– με πλήρη διατροφή.
mɛ 'pliri ðĭatrɔ'fi

Gibt es für Kinder eine Ermäßigung?
Γίνεται έκπτωση για τα παιδιά;
'jinɛtɛ 'ɛkptɔsi ja ta pɛ'ðja

Wieviel macht es insgesamt?
Πόσο κάνουν όλα μαζί;
'pɔsɔ 'kanun 'ɔla ma'zi

Wieviel soll ich anzahlen?
Πόση προκαταβολή πρέπει να δώσω;
'pɔsi prɔkatavɔ'li 'prɛpi na 'ðɔsɔ

Die Reservierung von Zimmern durch Einzelreisende ist abseits der touristischen Zentren selten.
Haben Sie von einer solchen Möglichkeit Gebrauch gemacht, ...

Ich habe bei Ihnen ein Zimmer bestellt.
Έχω κλείσει ένα δωμάτιο.
'ɛxɔ 'klisi 'ɛna ðɔ'matĭɔ

... vor 6 Wochen.
... πριν από έξι βδομάδες.
prin a'pɔ 'ɛksi vðɔ'maðɛs

Das Reisebüro ... hat für *mich / uns* ein Zimmer reservieren lassen.
Το γραφείο ταξιδιών ... έκλεισε για *μένα / μας* ένα δωμάτιο.
tɔ ɣra'fiɔ taksi'ðĭɔn ... 'ɛklisɛ ja 'mɛna / mas 'ɛna ðɔ'matĭɔ

***Bitte füllen Sie dieses Anmeldeformular aus!**
Παρακαλώ συμπληρώστε αυτό το δελτίο!
paraka'lɔ simbli'rɔstɛ a'ftɔ tɔ ðɛl'tiɔ

Brauchen Sie meinen Reisepaß?
Χρειάζεστε το διαβατήριό μου;
xri'azεstε tɔ ðĭava'ti'rĭɔ mu

***Ihre Unterschrift genügt.**
Η υπογραφή σας αρκεί.
i ipɔɣra'fisas ar'k̦i

Kann ich bitte den Schlüssel haben?
Μου δίνετε παρακαλώ το κλειδί μου;
mu 'ðinεtε paraka'lɔ tɔ kli'ði mu

Können Sie das Gepäck holen lassen?
Μπορείτε να στείλετε να φέρουν τις βαλίτσες;
bɔ'ritε na 'stilεtε na 'fεrun tis va'litsεs

Kann ich mein Gepäck hierlassen?
Μπορώ να αφήσω εδώ τις βαλίτσες μου;
bɔ'rɔ na a'fisɔ ε'ðɔ tis va'litses mu

Können Sie diese Wertsachen aufbewahren?
Μπορείτε να φυλάξετε αυτά τα πολύτιμα είδη;
bɔ'ritε na fi'laksεtε a'fta ta pɔ'litima 'iði

Haben Sie *eine Garage / einen Parkplatz*?
Έχετε *γκαράζ / χώρο πάρκινγκ*;
'εçεtε ga'raz / 'xɔrɔ 'parkiŋg

Wo ist Zimmer Nr. ... bitte?
Πού είναι το δωμάτιο ..., παρακαλώ;
pu 'inε tɔ ðɔ'matĭɔ ..., paraka'lɔ

Weitere Fragen und Informationen an der Rezeption:

Hat jemand nach mir gefragt?
Με ζήτησε κανείς;
mε 'zitisε ka'nis

Hat *er / sie* eine Nachricht für mich hinterlassen?
Άφησε κάποιο μήνυμα για μένα;
'afisε 'kapjɔ 'minima ja 'mεna

Wo kann ich telefonieren?
Πού μπορώ να τηλεφωνήσω;
pu bɔ'rɔ na tilεfɔ'nisɔ

Ich erwarte ein Ferngespräch.
Περιμένω ένα υπεραστικό τηλεφώνημα.
pɛri'mɛnɔ 'ɛna ipɛrasti'kɔ tilɛ'fɔnima

Wo kann ich Geld wechseln?
Πού μπορώ ν'αλλάξω χρήματα;
pu bɔ'rɔ na'laksɔ 'xrimata

Wo *ist / sind* ...?
Πού είναι ...;
pu 'inɛ

Ist Post für mich da?
Μήπως έχω γράμματα;
'mipɔs 'ɛxɔ 'ɣramata

Wann kommt die Post?
Πότε έρχεται το ταχυδρομείο;
'pɔtɛ 'ɛrçɛtɛ tɔ taçiðrɔ'miɔ

Haben Sie *Briefmarken / Ansichtskarten*?
Έχετε *γραμματόσημα / κάρτες*;
'ɛçɛtɛ ɣrama'tɔsima / 'kartɛs

Was kostet *eine Postkarte / ein Brief* nach ...?
Πόσο κάνει *μια κάρτα / ένα γράμμα* για ...;
'pɔsɔ 'kani mja 'karta / 'ɛna 'ɣrama ja

Organisieren Sie Ausflüge nach ...?
Οργανώνετε εκδρομές για ...;
ɔrɣa'nɔnɛtɛ ɛkðrɔ'mɛs ja

Wann sind die Essenszeiten?
Ποιες είναι οι ώρες φαγητού;
pjɛs 'inɛ i 'ɔrɛs faji'tu

Wo ist der Speisesaal?
Πού είναι το εστιατόριο;
pu 'inɛ tɔ ɛstĭa'tɔrĭɔ

Ich habe den Schlüssel verloren.
Έχασα το κλειδί.
'ɛxasa tɔ kli'ði

Ich habe den Schlüssel im Zimmer gelassen.
Άφησα το κλειδί στο δωμάτιο.
'afisa tɔ kli'ði stɔ ðɔ'matĭɔ

Können Sie mir ... besorgen?
Μπορείτε να μου βρείτε ...;
bɔ'ritɛ na mu 'vritɛ

Wo gibt es deutsche Zeitungen?
Πού πουλάνε γερμανικές εφημερίδες;
pu pu'lanɛ jɛrmani'ķɛs ɛfimɛ'riðɛs

Wecken Sie mich bitte morgen um 6 Uhr.
Ξυπνήστε με αύριο στις έξι, παρακαλώ.
ksi'pnistɛmɛ 'avrĭɔ stis 'ɛksi, paraka'lɔ

Zimmermädchen

Herein!
Εμπρός!
ɛm̃'brɔs

Einen Moment, bitte!
Μια στιγμή, παρακαλώ!
mja sti'ɣmi, paraka'lɔ

Können Sie noch *5 / 10* Minuten warten?
Μπορείτε να περιμένετε ακόμα *πέντε / δέκα* λεπτά;
bɔ'ritɛ na pɛri'mɛnɛtɛ a'kɔma 'pɛñdɛ / 'ðɛka lɛ'pta

Können Sie diese Wäsche waschen lassen?
Μπορείτε να δώσετε τα ρούχα για πλύσιμο;
bɔ'ritɛ na 'ðɔsɛtɛ ta 'ruxa ja 'plisimɔ

Wie funktioniert das?
Πώς λειτουργεί αυτό;
pɔz litur'ji a'ftɔ

Bringen Sie *mir / uns* bitte ...
Φέρτε *μου / μας*, παρακαλώ ...
'fɛrtɛ mu / mas, paraka'lɔ

noch eine Decke	ακόμα μια κουβέρτα	a'kɔma mja ku'vɛrta
das Frühstück ins Zimmer	το πρωινό στο δωμάτιο	tɔ prɔi'nɔ stɔ ðɔ'matĭɔ
noch ein Handtuch	ακόμα μια πετσέτα	a'kɔma mja pɛ'tsɛta
ein paar Kleiderbügel	μερικές κρεμάστρες	mɛri'ķɛs krɛ'mastrɛs
noch ein Kopfkissen	ακόμα ένα μαξιλάρι	a'kɔma 'ɛna maksi'lari
ein Stück Seife	ένα κομμάτι σαπούνι	'ɛna kɔ'mati sa'puni
eine Wolldecke	μια μάλλινη κουβέρτα	mja 'malini ku'vɛrta

Vielen Dank!
Ευχαριστώ πολύ!
ɛfxari'stɔ pɔ'li

Das ist für Sie.
Αυτό είναι για σας.
a'ftɔ 'inɛ ja sas

Beanstandungen

Es fehlt ...
Λείπει ...
'lipi

Es fehlen ...
Λείπουν ...
'lipun

... funktioniert nicht.
... δεν λειτουργεί.
ðεn litur'ji

In meinem Zimmer brennt kein Licht.
Στο δωμάτιό μου δεν ανάβει το φως.
stɔ ðɔma'tjɔmu ðεn a'navi tɔ fɔs

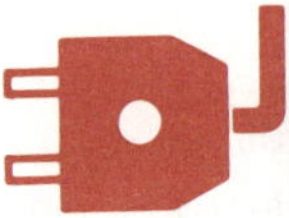

Diese Birne ist durchgebrannt.
Αυτή η λάμπα είναι χαλασμένη.
a'fti i 'lam̃ba 'inε xala'zmεni

Die Steckdose ist kaputt.
Η μπρίζα είναι χαλασμένη.
i 'briza 'inε xala'zmεni

Die Sicherung ist durchgebrannt.
Η ασφάλεια κάηκε.
i a'sfalĭa 'kaiķε

Die *Klingel / Heizung* funktioniert nicht.
Το *κουδούνι / καλοριφέρ* δεν λειτουργεί.
tɔ ku'ðuni / kalɔri'fεr ðεn litur'ji

Der Schlüssel paßt nicht.
Το κλειδί δεν ταιριάζει.
tɔ kli'ði ðεñdε'rjazi

Es regnet durch.
Στάζει βροχή.
'stazi vrɔ'çi

Das Fenster *schließt schlecht / geht nicht auf.*
Το παράθυρο *δεν κλείνει καλά / δεν ανοίγει.*
tɔ pa'raθirɔ ðε'ŋ̆glini ka'la / ðεn a'niji

Es kommt kein (heißes) Wasser.
Δεν τρέχει (ζεστό) νερό.
ðεñ'drεĭçi (zε'stɔ) nε'rɔ

Der Hahn tropft.
Η βρύση στάζει.
i 'vrisi 'stazi

Die Spülung geht nicht.
Το καζανάκι δεν τρέχει.
tɔ kaza'naĭķi ðεñ'drεĭçi

Die Leitung ist undicht.
Ο σωλήνας στάζει.
ɔ sɔ'linas 'stazi

Der Abfluß ist verstopft.
Η αποχέτευση βούλωσε.
i apɔ'çεtεfsi 'vulɔsε

Abreise

Ich reise *heute / morgen* ab.
Θα φύγω *σήμερα / αύριο*.
θa 'fiɣɔ 'simɛra / 'avrĭɔ

Wir fahren *heute / morgen* weiter.
Θα φύγουμε *σήμερα / αύριο*.
θa 'fiɣumɛ 'simɛra / 'avrĭɔ

Wir haben uns hier sehr wohlgefühlt.
Μείναμε πολύ ευχαριστημένοι.
'minamɛ pɔ'li ɛfxaristi'mɛni

Ich habe mich gut erholt.
Ξεκουράστηκα καλά.
ksɛku'rastika ka'la

Herzlichen Dank für alles!
Ευχαριστώ πολύ για όλα!
ɛfxari'stɔ pɔ'li ja 'ɔla

Machen Sie bitte die Rechnung fertig.
Ετοιμάστε το λογαριασμό σας παρακαλώ.
ɛti'mastɛ tɔ lɔɣarĭa'zmɔ sas paraka'lɔ

Kann ich bitte *meine / unsere* Rechnung haben?
Μου δίνετε το λογαριασμό *μου / μας*, παρακαλώ;
mu 'ðinɛtɛ tɔ lɔɣarĭa'zmɔ mu / mas, paraka'lɔ

Wecken Sie mich bitte morgen früh.
Ξυπνήστε με αύριο πρωί, παρακαλώ.
ksi'pnistɛmɛ 'avrĭɔ prɔ'i, paraka'lɔ

Bestellen Sie mir bitte für morgen 8 Uhr ein Taxi.
Καλέστε μου για αύριο στις οχτώ ένα ταξί, παρακαλώ.
ka'lɛstɛ mu ja 'avrĭɔ stis ɔ'xtɔ 'ɛna ta'ksi, paraka'lɔ

Können Sie mein Gepäck zum *Bahnhof / Flughafen* bringen lassen?
Μπορείτε να στείλετε τις βαλίτσες μου *στο σταθμό / στο αεροδρόμιο;*
bɔ'ritɛ na 'stilɛtɛ tis va'litsɛs mu stɔ staθ'mɔ / stɔ aɛrɔ'ðrɔmĭɔ

Wann geht der *Autobus / Zug* nach ...?
Πότε φεύγει το *λεωφορείο / τραίνο* για ...;
'pɔtɛ 'fɛvji tɔ lɛɔfɔ'riɔ / 'trɛnɔ ja

Senden Sie mir bitte meine Post nach.
Στείλτε τα γράμματά μου στη διεύθυνσή μου, παρακαλώ.
'stiltɛ ta 'ɣrama 'ta mu sti ðĭɛfθiň'simu, paraka'lɔ

Abendessen	βραδυνό φαγητό, δείπνο	vraði'nɔ faji'tɔ, 'ðipnɔ
Abreise	αναχώρηση	ana'xɔrisi
Ankunft	άφιξη	'afiksi
Anmeldung	δήλωση	'ðilɔsi
Anzahlung	προκαταβολή	prɔkatavɔ'li
Appartement	(το) διαμέρισμα	ðĭa'mɛrizma
Aschenbecher	τασάκι	ta'saĭk̜i
Ausgang	(η) έξοδος	'ɛksɔðɔs
ausziehen	αναχωρώ, φεύγω	anaxɔ'rɔ, 'fɛvɣɔ
Badezimmer	λουτρό, μπάνιο	lu'trɔ, 'banĭɔ
Balkon	μπαλκόνι	bal'kɔni
Beanstandung	παράπονο	pa'rapɔnɔ
Bedienung	υπηρεσία	ipirɛ'sia
Beleuchtung	φωτισμός	fɔti'zmɔs
Bett	κρεβάτι	krɛ'vati
– **Bettdecke**	κουβέρτα	ku'vɛrta
– **Kinderbett**	παιδικό κρεβάτι	pɛði'kɔ krɛ'vati
– **Kopfkissen**	μαξιλάρι	maksi'lari
– **Matratze**	(το) στρώμα	'strɔma
– **Wolldecke**	μάλλινη κουβέρτα	'malini ku'vɛrta
Bettcouch	καναπές-κρεβάτι	kana'pɛs-krɛ'vati
Bettwäsche	σεντόνια	sɛ'n̆dɔnĭa
– **Bezug**	θήκη παπλώματος	'θik̜i pa'plɔmatɔs
– **Kopfkissenbezug**	μαξιλαροθήκη	maksilarɔ'θik̜i
– **Laken**	σεντόνι	sɛ'n̆dɔni
Dusche	(το) ντούς	dus
Eimer	κουβάς	ku'vas
Eingang	(η) είσοδος	'isɔðɔs
einziehen	μπαίνω	'bɛnɔ
Empfang	υποδοχή	ipɔðɔ'çi
Empfangschef	διευθυντής υποδοχής	ðĭɛfθi'n̆dis ipɔðɔ'çis
Erkundigung	πληροφορία	plirɔfɔ'ria
Etage	πάτωμα, όροφος	'patɔma, 'ɔrɔfɔs
Fahrstuhl	(το) ασσανσέρ	asan̆'sɛr
Fenster	παράθυρο	pa'raθirɔ
Fensterscheibe	τζάμι	'dzami
Frühstück	πρωινό, (το) πρόγευμα	prɔi'nɔ, 'prɔjɛvma

Frühstücksraum	αίθουσα πρωινού	'ɛθusa prɔi'nu
Glühbirne	λάμπα	'lam̆ba
Halbpension	ημιδιατροφή	imiðĭatrɔ'fi
Haus	σπίτι	'spiti
– **Appartementhaus**	πολυκατοικία	pɔlikati'ķia
Hausschlüssel	κλειδί	kli'ði
Haustür	εξώπορτα	ɛ'ksɔpɔrta
Heizkörper	(το) σώμα καλοριφέρ	'sɔma kalɔri'fɛr
Heizung	(το) καλοριφέρ	kalɔri'fɛr
Herd	κουζίνα	ku'zina
Hotel	ξενοδοχείο	ksɛnɔðɔ'çiɔ
– **Strandhotel**	παραλιακό ξενοδοχείο	paralĭa'kɔ ksɛnɔðɔ'çiɔ
Hotelhalle	σαλόνι	sa'lɔni
Hotelpension	ξενοδοχείο-πανσιόν	ksɛnɔðɔ'çiɔpan̆'sjɔn
Hotelrestaurant	εστιατόριο του ξενοδοχείου	ɛstĭa'tɔrĭɔ tu ksɛnɔðɔ'çiu
Kamin	τζάκι	'dzaĭķi
Kategorie	κατηγορία	katiɣɔ'ria
– **erste**	πρώτη	'prɔti
– **zweite**	δεύτερη	'ðɛftɛri
– **dritte**	τρίτη	'triti
– **vierte**	τέταρτη	'tɛtarti
Keller	κελάρι	ķɛ'lari
Kleiderbügel	κρεμάστρα	krɛ'mastra
Klimaanlage	κλιματισμός	klimati'zmɔs
Klingel	κουδούνι	ku'ðuni
Kochnische	κουζινίτσα	kuzi'nitsa
Korridor	διάδρομος	'ðjaðrɔmɔs
Küche	κουζίνα	ku'zina
Kühlschrank	ψυγείο	psi'jiɔ
Lampe	λάμπα	'lam̆ba
Lichtschalter	διακόπτης	ðĭa'kɔptis
Liegestuhl	(η) σαίζ λόγκ	sɛz'lɔn̆g
Liegewiese	γρασίδι	ɣra'siði
Lüftung	εξαερισμός	ɛksaɛri'zmɔs
Miete	νοίκι	'niķi
mieten	νοικιάζω	ni'ķazɔ
Mittagessen	(το) γεύμα	'jɛvma
Nachttisch	κομοδίνο	kɔmɔ'ðinɔ

Nachttischlampe	(το) πορτατίφ	pɔrta'tif
Ofen	θερμάστρα, σόμπα	θεr'mastra, 'sɔba
Pension	πανσιόν	pañ'sjɔn
Pförtner, Portier	θυρωρός	θirɔ'rɔs
Preis	τιμή	ti'mi
Privatstrand	ιδιωτική πλαζ	iðĭɔti'ķi plaz
Rechnung	λογαριασμός	lɔɣarĭa'zmɔs
Reisebüro	γραφείο ταξιδιών	ɣra'fiɔ taksi'ðiɔn
Reiseleiter	υπεύθυνος ταξιδιού	i'pεfθinɔs taksi'ðiu
Rezeption	υποδοχή	ipɔðɔ'çi
Saison	(η) σαιζόν, εποχή	sε'zɔñ, εpɔ'çi
Schlafsack	υπνόσακκος, σλήπινγκ-μπαγκ	i'pnɔsakɔs, 'slipiŋ̆g bag
Schlüssel	κλειδί	kli'ði
Schrank	ντουλάπα	du'lapa
Schublade	συρτάρι	sir'tari
Sessel	πολυθρόνα	pɔli'θrɔna
Sicherung	ασφάλεια	a'sfalĭa
Sonnenschirm	ομπρέλα ηλίου	ɔ'm̆brεla i'liu
Spannung (elektr.)	τάση (ρεύματος)	'tasi ('rεvmatɔs)
Speisesaal	εστιατόριο	εstĭa'tɔrĭɔ
Spiegel	καθρέφτης	ka'θrεftis
Steckdose	μπρίζα	'briza
Stecker	μπρίζα	'briza
Stuhl	καρέκλα	ka'rεkla
Swimmingpool	πισίνα	pi'sina
Telefon	τηλέφωνο	ti'lεfɔnɔ
Teppich	χαλί	xa'li
Terrasse	ταράτσα	ta'ratsa
Tisch	τραπέζι	tra'pεzi
Tischdecke	τραπεζομάντηλο	trapεzɔ'mañdilɔ
Toilette	αποχωρητήριο, τουαλέτα	apɔxɔri'tirĭɔ, tua'lεta
– **Damentoilette**	τουαλέτα κυριών	tua'lεta ķi'rjɔn
– **Herrentoilette**	τουαλέτα κυρίων	tua'lεta ķi'riɔn
Toilettenpapier	χαρτί υγείας	xar'ti i'jias
Topf	κατσαρόλα	katsa'rɔla

Treppe	σκάλα	'skala
Tür	πόρτα	'pɔrta
Türklinke	πόμολο	'pɔmɔlɔ
Türschloß	κλειδαριά	kliða'rja
Übernachtung	διανυχτέρευση	ðĭani'xtɛrɛfsi
umziehen	μετακομίζω	mɛtakɔ'mizɔ
Unterkunft	στέγη	'stɛji
Ventilator	ανεμιστήρας	anɛmi'stiras
Verlängerungsschnur	καλώδιο επιμή-κυνσης	ka'lɔðĭɔ ɛpi'mik̡insis
vermieten	νοικιάζω	ni'k̡azɔ
Vollpension	πλήρης διατροφή	'pliris ðiatrɔ'fi
Vorhang	κουρτίνα	kur'tina
Wand	τοίχος	'tixɔs
Waschbecken	νιπτήρας	ni'ptiras
Wäsche	ρούχα	'ruxa
– bügeln	σιδερώνω	siðɛ'rɔnɔ
– trocknen	στεγνώνω	stɛ'γnɔnɔ
– waschen	πλένω	'plɛnɔ
Wasser	νερό	nɛ'rɔ
– heißes	ζεστό	zɛ'stɔ
– kaltes	κρύο	'kriɔ
– Trinkwasser	πόσιμο νερό	'pɔsimɔ nɛ'rɔ
Wasserglas	ποτήρι	pɔ'tiri
Wasserhahn	βρύση	'vrisi
Wechselstrom	εναλλασσόμενο ρεύμα	ɛnala'sɔmɛnɔ 'rɛvma
Wohnung	κατοικία	kati'k̡ia
Zentralheizung	(το) καλοριφέρ	kalɔrı'f̡ɛr
Zimmer	δωμάτιο	ðɔ'matĭɔ
– Kinderzimmer	παιδικό δωμάτιο	pɛði'kɔ ðɔ'matĭɔ
– Schlafzimmer	υπνοδωμάτιο, κρεβατοκάμαρα	ipnɔðɔ'matĭɔ, krɛvatɔ'kamara
– Wohnzimmer	λίβιγκ ρούμ, καθιστικό	'liviŋg rum, kaθisti'kɔ
Zimmerdecke	ταβάνι	ta'vani
Zimmermädchen	καμαριέρα	kama'rjɛra
Zwischenstecker	πολύμπριζο	pɔ'librizɔ

Camping, Jugendherberge

Gibt es hier in der Nähe einen Campingplatz?
Υπάρχει εδώ κοντά ένα κάμπιγκ;
i'parçi ɛ'ðɔ kɔ'ňda 'ɛna 'kampiŋ̆g

Gibt es hier in der Nähe eine Jugendherberge?
Υπάρχει εδώ κοντά ένας ξενώνας νεότητας;
i'parçi ɛ'ðɔ kɔ'ňda 'ɛnas ksɛ'nɔnas nɛ'ɔtitas

Wie kommt man dahin?
Πώς πάει κανείς εκεί;
pɔs 'pai ka'nis ɛ'k̡i

Wie weit ist es von hier?
Πόσο μακριά είναι από δω;
'pɔsɔ ma'krja 'inɛ a'pɔ ðɔ

Haben Sie noch Platz für *ein Zelt / einen Wohnwagen*?
'Εχετε ακόμη χώρο για *μια σκηνή / ένα τροχόσπιτο*;
'ɛçɛtɛ a'kɔmi 'xɔrɔ ja mja sk̡i'ni / 'ɛna trɔ'xɔspitɔ

Wieviel kostet eine Übernachtung?
Πόσο κάνει μιά διανυχτέρευση;
'pɔsɔ 'kani mja dĭani'xtɛrɛfsi

Wie hoch ist die Gebühr für *das Auto / den Wohnwagen*?
Ποια είναι η τιμή για *το αυτοκίνητο / το τροχόσπιτο*;
pja 'inɛ i ti'mi ja tɔ aftɔ'k̡initɔ / tɔ trɔ'xɔspitɔ

Ich bleibe ... *Tage / Wochen.*
Θα μείνω ... *μέρες / βδομάδες.*
θa 'minɔ ... 'mɛrɛs / vðɔ'maðɛs

Ist der Platz nachts bewacht?
Φυλάγεται ο χώρος τη νύχτα;
fi'lajɛtɛ ɔ 'xɔrɔs ti 'nixta

Wo können wir zelten?
Πού μπορούμε να κατασκηνώσουμε;
pu bɔ'rumɛ na katask̡i'nɔsumɛ

Wo sind die Toiletten?
Πού είναι οι τουαλέτες;
pu 'inɛ i tua'lɛtɛs

Wo sind *die Waschräume / die Duschen*?
Πού είναι *τα λουτρά / τα ντους*;
pu 'inɛ ta lu'tra / ta dus

Gibt es hier Stromanschluß?
Υπάρχουν μπρίζες εδώ;
i'parxun 'brizɛs ɛ'ðɔ

Kann man das Wasser trinken?
Είναι το νερό πόσιμο;
'inɛ tɔ nɛ'rɔ 'pɔsimɔ

Kann ich hier Gasflaschen *ausleihen / tauschen*?
Μπορώ να *δανειστώ / αλλάξω* εδώ φιάλες υγραερίου;
bɔ'rɔ na ðani'stɔ / a'laksɔ ɛ'ðɔ 'fjalɛs iɣraɛ'riu

Kann ich ... ausleihen?
Μπορώ να δανειστώ ...;
bɔ'rɔ na ðani'stɔ

Wo kann ich ...?
Πού μπορώ να ...;
pu bɔ'rɔ na

Gibt es in der Nähe ein Lebensmittelgeschäft?
Υπάρχει εδώ κοντά μπακάλικο;
i'parçi ɛ'ðɔ kɔ'ňda ba'kalikɔ

Gibt es in der Nähe Tavernen?
Υπάρχουν ταβέρνες εδώ κοντά;
i'parxun ta'vɛrnɛs ɛ'ðɔ kɔ'ňda

Gibt es eine Kantine auf dem Campingplatz?
Υπάρχει καντίνα στο κάμπιγκ;
i'parçi kan'tina stɔ 'kampiŋ̌g

Wann schließt die Jugendherberge abends?
Πότε κλείνει ο ξενώνας το βράδυ;
'pɔtɛ 'klini ɔ ksɛ'nɔnas tɔ 'vraði

Abmeldung	δήλωση αναχώρησης	'ðilɔsi ana'xɔrisis
Anmeldung	δήλωση άφιξης	'ðilɔsi 'afiksis
baden	κάνω μπάνιο	'kanɔ 'banĭɔ
bekommen	παίρνω	'pɛrnɔ
Benutzungsgebühr	(το) τέλος χρήσεως	'tɛlɔs 'xrisɛɔs
bügeln	σιδερώνω	siðɛ'rɔnɔ
Camping	(το) κάμπιγκ	'kampiŋ̆g
Campingausweis	ταυτότητα κάμπιγκ	ta'ftɔtita 'kampiŋ̆g
Campingliege	πολυθρόνα κάμπιγκ	pɔli'θrɔna
Campingplatz	κάμπιγκ	'kampiŋ̆g
Eßgeschirr	πιατικά	pĭati'ka
Flaschenöffner	ανοιχτήρι	ani'xtiri
Herbergsausweis	ταυτότητα ξενώνα νεότητας	ta'ftɔtita ksɛ'nɔna nɛ'ɔtitas
Herbergseltern	επόπτες ξενώνα	ɛ'pɔptɛs ksɛ'nɔna
Herbergsmutter	επόπτρια ξενώνα	ɛ'pɔptrĭa ksɛ'nɔna
Herbergsvater	επόπτης ξενώνα	ɛ'pɔptis ksɛ'nɔna
Jugendgruppe	ομάδα νέων	ɔ'maða 'nɛɔn
Jugendherberge	ξενώνας	ksɛ'nɔnas
kochen	μαγειρεύω	maji'rɛvɔ
Kochgeschirr	μαγειρικά σκεύη	majiri'ka 'sķɛvi
Kochstelle	θέση μαγειρέματος	'θɛsi maji'rɛmatɔs
leihen	δανείζω	ða'nizɔ
Leihgebühr	τέλος δανεισμού	tɛlɔs ðani'zmu
Mitgliedskarte	ταυτότητα μέλους	ta'ftɔtita 'mɛlus
parken	παρκάρω, σταθμεύω	par'karɔ, staθ'mɛvɔ
Rucksack	σακίδιο	sa'ķiðĭɔ
Schlafraum	υπνοδωμάτιο	ipnɔðɔ'matĭɔ
Schlafsack	υπνόσακος, (το) σλήπιγκ-μπάγκ	i'pnɔsakɔs, 'slipiŋg-bag
Spielplatz	παιδική χαρά	pɛði'ķi xa'ra
Tagesraum	σαλόνι	sa'lɔni
Trinkwasser	πόσιμο νερό	'pɔsimɔ nɛ'rɔ
Voranmeldung	προαγγελία	prɔaŋ̆ģɛ'lia
waschen	πλένω	'plɛnɔ
Wohnwagen	τροχόσπιτο	trɔ'xɔspitɔ
Zelt	σκηνή	sķi'ni
zelten	κατασκηνώνω	kataski'nɔnɔ

ESSEN UND TRINKEN

Allgemeines

Wo gibt es hier *ein gutes Restaurant / eine gute Taverne*?
Πού υπάρχει εδώ κοντά *ένα καλό εστιατόριο / μία καλή ταβέρνα*;
pu i'parçi ɛ'ðɔ kɔ'ňda 'ɛna ka'lɔ ɛstĭa'tɔrĭɔ / 'mia ka'li ta'verna

Kennen Sie vielleicht die Taverne ...?
Μήπως ξέρετε την ταβέρνα ...;
'mipɔs 'ksɛrɛtɛ tin ta'vɛrna

Wie kommt man dahin?
Πώς πάει κανείς εκεί;
pɔs 'pai ka'nis ɛ'k̨i

Ist sie auch mittags geöffnet?
Είναι ανοιχτή και το μεσημέρι;
'inɛ ani'xti k̨ɛ tɔ mɛsi'mɛri

Ich möchte einen Tisch für ... Personen reservieren lassen.
Θέλω να κλείσω ένα τραπέζι για ... άτομα.
'θɛlɔ na 'klisɔ 'ɛna tra'pɛzi ja ... 'atɔma

Gibt es noch freie Tische?
Υπάρχουν ακόμα τραπέζια ελεύθερα;
i'parxun a'kɔma tra'pɛzĭa ɛ'lɛfθɛra

Ist dieser Tisch frei?
Είναι ελεύθερο αυτό το τραπέζι;
'inɛ ɛ'lɛfθɛrɔ a'ftɔ tɔ tra'pɛzi

Ist dieser Stuhl frei?
Είναι ελεύθερη αυτή η καρέκλα;
'inɛ ɛ'lɛfθɛri a'fti i ka'rɛkla

Wir möchten uns nach draußen setzen.
Θέλουμε να καθήσουμε έξω.
'θɛlumɛ na ka'θisumɛ 'ɛksɔ

Wir hätten gern einen Tisch ...
Θα θέλαμε ένα τραπέζι ...
θa 'θɛlamɛ 'ɛna tra'pɛzi

... am Fenster.
... στο παράθυρο.
stɔ pa'raθirɔ

... auf der Terrasse.
... στη βεράντα.
sti vɛ'rañda

Servieren Sie noch Essen?
Σερβίρετε ακόμα φαγητό;
sɛr'virɛtɛ a'kɔma faji'tɔ

Häufig wird man in griechischen Tavernen aufgefordert, in der Küche selbst das Essen auszuwählen. Falls dies nicht geschieht, sie aber davon Gebrauch machen wollen, können Sie so fragen:

Kann ich mit in die Küche kommen, um zu bestellen?
Μπορώ να έρθω στην κουζίνα για να παραγγείλω;
bɔ'rɔ na 'ɛrθɔ stin ku'zina ja na parañ'gilɔ

Bestellung

Die *Speisekarte / Getränkekarte*, bitte!
Τον κατάλογο *φαγητών / ποτών*, παρακαλώ!
tɔŋ ga'talɔɣɔ faji'tɔn / pɔ'tɔn, paraka'lɔ

Bedienen Sie hier?
Εσείς εξυπηρετείτε εδώ;
ɛ'sis ɛksipirɛ'titɛ ɛ'ðɔ

Haben Sie vielleicht ...?
Μήπως έχετε ...;
'mipɔs 'ɛçɛtɛ

Was können Sie uns schnell zubereiten?
Τι υπάρχει της ώρας;
ti i'parçi tis 'ɔras

Welche Salate gibt es?
Τι σαλάτες έχετε;
ti sa'latɛs 'ɛçɛtɛ

Bringen Sie uns bitte *eine Portion / zwei Portionen* ...
Φέρτε μας *μία μερίδα / δύο μερίδες* ..., παρακαλώ.
'fɛrtɛmas 'mia mɛ'riða / 'ðiɔ mɛ'riðɛs ..., paraka'lɔ

***Welchen Wein / Welches Bier* haben Sie?**
Τι *κρασί / μπύρα* έχετε;
ti kra'si / 'bira 'ɛçɛtɛ

Eine Flasche ..., bitte.
Παρακαλώ ένα μπουκάλι ...
paraka'lɔ 'ɛna bu'kali

Bezahlen

Die Rechnung bitte!
Το λογαριασμό, παρακαλώ!
tɔ lɔɣarĭa'zmɔ, paraka'lɔ

Ich möchte zahlen!
Θέλω να πληρώσω!
'θɛlɔ na pli'rɔsɔ

Alles zusammen bitte!
Όλα μαζί, παρακαλώ!
'ɔla ma'zi, paraka'lɔ

Jeder getrennt!
Ο καθένας χωριστά!
ɔ ka'θɛnas xɔri'sta

Das Essen hat sehr gut geschmeckt.
Το φαγητό ήταν πολύ νόστιμο.
tɔ faji'tɔ 'itan pɔ'li 'nɔstimɔ

Das ist für Sie.
Αυτό είναι για σας.
a'ftɔ 'inɛ ja'sas

Beanstandungen

Hier fehlt noch *eine Portion / ein Glas / ein Teller*.
Εδώ λείπει *μία μερίδα / ένα ποτήρι / ένα πιάτο*.
ɛ'ðɔ 'lipi 'mia mɛ'riða / 'ɛna pɔ'tiri / 'ɛna 'pjatɔ

Hier fehlt noch ein Besteck.
Εδώ λείπουν μαχαιροπήρουνα.
ɛ'ðɔ 'lipun maçɛrɔ'piruna

Dies wollte ich nicht.
Δεν το ήθελα αυτό.
ðɛn tɔ 'iθɛla a'ftɔ

Ich wollte ...
'Ηθελα ...
'iθɛla

Die Rechnung stimmt nicht.
Ο λογαριασμός δεν είναι εντάξει.
ɔ lɔɣarĭa'zmɔs ðɛn 'inɛ ɛ'ňdaksi

Das haben wir nicht gehabt.
Αυτό δεν το είχαμε.
a'ftɔ ðɛn tɔ 'ixamɛ

Tischgerät

Aschenbecher	τασάκι	ta'saķi
Besteck	μαχαιροπήρουνα	maçɛrɔ'piruna
Brotkorb	καλαθάκι ψωμιού	kala'θaĭķi psɔ'mju
Essig- und Ölständer	λαδόξυδο	la'ðɔksiðɔ
Flasche	μπουκάλι	bu'kali
Flaschenöffner	ανοιχτήρι	ani'xtiri
Gabel	πηρούνι	pi'runi
Glas	ποτήρι	pɔ'tiri
– Likörglas	ποτήρι λικέρ	pɔ'tiri li'ķɛr
– Weinglas	ποτήρι κρασιού	pɔ'tiri kra'sju
Karaffe	καράφα	ka'rafa
Korkenzieher	τιρμπουσόν	tirbu'sɔn
Löffel	κουτάλι	ku'tali
Messer	μαχαίρι	ma'çɛri
Pfefferstreuer	πιπεριέρα	pipɛ'rjɛra
Platte	πιατέλα	pĭa'tɛla
Salzstreuer	αλατιέρα	ala'tjɛra
(Papier-)Serviette	(χαρτο-)πετσέτα	pɛ'tsɛta
Tablett	δίσκος	'ðiskɔs
Tasse	φλυτζάνι	fli'dzani
Teller	πιάτο	'pjatɔ
– kleiner Teller	μικρό πιάτο	mi'krɔ 'pjatɔ
– Suppenteller	πιάτο *σούπας (βαθύ)*	'pjatɔ 'supas (va'θi)
Tischtuch	τραπεζομάντηλο	trapɛzɔ'maňdilɔ
Zahnstocher	οδοντογλυφίδες	ɔðɔňdɔɣli'fiðɛs

Zubereitung

durchgebraten	καλοψημένο	kalɔpsi'mɛnɔ
fett	παχύ	pa'çi
frisch	φρέσκο	'frɛskɔ
gebacken	στο φούρνο	stɔ 'furnɔ
gebraten	τηγανητό	tiɣani'tɔ
– am Spieß	στη σούβλα	sti 'suvla
– vom Grill	στη σχάρα	sti 'sxara
gedünstet	γιαχνί	ja'xni
gefüllt	γεμιστό	jɛmi'stɔ
gegrillt	της σχάρας	tis 'sxaras
gekocht	βραστό	vra'stɔ
geräuchert	καπνιστό	kapni'stɔ
geröstet	τσιγαρισμένο	tsiɣari'zmɛnɔ
gesalzen	αλατισμένο	alati'zmɛnɔ
geschmort	στην κατσαρόλα	stiŋgatsa'rɔla
getrocknet	ξερό	ksɛ'rɔ
gewürzt	καρυκευμένο (με μπαχαρικά)	karikɛ'vmɛnɔ (mɛ baxari'ka)
hart	σκληρό	skli'rɔ
heiß	ζεστό	zɛ'stɔ
kalt	κρύο	'kriɔ
mager	άπαχο	'apaxɔ
roh	ωμό	ɔ'mɔ
saftig	ζουμερό	zumɛ'rɔ
salzig	αλμυρό	almi'rɔ
sauer	ξυνό	ksi'nɔ
scharf	πικάντικο	pi'kaňdikɔ
weich	μαλακό	mala'kɔ
zäh	σκληρό	skli'rɔ
zart	τρυφερό	trifɛ'rɔ

Zutaten

Butter	βούτυρο	'vutirɔ
Dill	άνιθος	'aniθɔs
Essig	ξύδι	'ksiði

Fett	λίπος	'lipɔs
Füllung	γέμιση	'jɛmisi
Gewürze	μπαχαρικά	baxari'ka
Gewürzgurken	αγγουράκια τουρσί	aŋ̆gu'raīk̡a tur'si
Gurke	αγγούρι	a'ŋ̆guri
– saure Gurke	αγγούρι τουρσί	a'ŋ̆guri tur'si
Kapern	κάπαρη	'kapari
Knoblauch	σκόρδο	'skɔrðɔ
Korinthen	σταφίδες	sta'fiðɛs
Kräuter	χόρτα	'xɔrta
Kümmel	κύμινο	'k̡iminɔ
Lorbeer	δάφνη	'ðafni
Margarine	μαργαρίνη	marɣa'rini
Mayonnaise	μαγιονέζα	majɔ'nɛza
Meerrettich	ραπανάκι	rapa'naīk̡i
Muskatnuß	μοσχοκάρυδο	mɔsxɔ'kariðɔ
Nelken	γαρύφαλα	ɣa'rifala
Öl	λάδι	'laði
Oliven	ελιές	ɛ'ljɛs
Oregano	ρίγανη	'riɣani
Paprika	πιπεριά	pipɛ'rja
Petersilie	μαϊντανός	maiň̆da'nɔs
Pfeffer	πιπέρι	pi'pɛri
Pilze	μανιτάρια	mani'tar̆a
Rosinen	σταφίδες	sta'fiðɛs
Rosmarin	δεντρολίβανο	ðɛň̆drɔ'livanɔ
Salz	αλάτι	a'lati
Senf	μουστάρδα	mu'starða
Soße	σάλτσα	'saltsa
– Bratensoße	σάλτσα ψητού	'saltsa psi'tu
– Tomatensoße	σάλτσα ντομάτα	'saltsa dɔ'mata
Speck	λαρδί	lar'ði
Tomatenketchup	(το) κέτσαπ	'k̡ɛtsap
Zimt	κανέλα	ka'nɛla
Zitrone	λεμόνι	lɛ'mɔni
Zitronensaft	χυμός λεμόνι	çi'mɔs lɛ'mɔni
Zwiebel	κρεμμύδι	krɛ'miði

SPEISEKARTE

Vorspeisen

γαρίδες	ɣa'riðɛs	Krabben
ελιές	ɛ'lĭɛs	Oliven
κολοκυθάκια τηγανιτά	kɔlɔk̡i'θakĭa tiɣani'ta	gebratene Zucchini
μεζές	mɛ'zɛs	kleiner Imbiß, meistens zum Ouzo
ορεκτικά	ɔrɛkti'ka	Vorspeisen
σαγανάκι	saɣa'nak̡i	Käse, in der Pfanne gebraten
σαλάτα	sa'lata	Salat
– λάχανο σαλάτα	'laxanɔ sa'lata	Weißkohlsalat
– μαρούλι σαλάτα	ma'ruli sa'lata	Kopfsalat
– ντοματο-σαλάτα	dɔmatɔ-sa'lata	Tomatensalat
– μελιτζανο-σαλάτα	mɛlidzanɔ-sa'lata	Auberginensalat
– χωριάτικη σαλάτα	xɔ'rĭatik̡i sa'lata	Bauernsalat
τζατζίκι	dza'dzik̡i	Tsatsiki
φέτα	'fɛta	Schafskäse
χόρτα	'xɔrta	Kräutersalat
χταπόδι	xta'pɔði	Tintenfisch

Suppen

σούπα	'supa	Suppe
– κοτόσουπα	kɔ'tɔsupa	Hühnerbrühe
– κρεατόσουπα	krea'tɔsupa	Fleischbrühe
– μαγειρίτσα	maji'ritsa	Ostersuppe
– ντοματόσουπα	dɔma'tɔsupa	Tomatensuppe
– σούπα αυγολέμονο	'supa avɣɔ'lɛmɔnɔ	Suppe mit Ei und Zitrone
– φακές	fa'k̡ɛs	Linsensuppe
– χορτόσουπα	xɔr'tɔsupa	Gemüsesuppe
– ψαρόσουπα	psa'rɔsupa	Fischsuppe

Fische, Schalentiere

αστακός	asta'kɔs	**Hummer**
γαρίδες	ɣa'riðɛs	**Krabben**
γλώσσες	'ɣlɔsɛs	**Seezungen**
γόπες	'ɣɔpɛs	**Ochsenfische** *(etwas größer als Marides)*
καλαμαράκια τηγανιτά	kalama'rai̯kja tiɣani'ta	**gebratene Tintenfische**
καρκινοειδή	karkinɔi'ði	**Schalentiere**
μαρίδες	ma'riðes	**Marides, kleine Fische, in Öl gebraten**
μπακαλιάρος	baka'li̯arɔs	**Kabeljau**
– με σκορδαλιά	mɛ skɔrða'li̯a	**mit Knoblauch-Kartoffelpüree**
– τηγανιτός	tiɣani'tɔs	**gebraten**
μπαρμπούνι	bar'buni	**Barbe**
μύδια	'miði̯a	**Miesmuscheln**
σουπιές	su'pjɛs	**Tintenfische**
στρείδια	'striði̯a	**Austern**
χέλι	'çɛli	**Aal**
ψάρι	'psari	**Fisch**

Nährmittel

ζυμαρικά	zimari'ka	**Nährmittel**
μακαρόνια	maka'rɔni̯a	**Makkaroni, Spaghetti**
– με κιμά	mɛ ki'ma	**mit Hackfleisch**
παστίτσιο	pa'stitsi̯ɔ	**Nudelauflauf mit gehacktem Fleisch**
ρύζι	'rizi	**Reis**
φιδές	fi'ðɛs	**Fadennudeln**
χυλοπίττες	çilɔ'pitɛs	**Bandnudeln**

Geflügel und Wild

γαλοπούλα	ɣalɔ'pula	
γεμιστή	jɛmi'sti	**gefüllter Truthahn**
ζαρκάδι στιφάδο	zar'kaði sti'faðɔ	**Reh, gekocht mit Zwiebeln**
κυνήγι	ki'niji	**Wild**
κοτόπουλο	kɔ'tɔpulɔ	**Huhn**
– λεμονάτο	lɛmɔ'natɔ	**mit Zitronensoße**
– στο φούρνο	stɔ 'furnɔ	**aus dem Backofen**
κουνέλι στιφάδο	ku'nɛli sti'faðɔ	**Kaninchen, gekocht mit Zwiebeln**
πάπια	'papĭa	**Ente**
πέρδικα	'pɛrðika	**Rebhuhn**
πουλερικά	pulɛri'ka	**Geflügel**
χήνα ψητή	'çina psi'ti	**Gänsebraten**

Gemüse

αγκινάρες	aŋ̆gi'narɛs	**Artischocken**
– αλά-πολίτα	a'la pɔ'lita	**mit Ei- und Zitronensaftsoße**
αρακάς	ara'kas	**Erbsen**
– αρακάς με πατάτες	ara'kas mɛ pa'tatɛs	**Eintopf mit Erbsen und Kartoffeln**
γεμιστά	jɛmi'sta	**Tomaten und Paprika, gefüllt mit Reis / Reis mit Hackfleisch**
γίγαντες	'jiɣańdɛs	**Bohnen aus dem Backofen**
καρότα	ka'rɔta	**Möhren**
κολοκυθάκια	kɔlɔki'θaka	
γεμιστά	jɛmi'sta	**gefüllte Zucchini**
κουκιά	ku'ka	**dicke Bohnen**

κουνουπίδι	kunu'piðι	**Blumenkohl**
λαχανικά	laxani'ka	**Gemüse**
μελιτζάνες	mεli'dzanεs	**Auberginen**
– κοκκινιστές	kɔk̡ini'stεs	**mit Tomatensoße**
– τηγανιτές	tiγani'tεs	**gebraten**
μουσακάς	musa'kas	**gebackenes Gericht aus Auberginen, Kartoffeln und gehacktem Fleisch, mit Eikruste**
μπριάμ	bri'am	**gebackene Kartoffeln, grüne Kürbisse und Tomatenstücke**
πατάτες	pa'tatεs	**Kartoffeln**
– γιαχνί	ja'xni	**mit Tomatensoße**
– στο φούρνο	stɔ 'furnɔ	**aus dem Backofen**
– τηγανιτές	tiγani'tεs	**Bratkartoffeln**
πουρές	pu'rεs	**Püree**
σπανάκι	spa'naĭk̡i	**Spinat**
σπανακόρυζο	spana'kɔrizɔ	**Spinat mit Reis**
τουρλού	tur'lu	**Gemüseeintopf**
φασολάκια με πατάτες	fasɔ'laĭk̡a mε pa'tatεs	**Schnittbohnen mit Kartoffeln**

Fleischgerichte

αρνάκι	ar'naĭk̡i	**Lamm**
αρνί	ar'ni	**Hammel**
– αρνί ψητό	ar'ni psi'tɔ	**Hammelbraten**
– αρνί στη σούβλα	ar'ni sti 'suvla	**Lamm am Spieß**
γιουβαρλάκια	juvar'laĭk̡a	**Fleischklößchen in Ei- und Zitronensaftsoße**
γκιουβέτσι	g̡u'vεtsi	**gebackenes Hammelfleisch mit Spaghetti und Tomatenstücken**

γύρος	'jirɔs	**Gyros**
εντόσθια	ɛ'ňdɔsθĭa	**Kutteln**
κατσικάκι	katsi'kaĭķi	**Zicklein**
κεφτέδες	ķɛ'ftɛðɛs	**kleine Frikadellen**
κιμάς	ķi'mas	**Hackfleisch**
κρέας	'krɛas	**Fleisch**
– κοκκινιστό κρέας	kɔķini'stɔ 'krɛas	**Rinderbraten in roter Soße**
κοκορέτσι	kɔkɔ'rɛtsi	**Innereien am Spieß**
μοσχάρι ψητό	mɔ'sxari psi'tɔ	**Rinderbraten**
μπιφτέκια	bif'tɛkĭa	**Beefsteaks**
μπριζόλες	bri'zɔlɛs	**Koteletts**
– στο φούρνο	stɔ 'furnɔ	**aus dem Backofen**
– μπριζόλες χοιρινές	bri'zɔlɛs çiri'nɛs	**Schweinekoteletts**
– μπριζόλες μοσχαρίσιες	bri'zɔlɛs mɔsxa'risĭɛs	**Rinderkoteletts**
σουβλάκια	su'vlaĭkĭa	**Fleischspießchen**
συκώτι	si'kɔti	**Leber**
φιλέτο	fi'lɛtɔ	**Filet**
φρικασέ	frika'sɛ	**Frikassee**

Nachspeisen

γαλακτομπούρεκο	ɣalaktɔ'burɛkɔ	**Kuchen aus Milchcreme, Grieß und Blätterteig mit Sirup**
επιδόρπια	ɛpi'ðɔrpĭa	**Nachspeisen**
κομπόστα	kɔm'bɔsta	**Kompott**
λουκουμάδες	luku'maðɛs	**eine Art Krapfen mit Sirup und Zimt**
μουσταλευριά	mustalɛ'vrĭa	**Mostbrei mit Mehl angedickt und Nüssen**

μπακλαβάς	bakla'vas	**Blätterteigkuchen mit Nußfüllung und Sirup**
παγωτό	paɣɔ'tɔ	**Eis**
χαλβάς	xal'vas	**Honiggrieß mit geriebenen Mandeln und Nüssen**

Obst

ανανάς	ana'nas	**Ananas**
αχλάδι	a'xlaði	**Birne**
βατόμουρα	va'tɔmura	**Brombeeren**
βερύκοκο	vɛ'rikɔkɔ	**Aprikose**
δαμάσκηνο	ða'masķinɔ	**Pflaume**
– ξερά δαμάσκηνα	ksɛ'ra ða'masķina	**Backpflaumen**
καρπούζι	kar'puzi	**Wassermelone**
κεράσια	ķɛ'rasĭa	**Kirschen**
κυδώνι	ķi'ðɔni	**Quitte**
μανταρίνι	mańda'rini	**Mandarine**
μήλο	'milɔ	**Apfel**
μπανάνα	ba'nana	**Banane**
πεπόνι	pɛ'pɔni	**Melone**
πορτοκάλι	pɔrtɔ'kali	**Apfelsine**
ροδάκινο	rɔ'ðaĭķinɔ	**Pfirsich**
ρόδι	'rɔði	**Granatapfel**
σταφύλι	sta'fili	**Weintraube**
σύκο	'sikɔ	**Feige**
– ξερά σύκα	ksɛ'ra 'sika	**getrocknete Feigen**
φράουλα	'fraula	**Erdbeere**
φράπα	'frapa	**Grapefruit**
φρούτα	'fruta	**Obst, Früchte**
χουρμάς	xur'mas	**Dattel**

GETRÄNKEKARTE

Wein

Wein vom Faß.
Κρασί βαρελίσιο.
kra'si varɛ'lisĭɔ

Eine Flasche Wein.
Ένα μπουκάλι κρασί.
'ɛna bu'kali kra'si

Ein halber Liter Wein.
Μισό κιλό κρασί.
mi'sɔ ķi'lɔ kra'si

Wein in Flaschen.
Κρασί εμφιαλωμένο.
kra'si ɛmfĭalɔ'mɛnɔ

Ein Liter *Rotwein / Weißwein.*
Ένα κιλό *κόκκινο / λευκό* κρασί.
'ɛna ķi'lɔ 'kɔķinɔ / lɛf'kɔ kra'si

Ein Viertel Wein.
Ένα τέταρτο κρασί.
'ɛna 'tɛtartɔ kra'si

Einige bekannte griechische Weine

δεμέστιχα	ðɛ'mɛstixa	**Rot- und Weißwein, trocken**
κοκκινέλι	kɔķi'nɛli	**geharzter Rotwein**
μαυροδάφνη	mavrɔ'ðafni	**süßer dunkler Rotwein**
μπρούσκο	'bruskɔ	**trockener Rotwein**
ρετσίνα	rɛ'tsina	**geharzter Weißwein aus Attika**

Wein	κρασί	kra'si
– **Rotwein**	κόκκινο κρασί	'kɔķinɔ kra'si
– **Weißwein**	λευκό κρασί	lɛf'kɔ kra'si
– **trocken**	ξηρό	ksi'rɔ
– **halbtrocken**	ημίγλυκο	i'miɣlikɔ
– **süß**	γλυκό	ɣli'kɔ

Andere alkoholische Getränke

Aperitif	απεριτίφ	apɛri'tif
Bier	μπύρα	'bira
Branntwein	κονιάκ	kɔ'njak
Kognak	κονιάκ	kɔ'njak
Likör	λικέρ	li'k̡ɛr
Rum	ρούμι	'rumi
Sekt	σαμπάνια	sam'pania
Whisky	ουίσκι	u'isk̡i
Wodka	βότκα	'vɔtka

Bekannte griechische Schnäpse

ούζο	'uzɔ	*Uso, Schnaps mit Zusatz von Anis*
ρακί	ra'k̡i	*Schnaps aus Weintreber*
τσίπουρο	'tsipurɔ	*Schnaps aus Weintreber*

Alkoholfreie Getränke

Coca-Cola	κοκα-κόλα	kɔka-'kɔla
Limonade	λεμονάδα	lɛmɔ'naða
Orangensaft	πορτοκαλάδα	pɔrtɔka'laða
– frisch gepreßter Orangensaft	χυμός πορτοκάλι	çi'mɔs pɔrtɔ'kali
Wasser	νερό	nɛ'rɔ
– Mineralwasser	μεταλλικό νερό	mɛtali'kɔ nɛ'rɔ
– Soda	σόδα	'sɔða
Zitronensaft, frisch gepreßt	χυμός λεμόνι	çi'mɔs lɛ'mɔni

Café und Konditorei

Einen griechischen Kaffee, bitte!
Ένα καφέ ελληνικό, παρακαλώ!
'ɛna ka'fɛ ɛlini'kɔ, paraka'lɔ

... *mit viel / ohne* **Zucker.**
... *γλυκό / σκέτο.*
ɣli'kɔ / 'sķɛtɔ

... **mittelsüß.**
... μέτριο.
'mɛtrĭɔ

Café	καφετέρια	kafɛ'tɛrĭa
Eis	παγωτό	paɣɔ'tɔ
– **Schokoladeneis**	παγωτό σοκολάτα	paɣɔ'tɔ sɔkɔ'lata
– **Vanilleeis**	παγωτό βανίλια	paɣɔ'tɔ va'nilĭa
Kakao	κακάο	ka'kaɔ
Kaffee	καφές	ka'fɛs
– **Filterkaffee**	γαλλικός καφές	ɣali'kɔs ka'fɛs
– **griechischer Kaffee**	ελληνικός καφές	ɛlini'kɔs ka'fɛs
Kekse	μπισκότα	bi'skɔta
Konditorei	ζαχαροπλαστείο	zaxarɔpla'stiɔ
Kuchen	(το) κέικ	'ķɛĭk
– **Apfelkuchen**	μηλόπιτα	mi'lɔpita
– **Obstkuchen**	πάστα φλόρα	'pasta 'flɔra
Milch	(το) γάλα	'ɣala
– **frisch**	φρέσκο	'frɛskɔ
– **Kondensmilch**	γάλα εβαπορέ	'ɣala ɛvapɔ'rɛ
Plätzchen	(τα) μπισκότα	bi'skɔta
Portion	μερίδα	mɛ'riða
Sahne	σαντιγύ	saňdi'ji
Schokolade	σοκολάτα	sɔkɔ'lata
Süßigkeiten	γλυκίσματα	ɣli'ķizmata
Tee	τσάι	'tsai

– **schwarzer Tee**	μαύρο τσάι	'mavrɔ 'tsai
Torte	τούρτα, πάστα	'turta, 'pasta
Zucker	ζάχαρη	'zaxari

Frühstück

Brot	ψωμί	psɔ'mi
– **frisch**	φρέσκο	'frɛskɔ
– **eine Scheibe Brot**	μία φέτα ψωμί	'mia 'fɛta psɔ'mi
Brötchen	ψωμάκι	psɔ'maĭķi
Butter	βούτυρο	'vutirɔ
Ei	αυγό	a'vɣɔ
– **hartgekocht**	σφιχτό	sfi'xtɔ
– **weichgekocht**	μελάτο	mɛ'latɔ
– **Spiegeleier**	(τα) αυγά μάτια	a'vɣa 'matĭa
Frühstück	(το) πρόγευμα, πρωινό	'prɔjɛvma, prɔi'nɔ
Honig	μέλι	'mɛli
Hörnchen	(το) κρουασάν	krua'san
Kaffee	καφές	ka'fɛs
– **mit Milch**	με γάλα	mɛ 'ɣala
Kakao	κακάο	ka'kaɔ
Käse	τυρί	ti'ri
Marmelade	μαρμελάδα	marmɛ'laða
Milch	(το) γάλα	'ɣala
Schinken	ζαμπόν	za'm̆bɔn
Tee	τσάι	'tsai
– **Kamillentee**	χαμομήλι	xamɔ'mili
– **Pfefferminztee**	τσάι μέντα	'tsai 'mɛn̆da
Zucker	ζάχαρη	'zaxari
Zwieback	φρυγανιά	friɣa'nĭa

IN DER STADT

Auf der Straße

Wo ist ...?	Πού είναι ...;	pu 'inɛ ...
der Bahnhof	ο σταθμός	ɔ staθ'mɔs
die Bank	η τράπεζα	i 'trapɛza
die Bushaltestelle	η στάση του λεωφορείου	i 'stasi tu lɛɔfɔ'riu
der Flugplatz	το αεροδρόμιο	tɔ aɛrɔ'ðrɔmĭɔ
der Hafen	το λιμάνι	tɔ li'mani
das (...-)Hotel	το ξενοδοχείο (...) .	tɔ ksɛnɔðɔ'çiɔ (...)
die (...-)Kirche	η εκκλησία (...)	i ɛkli'sia (...)
das Museum	το μουσείο	tɔ mu'siɔ
der (...-)Platz	η πλατεία (...)	i pla'tia (...)
das Polizeirevier	το αστυνομικό τμήμα	tɔ astinɔmi'kɔ 'tmima
das Postamt	το ταχυδρομείο ...	tɔ taçiðrɔ'miɔ
das Rathaus	το δημαρχείο	tɔ ðimar'çiɔ
die (...-)Straße	η οδός (...)	i ɔ'ðɔs (...)
ein Taxistand	η πιάτσα των ταξί ..	i 'pĭatsa tɔn ta'ksi

Können Sie mir bitte sagen, wo ... ist?
Μπορείτε να μου πείτε παρακαλώ πού είναι ...;
bɔ'ritɛ na mu 'pitɛ paraka'lɔ pu 'inɛ

Wissen Sie vielleicht, wo ... ist?
Μήπως ξέρετε πού είναι ...;
'mipɔs 'ksɛrɛtɛ pu 'inɛ

Ist es weit (bis ...)?
Είναι μακριά (ως ...);
'inɛ ma'krja (ɔs ...)

Wie weit ist es (bis ...)?
Πόσο μακριά είναι (ως ...);
'pɔsɔ ma'krja 'inɛ (ɔs ...)

Wie viele Minuten zu Fuß?
Πόσα λεπτά με τα πόδια;
'pɔsa lɛ'pta mɛ ta 'pɔðĭa

Welchen Weg muß ich nehmen?
Από πού πρέπει να πάω;
a'pɔ pu 'prɛpi na 'paɔ

In welcher Richtung liegt ...?
Σε ποια κατεύθυνση είναι ...;
sɛ pja ka'tɛfθiňsi 'inɛ

In welcher Straße ist ...?
Σε ποια οδό είναι ...;
sɛ pja ɔ'ðɔ 'inɛ

Wann ist geöffnet?
Πότε έχει ανοιχτά;
'pɔtɛ 'ɛçi ani'xta

Wo ist es auf der Karte?
Πού βρίσκεται στο χάρτη;
pu 'vrisķɛtɛ stɔ 'xarti

Vielen Dank!
Ευχαριστώ πολύ!
ɛfxari'stɔ pɔ'li

Ich frage noch mal weiter.
Θα ξαναρωτήσω πιο πέρα.
θa ksanarɔ'tisɔ pjɔ 'pɛra

Mit diesen Antworten können Sie rechnen:

Es ist (sehr) weit.
Είναι (πολύ) μακριά.
'inɛ (pɔ'li) ma'krja

Nehmen Sie *einen Bus / ein Taxi*!
Πάρτε *λεωφορείο / ταξί*!
'partɛ lɛɔfɔ'riɔ / ta'ksi

Es ist (ganz) nah.
Είναι (πολύ) κοντά.
'inɛ (pɔ'li) kɔ'ňda

Hier ist es.
Εδώ είναι.
ɛ'ðɔ 'inɛ

Gehen Sie ...
Πηγαίνετε ...
pi'jɛnɛtɛ

Biegen Sie ... ab
Στρίψτε ...
'stripstɛ

Dort.
Εκεί.
ɛ'ķi

Geradeaus.
Ευθεία.
ɛf'θia

Zurück.
Πίσω.
'pisɔ

Nach rechts.
Προς τα δεξιά.
prɔs ta ðɛ'ksja

Nach links.
Προς τα αριστερά.
prɔs ta aristɛ'ra

Fragen Sie jemand anders.
Ρωτήστε κάποιον άλλο.
rɔ'tistɛ 'kapjɔn 'alɔ

Ich weiß nicht.
Δεν ξέρω.
ðɛn 'ksɛrɔ.

Bus, Taxi

Kann ich mit dem Bus nach ... fahren?
Μπορώ να πάω για ... με το λεωφορείο;
bɔ'rɔ na 'paɔ ja ... mɛ tɔ lɛɔfɔ'riɔ

Wie viele Haltestellen sind es?
Πόσες στάσεις είναι;
'pɔsɛs 'stasis 'inɛ

Muß ich nach ... umsteigen?
Πρέπει να αλλάξω λεωφορείο για ...
'prɛpi na a'laksɔ lɛɔfɔ'riɔ ja

Wo muß ich *aussteigen / umsteigen*?
Πού πρέπει να *κατέβω / αλλάξω λεωφορείο*;
pu 'prɛpi na ka'tɛvɔ / a'laksɔ lɛɔfɔ'riɔ

Wo muß ich zahlen?
Πού πρέπει να πληρώσω;
pu 'prɛpi na pli'rɔsɔ

Wo gibt es Fahrkarten?
Πού υπάρχουν εισιτήρια;
pu i'parxun isi'tiria

Wo kann ich eine Monatskarte bekommen?
Πού μπορώ να αγοράσω μηνιαία κάρτα;
pu bɔ'rɔ na aɣɔ'rasɔ mini'ɛa 'karta

Wo bekomme ich ein Taxi?
Πού θα βρω ταξί;
pu θa vrɔ ta'ksi

Wieviel kostet es *bis / nach* ...?
Πόσο κάνει *ως / για* ...;
'pɔsɔ 'kani ɔs / ja

Fahren Sie mich *zum / zur* ...
Πηγαίνετέ με *στον / στην* ...
pijɛnɛ'tɛmɛ stɔn / stin

Zum Bahnhof, bitte!
Στον σταθμό, παρακαλώ!
stɔn staθ'mɔ, paraka'lɔ

***Warten / Halten* Sie hier bitte einen Augenblick.**
Περιμένετε / Σταματήστε μια στιγμή εδώ, παρακαλώ.
pɛri'mɛnɛtɛ / stama'tistɛ mja sti'ɣmi ɛ'ðɔ, paraka'lɔ

Ausflüge und Besichtigungen

Für morgen bitte zwei Plätze nach ...!
Για αύριο δύο θέσεις για ..., παρακαλώ!
ja 'avrĭɔ 'ðiɔ 'θɛsis ja ..., paraka'lɔ

Ist das Mittagessen im Preis inbegriffen?
Συμπεριλαμβάνεται στην τιμή και το φαγητό;
sim̆bɛrila'ɱvanɛtɛ stiňdi'mi k̡ɛ tɔ faji'tɔ

***Wann / Wo* treffen wir uns?**
Πότε / Πού θα συναντηθούμε;
'pɔtɛ / pu θa sinaňdi'θumɛ

Wir treffen uns ...
Θα συναντηθούμε ...
θa sinaňdi'θumɛ

Wann geht es los?
Τι ώρα θα ξεκινήσουμε;
ti 'ɔra θa ksɛk̡i'nisumɛ

Besichtigen wir auch ...?
Θα επισκεφθούμε και ...;
θa ɛpisk̡ɛ'fθumɛ k̡ɛ

Haben wir Zeit zur freien Verfügung?
Θα έχουμε ελεύθερο χρόνο;
θa 'ɛxumɛ ɛ'lɛfθɛrɔ 'xrɔnɔ

Wieviel?
Πόσο;
'pɔsɔ

Können wir Einkäufe machen?
Μπορούμε να κάνουμε ψώνια;
bɔ'rumɛ na 'kanumɛ 'psɔnĭa

Wann kommen wir zurück?
Πότε θα γυρίσουμε;
'pɔtɛ θa ji'risumɛ

Wie lange bleiben wir in ...?
Πόσο θα μείνουμε στην ...;
'pɔsɔ θa 'minumɛ stin

Kommen wir auch nach ...?
Θα πάμε και στην ...;
θa 'pamɛ k̡ɛ stin

Welche Sehenswürdigkeiten gibt es in ...?
Τι αξιοθέατα υπάρχουν στην ...;
ti aksĭɔ'θɛata i'parxun stin

Wann wird ... *geöffnet / geschlossen*?
Πότε θα *ανοίξει / κλείσει* ...;
'pɔtɛ θa a'niksi / 'klisi

Wieviel kostet *der Eintritt / die Führung*?
Πόσο κάνει η *είσοδος / ξενάγηση*;
'pɔsɔ 'kani i 'isɔðɔs / ksɛ'najisi

Gibt es einen Fremdenführer, der Deutsch spricht?
Υπάρχει ξεναγός, που μιλάει γερμανικά;
i'parçi ksɛna'ɣɔs, pu mi'lai jɛrmani'ka

Ich würde mir gern ... ansehen.
Θα ήθελα να δω ...
θa 'iθεla na ðɔ

Kann man heute ... besichtigen?
Μπορεί κανείς να επισκεφθεί σήμερα ...;
bɔ'ri ka'nis na εpisķε'fθi 'simεra

die Ausstellung	την έκθεση	tin 'εkθεsi
die Burg	το κάστρο	tɔ 'kastrɔ
die Galerie	την γκαλερί	tiňgalε'ri
die Kirche	την εκκλησία	tin εkli'sia
das Museum	το μουσείο	tɔ mu'siɔ
den Palast	το παλάτι	tɔ pa'lati

Wann beginnt die Führung?
Πότε αρχίζει η ξενάγηση;
'pɔtε ar'çizi i ksε'najisi

Während der Führung:

Was für ein *Gebäude / Denkmal* ist das?
Τι *κτίριο / μνημείο* είναι αυτό;
ti 'ktirĭɔ / mni'miɔ 'inε a'ftɔ

Darf man fotografieren?
Επιτρέπονται οι φωτογραφίες;
εpi'trεpɔňdε i fɔtɔɣra'fiεs

Von wem stammt *dieses Bild / diese Statue*?
Από ποιον είναι *αυτός ο πίνακας / αυτό το άγαλμα*;
a'pɔ pjɔn 'inε a'ftɔs ɔ 'pinakas / a'ftɔ tɔ 'aɣalma

Aus welchem Jahrhundert stammt ...?
Από ποιον αιώνα είναι ...;
a'pɔ pjɔn ε'ɔna 'inε

Wann wurde ... gebaut?
Πότε κτίστηκε ...;
'pɔtε 'ktistiķε

Wer hat ... gebaut?
Ποιος έκτισε ...;
pjɔs 'εktisε

Wo befindet sich ...?
Πού βρίσκεται ...;
pu 'vrisķεtε

Ist das ...?
Αυτό είναι ...;
a'ftɔ 'inε

***Hier *lebte / wurde geboren / starb* ...**
Εδώ *έζησε / γεννήθηκε / πέθανε* ...
ε'ðɔ 'εzisε / jε'niθiķε / 'pεθanε

Allee	λεωφόρος	lɛɔ'fɔrɔs
Altstadt	παλιά πόλη	pa'lja 'pɔli
Amt	υπηρεσία	ipirɛ'sia
Ausflug	εκδρομή	ɛkðrɔ'mi
Ausgrabungen	(οι) ανασκαφές	anaska'fɛs
Ausstellung	έκθεση	'ɛkθɛsi
Badegelegenheit	δυνατότητα μπάνιου	ðina'tɔtita 'banĭu
Bedürfnisanstalt	δημόσια ουρητήρια	ði'mɔsĭa uri'tirĭa
Besichtigung	επίσκεψη	ɛ'pisķɛpsi
Bibliothek	βιβλιοθήκη	vivlĭɔ'θiķi
Bootsfahrt	βαρκάδα	var'kaða
Botanischer Garten	βοτανικός κήπος	vɔtani'kɔs 'ķipɔs
Botschaft	πρεσβεία	prɛ'zvia
Brücke	γέφυρα	'jɛfira
Brunnen	πηγή	pi'ji
Bürgersteig	πεζοδρόμιο	pɛzɔ'ðrɔmĭɔ
Denkmal	μνημείο	mni'miɔ
Dorf	χωριό	xɔ'rjɔ
Drahtseilbahn	(το) τελεφερίκ	tɛlɛfɛ'rik
Durchgang	διάδρομος	'ðjaðrɔmɔs
Ecke	γωνία	ɣɔ'nia
Einkaufszentrum	(τα) μαγαζιά	maɣa'zĭa
Epoche	εποχή	ɛpɔ'çi
Fabrik	εργοστάσιο	ɛrɣɔ'stasĭɔ
Feuerwehr	πυροσβεστική υπηρεσία	pirɔzvɛsti'ķi ipirɛ'sia
Flugplatz	αεροδρόμιο	aɛrɔ'ðrɔmĭɔ
Fremdenführer	ξεναγός	ksɛna'ɣɔs
Fries	(το) διάζωμα	'ðĭazɔma
Fundbüro	γραφείο ευρέσεως απωλεσθέντων αντικειμένων	ɣra'fiɔ ɛv'rɛsɛɔs apɔlɛs'θɛn̆dɔn an̆diķi'mɛnɔn
Fußgänger	πεζός	pɛ'zɔs
Fußgängerübergang	διάβαση πεζών	'ðjavasi pɛ'zɔn
Garten	κήπος	'ķipɔs
Gasse	δρομάκι, σοκάκι	ðrɔ'maĭķi, sɔ'kaĭķi
– Sackgasse	αδιέξοδο	a'ðjɛksɔðɔ
Gebäude	κτίριο	'ktirĭɔ
Gebirge	οροσειρά	ɔrɔsi'ra

Gegend	περιοχή	pεrĭɔ'çi
Gericht(sgebäude)	δικαστήριο (δικαστικό μέγαρο)	ðika'stirĭɔ (ðikasti'kɔ 'mεɣarɔ)
Giebel	(το) αέτωμα	a'εtɔma
Grab	τάφος	'tafɔs
Graben	τάφρος	'tafrɔs
Grünanlage	πάρκο	'parkɔ
Hauptstadt	πρωτεύουσα	prɔ'tεvusa
Hauptstraße	κεντρική οδός	ķεňdri'ķi ɔ'ðɔs
Hausnummer	αριθμός σπιτιού	ariθ'mɔs spi'tju
Hochhaus	πολυκατοικία	pɔlikati'ķia
Höhle	σπηλιά	spi'lja
Innenstadt	κέντρο της πόλης	'ķεňdrɔ tis 'pɔlis
Kapitell	κιονόκρανο	ķɔ'nɔkranɔ
Kaserne	στρατώνας	stra'tɔnas
Kiosk	περίπτερο	pε'riptεrɔ
Konsulat	προξενείο	prɔksε'niɔ
Kraftwerk	ηλεκτρικός σταθμος	ilεktri'kɔs staθ'mɔs
Kreuzfahrt	κρουαζιέρα	krua'zjεra
Landschaft	τοπίο	tɔ'piɔ
Markt(halle)	αγορά	aɣɔ'ra
Mauer	(το) τείχος	'tixɔs
Ministerium	υπουργείο	ipur'jiɔ
Meer	θάλασσα	'θalasa
Museum	μουσείο	mu'siɔ
– **archäologisches**	αρχαιολογικό	arçεɔlɔji'kɔ
– **ethnologisches**	εθνολογικό	εθnɔlɔji'kɔ
– **byzanthinisches**	βυζαντινό	vizaňdi'nɔ
Mythologie	μυθολογία	miθɔlɔ'jia
Naturschutzgebiet	περιοχή προστασίας της φύσης	pεrĭɔ'çi prɔsta'sias tis 'fisis
Nebenstraße	(η) πάροδος	'parɔðɔs
Park	πάρκο	'parkɔ
Pavillon	περίπτερο	pε'riptεrɔ
Platz	πλατεία	pla'tia
Rathaus	δημαρχείο	ðimar'çiɔ
Raststätte	εξοχικό εστιατόριο	εksɔçi'kɔ εstĭa'tɔrĭɔ
Relief	ανάγλυφο	a'naɣlifɔ

Rettungsstation	ναυαγοσωστικός σταθμός	navaɣososti'kɔs staθ'mɔs
Ruine	ερείπιο	ɛ'ripĭɔ
Rundfahrt	γύρος, περιοδεία	'jirɔs, pɛrĭɔ'ðia
Säule	στήλη, κολώνα	'stili, kɔ'lɔna
Schilift	(το) τελεφερίκ	tɛlɛfɛ'rik
Schnellbahn	ταχεία	ta'çia
Sessellift	(το) τελεφερίκ	tɛlɛfɛ'rik
Stadt	πόλη	'pɔli
Stadtteil	συνοικία	sini'ķia
Stadtzentrum	κέντρο της πόλης	'kɛňdrɔ tis 'pɔlis
Sternwarte	αστεροσκοπείο	astɛrɔskɔ'piɔ
Stil	ρυθμός, ύφος	ri'θmɔs, 'ifɔs
Straßenbahn	(το) τραμ	tram
Tal	πεδιάδα	pɛ'ðjaða
Taxistand	πιάτσα ταξί	'pĭatsa ta'ksi
Tempel	ναός	na'ɔs
U-Bahn	μετρό	mɛ'trɔ
Umgebung	γύρω περιοχή	'jirɔ pɛrĭɔ'çi
Verkehrsampel	φανάρι	fa'nari
Verkehrsschild	(το) σήμα τροχαίας	'sima trɔ'çɛas
Vorort	προάστειο	prɔ'astĭɔ
Wanderweg	περίπατος	pɛ'ripatɔs
Wandgemälde	τοιχογραφία	tixɔɣra'fia
Wasserfall	καταρράχτης	kata'raxtis

Kirchen, Gottesdienst

Wo ist die (...-)Kirche?
Πού είναι η εκκλησία (...);
pu 'inɛ i ɛkli'sia

Wann findet der Gottesdienst statt?
Πότε γίνεται λειτουργία;
'pɔtɛ 'jinɛtɛ litur'jia

Findet heute eine Trauung statt?
Θα γίνει σήμερα γάμος;
θa 'jini 'simɛra 'ɣamɔs

Wir möchten *die Kirche / das Kloster* besuchen.
Θέλουμε να επισκεφθούμε *την εκκλησία / το μοναστήρι.*
'θεlumε na εpisk̦ε'fθumε tin εkli'sia / tɔ mɔna'stiri

Wer hat einen Schlüssel?
Ποιος έχει κλειδί;
pjɔs 'εçi kli'ði

Aus welcher Zeit sind die Fresken?
Ποιας εποχής είναι οι τοιχογραφίες;
pjas εpɔ'çis 'inε i tixɔɣra'fiεs

Können wir hineingehen?
Μπορούμε να περάσουμε;
bɔ'rumε na pε'rasumε

Ich bin ...	Είμαι ...	'imε ...
Buddhist	βουδιστής	vuði'stis
Christ	χριστιανός	xristĭa'nɔs
Jude	εβραίος	εv'rεɔs
Katholik	καθολικός	kaθɔli'kɔs
konfessionslos	χωρίς θρησκεία	xɔ'ris θri'sk̦ia
Mohammedaner	μωαμεθανός	mɔamεθa'nɔs
Moslem	μουσουλμάνος	musul'manɔs
Protestant	διαμαρτυρόμενος	ðĭamarti'rɔmεnɔs
Abendmahl	Μετάληψη	mε'talipsi
Abtei	μονή	mɔ'ni
Altar	βωμός	vɔ'mɔs
Andacht	προσευχή	prɔsεf'çi
Christentum	χριστιανισμός	xristĭani'zmɔs
christlich	χριστιανικός	xristĭani'kɔs
Christus	Χριστός	xri'stɔs
evangelisch	ευαγγελικός	εvaŋ̆g̦εli'kɔs
Evangelium	Ευαγγέλιο	εva'ŋ̆g̦εlĭɔ
Friedhof	νεκροταφείο	nεkrɔta'fiɔ
Gebet	προσευχή	prɔsεf'çi
Geistlicher	ιερωμένος	i(j)εrɔ'mεnɔs
Glaubensbekenntnis	το Πιστεύω	tɔ pi'stεvɔ
Glocke	καμπάνα	ka'm̆bana
gotisch	γοτθικός	ɣɔtθi'kɔs
Gott	Θεός	θε'ɔs

Gottesdienst	Θεία λειτουργία	'θia litur'jia
Grab	τάφος	'tafɔs
Kanzel	άμβωνας	'aɱvɔnas
Kapelle	παρεκκλήσι	parε'klisi
Kathedrale	καθεδρικός ναός	kaθεðri'kɔs na'ɔs
katholisch	καθολικός	kaθɔli'kɔs
Kirche	εκκλησία	εkli'sia
Kirchendiener	νεωκόρος	nεɔ'kɔrɔs
Kloster	μοναστήρι	mɔna'stiri
Konfession	(το) θρήσκευμα	'θrisķεvma
Kreuz	σταυρός	sta'vrɔs
Kruzifix	εσταυρωμένος	εstavrɔ'mεnɔs
Krypta	κρυπτή	kri'pti
Kuppel	τρούλος	'trulɔs
Leuchter	πολυέλαιος	pɔli'εlεɔs
Messe	λειτουργία	litur'jia
Minarett	μιναρές	mina'rεs
Mosaik	ψηφιδωτό	psifiðɔ'tɔ
Moschee	τζαμί	tza'mi
Orgel	αρμόνιο	ar'mɔnĭɔ
Pastor	πάστορας	'pastɔras
Pfarrer	ιερέας, παπάς	iε'rεas, pa'pas
Pfeiler	κολώνα	kɔ'lɔna
Portal	πύλη	'pili
Predigt	(το) κήρυγμα	'ķiriɣma
Priester	παππάς	pa'pas
protestantisch	διαμαρτυρόμενος	ðĭamarti'rɔmεnɔs
Prozession	λιτανεία	lita'nia
Religion	θρησκεία	θri'sķia
religiös	ευλαβής	εvla'vis
romanisch	ρομανικός	rɔmani'kɔs
Rosenkranz	κομπολόι προσευχής	kɔm̆bɔ'lɔi prɔsεf'çis
Sakristei	σκευοφυλάκιο	sķεvɔfi'laķĭɔ
Sarkophag	σαρκοφάγος	sarkɔ'faɣɔs
Schiff	νάρθηκας	'narθikas
Synagoge	συναγωγή	sinaɣɔ'ji
Taufbecken	κολυμπήθρα	kɔli'm̆biθra
Taufe	βάφτιση, βαφτίσια	'vaftisi, va'ftisĭa

EINKÄUFE

Allgemeines

Wo kann ich ... *kaufen / bekommen*?
Πού μπορώ να *αγοράσω / βρω* ...;
pu bɔ'rɔ na aɣɔ'rasɔ / vrɔ

Gibt es hier ein Fachgeschäft für ...?
Υπάρχει εδώ ένα ειδικό κατάστημα για ...;
i'parçi ɛ'ðɔ 'ɛna iði'kɔ ka'tastima ja

Haben Sie vielleicht ...?
Μήπως έχετε ...;
'mipɔs 'ɛçɛtɛ

***Ich möchte / Wir möchten* ...**
Θέλω / Θέλουμε ...
'θɛlɔ / 'θɛlumɛ

Zeigen Sie mir bitte ...
Δείξτε μου παρακαλώ ...
'ðikstɛmu paraka'lɔ

Ich brauche ...
Χρειάζομαι ...
xri'azɔmɛ

Geben Sie mir bitte ...
Δώστε μου παρακαλώ ...
'ðɔstɛ mu paraka'lɔ

Noch etwas.
Ακόμα λίγο.
a'kɔma 'liɣɔ

Genug.
Φτάνει.
'ftani

Noch mehr.
Κι'άλλο ακόμα.
'kjalɔ a'kɔma

Können Sie es bestellen?
Μπορείτε να το παραγγείλετε;
bɔ'ritɛ na tɔ para'ŋgilɛtɛ

Wann bekommen Sie es?
Πότε θα το έχετε;
'pɔtɛ θa tɔ 'ɛçɛtɛ

Das gefällt mir.
Αυτό μ'αρέσει.
a'ftɔ ma'rɛsi

Ich nehme es.
Θα το πάρω.
θa tɔ 'parɔ

Danke, das ist alles!
Ευχαριστώ, τίποτε άλλο!
ɛfxari'stɔ, 'tipɔtɛ 'alɔ

Wieviel kostes das?
Πόσο κάνει αυτό;
'pɔsɔ 'kani a'ftɔ

Nehmen Sie *deutsches Geld / Reiseschecks*?
Δέχεστε *γερμανικά χρήματα / επιταγές*;
'ðeĭçɛstɛ jɛrmani'ka 'xrimata / ɛpita'jɛs

Können Sie mir die Ware ins Hotel ... schicken?
Μπορείτε να μου στείλετε τα πράγματα στο ξενοδοχείο ...;
bɔ'ritɛ na mu 'stilɛtɛ ta 'praɣmata stɔ ksɛnɔðɔ'çiɔ

Mengeneinheiten / Verpackung:

eine Dose	μία κονσέρβα, ένα κουτί	'mia kɔ'ɲ̍sɛrva, 'ɛna ku'ti
eine Flasche	ένα μπουκάλι	'ɛna bu'kali
ein Glas	ένα ποτήρι	'ɛna pɔ'tiri
100 Gramm	100 γραμμάρια	ɛka'tɔ ɣra'marĭa
ein Karton	ένα κουτί	'ɛna ku'ti
ein Kilo	ένα κιλό	'ɛna ķi'lɔ
ein halbes Kilo	μισό κιλό	mi'sɔ ķi'lɔ
ein Liter	ένα λίτρο	'ɛna 'litrɔ
ein Meter	ένα μέτρο	'ɛna 'mɛtrɔ
ein Paar	ένα ζευγάρι	'ɛna zɛ'vɣari
eine Packung	ένα πακέτο	'ɛna pa'ķɛtɔ
eine Rolle	ένα ρολό	'ɛna rɔ'lɔ
ein Stück	ένα κομμάτι	'ɛna kɔ'mati
eine Tube	ένα σωληνάριο	'ɛna sɔli'narĭɔ
eine Tüte	μία σακούλα	'mia sa'kula

Umtausch / Reklamation:

Kann ich es umtauschen?
Μπορώ να το αλλάξω;
bɔ'rɔ na tɔ a'laksɔ

Die *Form / Farbe* gefällt mir nicht.
Το *σχήμα / χρώμα* δε μου αρέσει.
tɔ 'sçima / 'xrɔma ðɛ mu a'rɛsi

Das ist ...	Είναι ...	'inɛ
zu breit	πολύ φαρδύ	pɔ'li far'ði
zu dunkel	πολύ σκούρο	pɔ'li 'skurɔ
zu groß	πολύ μεγάλο	pɔ'li mɛ'ɣalɔ
zu hell	πολύ ανοιχτό	pɔ'li ani'xtɔ
zu klein	πολύ μικρό	pɔ'li mi'krɔ
zu schmal	πολύ στενό	pɔ'li stɛ'nɔ
zu teuer	πολύ ακριβό	pɔ'li akri'vɔ
zu viel	πάρα πολύ	'para pɔ'li
zu wenig	πολύ λίγο	pɔ'li 'liɣɔ

Haben Sie etwas *Besseres / Billigeres*?
Εχετε κάτι *καλλίτερο / φτηνότερο*;
'ɛçɛtɛ 'kati ka'litɛrɔ / fti'nɔtɛrɔ

Kann ich etwas anderes aussuchen?
Μπορώ να διαλέξω κάτι άλλο;
bɔ'rɔ na ðĭa'lɛksɔ 'kati 'alɔ

Geschäfte

Antiquariat	παλαιοπωλείο	palεɔpɔ'liɔ
Antiquitäten	αντίκες	an'tiķεs
Apotheke	φαρμακείο	farma'ķiɔ
Bäckerei	φούρνος	'furnɔs
Blumenhandlung	ανθοπωλείο	anθɔpɔ'liɔ
Boutique	(η) μπουτίκ	bu'tik
Buchhandlung	βιβλιοπωλείο	vivlĭɔpɔ'liɔ
Drogerie	αρωματοπωλείο	arɔmatɔpɔ'liɔ
Elektrohandlung	(τα) ηλεκτρικά είδη	ilεktri'ka 'iði
Färberei	βαφείο	va'fiɔ
Fischhandlung	ψαράδικο	psa'raðikɔ
Fleischerei	κρεοπωλείο	krεɔpɔ'liɔ
Fotogeschäft	φωτογραφείο	fɔtɔγra'fiɔ
Fotograf	φωτογράφος	fɔtɔ'γrafɔs
Friseur	κουρέας	ku'rεas
Gemüsehandlung	μανάβικο	ma'navikɔ
Geschäft	(το) κατάστημα, μαγαζί	ka'tastima, maγa'zi
Haushaltswaren	(τα) οικιακά είδη	iķĭa'ka 'iði
Immobilien	μεσιτικό γραφείο	mεsiti'kɔ γra'fiɔ
Juwelier	χρυσοχοείο	xrisɔxɔ'iɔ
Kaufhaus	(το) πολυκατάστημα	pɔlika'tastima
Konditorei	ζαχαροπλαστείο	zaxarɔpla'stiɔ
Konfektion	(τα) έτοιμα ενδύματα	'εtima ε'ňðimata
Kosmetik	(τα) κοσμητικά	kɔzmiti'ka
Kunsthändler	έμπορος καλλιτεχνικών έργων	'εmbɔrɔs kalitεxni'kɔn 'εrγɔn
Kurzwaren	(τα) ψιλικά	psili'ka
Lampengeschäft	(το) κατάστημα φωτιστικών	ka'tastima fɔtisti'kɔn
Lebensmittel	(τα) τρόφιμα	'trɔfima
Lederwaren	(τα) δερμάτινα είδη	ðεr'matina 'iði
Milchgeschäft	γαλακτοπωλείο	γalaktɔpɔ'liɔ
Möbelgeschäft	(το) κατάστημα επίπλων	ka'tastima ε'piplɔn

Musikalienhandlung	(το) κατάστημα μουσικών οργάνων	ka'tastιma musi'kɔn ɔr'ɣanɔn
Obstgeschäft	οπωροπωλείο, μανάβικο	ɔpɔrɔpɔ'liɔ, ma'navikɔ
Optiker	(τα) οπτικά	ɔpti'ka
Parfümerie	αρωματοπωλείο	arɔmatɔpɔ'liɔ
Pelzgeschäft	γουναράδικο	ɣuna'raðikɔ
Porzellangeschäft	(το) κατάστημα ειδών πορσελάνης	ka'tastima i'ðɔn pɔrsɛ'lanis
Reinigung	καθαριστήριο	kaθari'stiriɔ
– chem. Reinigung	χημικό καθάρισμα	çimi'kɔ ka'θarizma
Reiseandenken	(το) σουβενίρ	suvɛ'nir
Reisebüro	γραφείο ταξιδιών	ɣra'fiɔ taksi'ðiɔn
Schallplattengeschäft	(το) κατάστημα δίσκων	ka'tastima 'ðiskɔn
Schneiderei	ραφείο	ra'fiɔ
Schreibwaren	(τα) χαρτικά είδη	xarti'ka 'iði
Schuhgeschäft	(το) κατάστημα παπουτσιών	ka'tastima papu'tsiɔn
Schuhmacher	τσαγκάρης	tsa'ŋgaris
Selbstbedienung	αυτοεξυπηρέτηση, σελφ-σέρβις	aftɔɛksipi'rɛtisi, 'sɛlf 'sɛrvis
Spielzeuggeschäft	(το) κατάστημα παιχνιδιών	ka'tastima pɛxni'ðiɔn
Spirituosengeschäft	κάβα	'kava
Sportartikel	(τα) αθλητικά είδη	aθliti'ka 'iði
Supermarkt	(το) σουπερμάρκετ	supɛr'markɛt
Süßwaren	(τα) γλυκά	ɣli'ka
Tabakladen	καπνοπωλείο	kapnɔpɔ'liɔ
Textilien	(τα) υφάσματα	i'fazmata
Uhrmacher	ρολογάς	rɔlɔ'ɣas
Warenhaus	(το) πολυκατάστημα	pɔlika'tastima
– Schaufenster	βιτρίνα	vi'trina
Wäschegeschäft	(το) κατάστημα λινών	ka'tastima li'nɔn
Wäscherei	πλυντήριο	pli'ndiriɔ
Zeitungshändler	εφημεριδοπώλης	ɛfimɛriðɔ'pɔlis

Blumen

Blumen	(τα) λουλούδια	lu'luðĭa
Blumenstrauß	μπουκέτο	bu'kʲɛtɔ
Blumentopf	γλάστρα	'ɣlastra
Chrysanthemen	(τα) χρυσάνθεμα	xri'saňθɛma
Flieder	πασχαλιά	pasxa'lja
Gladiolen	(οι) γκλαντιόλες	gla'djɔlɛs
Nelken	(τα) γαρούφαλα	ɣa'rifala
Rosen	(τα) τριαντάφυλλα	trĭa'ňdafila
Tulpen	(οι) τουλίπες	tu'lipɛs
Veilchen	(οι) μενεξέδες	mɛnɛ'ksɛðɛs

Buchhandlung

Band	τόμος	'tɔmɔs
Broschüre	βιβλιαράκι	vivlĭa'raĭkʲi
Buch	βιβλίο	vi'vliɔ
Gedichtband	τόμος ποιημάτων	'tɔmɔs pii'matɔn
Globus	υδρόγειος σφαίρα	i'ðrɔjĭɔs 'sfɛra
Katalog	κατάλογος	ka'talɔɣɔs
Kinderbuch	παιδικό βιβλίο	pɛði'kɔ vi'vliɔ
Kriminalroman	αστυνομικό μυθιστόρημα	astinɔmi'kɔ miθi'stɔrima
Landkarte	γεωγραφικός χάρτης	jɛɔɣrafi'kɔs 'xartis
Lehrbuch	διδακτικό βιβλίο	ðiðakti'kɔ vi'vliɔ
Märchenbuch	παραμύθι	para'miθi
Prospekt	προσπέκτους	prɔ'spɛktus
Reiseführer	ταξιδιωτικός οδηγός	taksiðĭɔti'kɔs ɔði'ɣɔs
Reiselektüre	(το) διάβασμα για το ταξίδι	'ðjavazma ja tɔ ta'ksiði
Roman	(το) μυθιστόρημα	miθi'stɔrima
Schallplatte	δίσκος	'ðiskɔs
Sprachführer	γλωσσικός οδηγός	ɣlɔsi'kɔs ɔði'ɣɔs
Stadtplan	χάρτης της πόλης	'xartis tis 'pɔlis
Straßenkarte	οδικός χάρτης	ɔði'kɔs 'xartis
Übersetzung	μετάφραση	mɛ'tafrasi
Wörterbuch	λεξικό	lɛksi'kɔ

Schreibwaren

Bleistift	μολύβι	mɔ'livi
Briefpapier	επιστολόχαρτο	ɛpistɔ'lɔxartɔ
Briefumschlag	φάκελος	'faĭķɛlɔs
Buntstifte	(τα) χρωματιστά μολύβια	xrɔmati'sta mɔ'livĭa
Filzstift	μαρκαδόρος	marka'ðɔrɔs
Füllfederhalter	πέννα	'pɛna
Kalender	ημερολόγιο	imɛrɔ'lɔjĭɔ
– **Taschenkalender**	ατζέντα	a'dzɛňda
Klebstoff	κόλλα	'kɔla
Kohlepapier	καρμπόν	kar'bɔn
Kugelschreiber	στυλό	sti'lɔ
– **Mine**	ανταλλακτικό	andalakti'kɔ
Lineal	χάρακας	'xarakas
Mappe	(το) ντοσιέ	dɔ'sĭɛ
Notizblock	σημειωματάριο	simĭɔma'tarĭɔ
Papier	χαρτί	xar'ti
– **Packpapier**	χαρτί περιτυλίγματος	xar'ti pɛriti'liɣmatɔs
– **Seidenpapier**	μεταξωτό χαρτί	mɛtaksɔ'tɔ xar'ti
Radiergummi	(η) γόμα	'ɣɔma
Tinte	μελάνι	mɛ'lani
Zeichenblock	(το) μπλοκ ζωγραφικής	blɔk zɔɣrafi'ķis

Fotogeschäft

Entwickeln Sie mir bitte diesen Film.
Εμφανίστε μου αυτό το φιλμ, παρακαλώ.
eɱfa'nistɛmu a'ftɔ tɔ film, paraka'lɔ

Wann wird er fertig sein?
Πότε θα είναι έτοιμο;
'pɔtɛ θa 'inɛ 'ɛtimɔ

Von jedem Negativ bitte *einen Abzug / eine Vergrößerung*.
Από κάθε αρνητικό *ένα αντίτυπο / μία μεγένθυση*, παρακαλώ.
a'pɔ 'kaθɛ arniti'kɔ 'ɛna a'ňditipɔ / 'mia mɛ'jɛňθisi, paraka'lɔ

– sieben mal zehn.
– επτά επί δέκα.
ε'pta ε'pi 'ðεka

– neun mal neun.
– εννέα επί εννέα.
ε'nεa ε'pi ε'nεa

– neun mal dreizehn.
– εννέα επί δεκατρία.
ε'nεa ε'pi ðεka'tria

Können Sie das etwas retuschieren?
Μπορείτε να το ρετουσάρετε λίγο;
bɔ'ritε na tɔ rεtu'sarεtε 'liγɔ

Ich möchte ...
Θέλω ...
'θεlɔ

– einen Kassettenfilm.
– ένα φιλμ-κασέτα.
'εna film-ka'sεta

– einen Super-8-Farbfilm.
– ένα έγχρωμο σούπερ οχτώ φιλμ.
'εna 'εŋ̃xrɔmɔ 'supεr ɔ'xtɔ film

– einen 16 mm Farbfilm.
– ένα έγχρωμο φιλμ δεκά χιλιοστών.
'εna 'εŋ̃xrɔmɔ film ðε'ka çilĭɔ'stɔn

– einen Schwarzweiß-Schmalfilm.
– ένα ασπρόμαυρο φιλμ οχτώ χιλιοστών.
'εna a'sprɔmavrɔ film ɔ'xtɔ çilĭɔ'stɔn

– einen 35 mm Film.
– ένα φιλμ τριάντα πέντε χιλιοστών.
'εna film 'trjaňda 'pεňdε çilĭɔ'stɔn

– einen Farbfilm für Dias.
– ένα έγχρωμο φιλμ για σλάιτς (διαφάνειες).
'εna 'εŋ̃xrɔmɔ film ja 'slaits (ðĭa'fanĭεs)

– einen *36er / 20er* Film.
– ένα φιλμ των *τριάντα έξι / είκοσι*.
'εna film tɔn 'trjaňda 'εksi / 'ikɔsi.

Würden Sie mir den Film bitte einlegen?
Βάζετε, παρακαλώ, το φιλμ στη μηχανή!
'vazεtε, paraka'lɔ, tɔ film sti mixa'ni

Abzug	αντίτυπο	a'ňditipɔ
– **Farbabzug**	έγχρωμο αντίτυπο	'εŋ̆xrɔmɔ a'ňditipɔ
Aufnahme	φωτογραφία	fɔtɔɣra'fia
Auslöser	κουμπί	ku'm̆bi
– **Selbstauslöser**	αυτόματο	a'ftɔmatɔ
belichten	φωτίζω	fɔ'tizɔ
Belichtungsmesser	φωτόμετρο	fɔ'tɔmεtrɔ
Bild	φωτογραφία	fɔtɔɣra'fia
Blende	(το) διάφραγμα	'ðjafraɣma
Blitzlichtbirne	(το) φλας	flas
Blitzwürfel	κύβος φλας	'ķivɔs flas
Diapositiv	(το) σλάιτς, διαφάνεια	'slaits, ðĭa'fanĭa
Diarähmchen	πλαίσιο διαφανειών	'plεsĭɔ ðĭafa'njɔn
entwickeln	εμφανίζω	εŋfa'nizɔ
Farbfilm	έγχρωμο φιλμ	'εŋ̆xrɔmɔ film
Film	(το) φιλμ	film
filmen	γυρίζω φιλμ	ji'rizɔ film
Filmkamera	κινηματογραφική μηχανή	ķinimatɔɣrafi'ķi mixa'ni
Fotoapparat	φωτογραφική μηχανή	fɔtɔɣrafi'ķi mixa'ni
fotografieren	φωτογραφίζω	fɔtɔɣra'fizɔ
Gelbfilter	κίτρινο φίλτρο	'ķitrinɔ 'filtrɔ
Negativ	αρνητικό	arniti'kɔ
Negativ-Farbfilm	αρνητικό έγχρωμου φιλμ	arniti'kɔ 'εŋ̆xrɔmu film
Objektiv	φακός	fa'kɔs
Papier	χαρτί	xar'ti
– **glänzend**	γυαλιστερό	jalistε'rɔ
– **matt**	ματ	mat
Schmalfilm	μικροφίλμ	mikrɔ'film
Stativ	τρίποδας	'tripɔðas
Sucher	ερευνητής	εrεvni'tis
Tageslichtfilm	(το) φιλμ ημερησίου φωτός	film imεri'siu fɔ'tɔs
Umkehrfilm	(το) φιλμ εγχρώμων φωτογραφιών	film ε'ŋ̆xrɔmɔn fɔtɔɣra'fjɔn
Vergrößerung	μεγέθυνση	mε'jεθiňsi
Verschluß	φωτοφράκτης	fɔtɔ'fraktis
Weitwinkelobjektiv	ευρυγώνιο	εvri'ɣɔnĭɔ

Juwelier

Anhänger	μενταγιόν	mεda'jɔn
Armband	βραχιόλι	vra'çjɔli
Bernstein	κεχριμπάρι	ķεxri'm̃bari
Brillant	(το) μπριγιάν	bri'jan
Brosche	καρφίτσα	kar'fitsa
Ehering	βέρα	'vεra
Gold	χρυσός	xri'sɔs
Kette	αλυσίδα	ali'siða
Manschettenknöpfe	(τα) μανικετόκουμπα	maniķε'tɔkum̃ba
Modeschmuck	(τα) κοσμήματα μόδας	kɔ'zmimata 'mɔðas
Ohrklips	(τα) σκουλαρίκια με κλιπς	skula'riķĭa mε klips
Ohrringe	(τα) σκουλαρίκια	skula'riķĭa
Perlen	(τα) μαργαριτάρια	marɣari'tarĭa
Ring	δακτυλίδι	ðakti'liði
Schmuck	(το) κόσμημα	'kɔzmima
Silber	ασήμι	a'simi
vergoldet	επίχρυσο	ε'pixrisɔ
versilbert	επάργυρο	ε'parjirɔ

Uhrmacher

Können Sie die Uhr reparieren?
Μπορείτε να διορθώσετε το ρολόι;
bɔ'ritε na ðĭɔr'θɔsεtε tɔ rɔ'lɔi

Sie geht *vor* / *nach*.
Πάει *μπροστά* / *πίσω*.
'pai brɔ'sta / 'pisɔ

Wieviel wird die Reparatur kosten?
Πόσο θα κοστίσει η επισκευή;
'pɔsɔ θa kɔ'stisi i episķε'vi

Armbanduhr	ρολόι χεριού	rɔ'lɔi çε'rĭu
Feder	σούστα, ελατήριο	'susta, εla'tirĭɔ
Glas	γυαλί, τζάμι	ja'li, 'dzami
Stoppuhr	χρονόμετρο	xrɔ'nɔmεtrɔ
Taschenuhr	ρολόι τσέπης	rɔ'lɔi 'tsεpis
Uhr	ρολόι	rɔ'lɔi

Uhrenarmband	λουράκι ρολογιού	lu'rak̡i rɔlɔ'ju
Wanduhr	ρολόι τοίχου	rɔ'lɔi 'tixu
Wecker	ξυπνητήρι	ksipni'tiri
Zeiger	ωροδείκτης	ɔrɔ'ðiktis
Zifferblatt	πλάκα ρολογιού	'plaka rɔlɔ'ju

Kleidung, Wäsche

Beachten Sie: Die Konfektionsgrößen in Griechenland unterscheiden sich oft von den in Deutschland üblichen.

Kann ich es anprobieren?
Μπορώ να το δοκιμάσω;
bɔ'rɔ na tɔ ðɔk̡i'masɔ

Ich habe Größe ...
Φοράω το νούμερο ...
fɔ'raɔ tɔ 'numɛrɔ

Das ist ...	Είναι ...	'inɛ ...
zu knapp	πολύ στενό	pɔ'li stɛ'nɔ
zu kurz	πολύ κοντό	pɔ'li kɔ'ndɔ
zu lang	πολύ μακρύ	pɔ'li ma'kri
zu weit	πολύ φαρδύ	pɔ'li far'ði

Kann es geändert werden?
Μπορείτε να το αλλάξετε;
bɔ'ritɛ na tɔ a'laksɛtɛ

... paßt nicht.
... δεν μου πάει.
... ðɛn mu 'pai

Gibt es das auch in anderen Farben?
Υπάρχει και σε άλλα χρώματα;
i'parçi k̡ɛ sɛ 'ala 'xrɔmata

Aus welchem Stoff ist das?
Από τι ύφασμα είναι;
a'po ti 'ifazma 'inɛ

Anorak	(το) άνορακ	'anɔrak
Anzug	κοστούμι	kɔ'stumi
Badeanzug	(το) μαγιώ	ma'jɔ
Badehose	(το) μαγιώ	ma'jɔ
Bademantel	μπουρνούζι	bur'nuzi
Bademütze	σκουφάκι μπάνιου	sku'faĭk̡i 'baniu

Bikini	μπικίνι	bi'ķini
Blue jeans	(το) τζιν	dzin
Bluse	μπλούζα	'bluza
Büstenhalter	(το) σουτιέν	su'tjɛn
Freizeithemd	σπορ πουκάμισο	spɔr pu'kamisɔ
Halstuch	μαντήλι	ma'ndili
Handschuhe	(τα) γάντια	'ɣaňdĭa
Hemd	πουκάμισο	pu'kamisɔ
– mit kurzen Ärmeln	κοντομάνικο	kɔňdɔ'manikɔ
Hose	παντελόνι	paňdɛ'lɔni
– kurze Hose	κοντό παντελόνι	kɔ'ňdɔ paňdɛ'lɔni
Hosenanzug	κοστούμι	kɔ'stumi
Hüfthalter	ζαρτιέρα	zar'tjɛra
Hut	καπέλο	ka'pɛlo
– Strohhut	ψάθινο καπέλο	'psaθinɔ ka'pɛlɔ
Jacke	ζακέτα	za'ķɛta
Jackenkleid	(το) φόρεμα με ζακέτα	'fɔrɛma mɛ za'ķɛta
Jackett	σακάκι	sa'kaĭķi
Kleid	(το) φόρεμα, φουστάνι	'fɔrɛma, fu'stani
Kniestrümpfe	κάλτσες ως το γόνατο	'kaltsɛs ɔs tɔ 'ɣɔnatɔ
Kostüm	(το) ταγιέρ	ta'jɛr
Krawatte	γραβάτα	ɣra'vata
Lederhose	δερμάτινο παντελόνι	ðɛr'matinɔ paňdɛ'lɔni
Lederjacke	δερμάτινο σακάκι	ðɛr'matinɔ sa'kaĭķi
Ledermantel	δερμάτινο παλτό	ðɛr'matinɔ pal'tɔ
Mantel	παλτό	pal'tɔ
Mieder	κορσές	kɔr'sɛs
Morgenrock	ρόμπα	'rɔba
Mütze	σκούφος	'skufɔs
Nachthemd	νυχτικό, πυτζάμα	nixti'kɔ, pi'dzama
– Damennachthemd	νυχτικό	nixti'kɔ
Oberhemd	πουκάμισο	pu'kamisɔ
Pelzjacke	γούνινη ζακέτα	'ɣunini za'ķɛta
Pelzmantel	παλτό γούνινο	pal'tɔ 'ɣuninɔ
Pullover	(το) πουλόβερ	pu'lɔvɛr
Regenmantel	αδιάβροχο	a'ðjavrɔxɔ
Rock	φούστα	'fusta
Sakko	σακάκι	sa'kaĭķi

Schal	(το) κασκόλ	ka'skɔl
Schihose	παντελόνι σκι	pañdɛ'lɔni sk̡i
Schlafanzug	πυτζάμα	pi'dzama
Schlüpfer, Slip	κιλότα, (το) σλιπ	k̡i'lɔta, slip
Schürze	ποδιά	pɔ'ðja
Shorts	(τα) σορτς	sɔrts
Socken	(τα) σοσόνια, (οι) κάλτσες	sɔ'sɔnĭa, 'kaltsɛs
Sommerkleid	καλοκαιρινό φόρεμα	kalɔk̡ɛri'nɔ 'fɔrɛma
Sporthemd	πουκάμισο σπορ	pu'kamisɔ spɔr
Stola	σάλι	'sali
Strickjacke	πλεκτή ζακέτα	plɛ'kti za'k̡ɛta
Strümpfe	(οι) κάλτσες	'kaltsɛs
Strumpfhaltergürtel	ζαρτιέρα	zar'tjɛra
Strumpfhose	καλσόν	kal'sɔn
Taschentuch	μαντήλι	ma'ñdili
Trainingsanzug	φόρμα	'fɔrma
Trainingshose	παντελόνι φόρμας	pañdɛ'lɔni 'fɔrmas
Unterhemd	φανέλα	fa'nɛla
Unterhose	σώβρακο	'sɔvrakɔ
Unterrock	κομπιναιζόν	kɔm̃binɛ'zɔn
Unterwäsche	εσώρουχα	ɛ'sɔruxa
Weste	γιλέκο	ji'lɛkɔ
Windjacke	αδιάβροχο σακάκι	a'ðjavrɔxɔ sa'kaĭk̡i

Stoffe

Baumwolle	βαμβακερό	vaŋvak̡ɛ'rɔ
Flanell	φανέλα	fa'nɛla
Kunstfaser	συνθετική ίνα	siñθɛti'k̡i 'ina
Leinen	λινό	li'nɔ
Nylon	νάυλον	'nailɔn
Samt	βελούδο	vɛ'luðɔ
Seide	μετάξι	mɛ'taksi
– Kunstseide	τεχνητό μετάξι	tɛxni'tɔ mɛ'taksi
Stoff	(το) ύφασμα	'ifazma
– bunt	χρωματιστό	xrɔmati'stɔ
– einfarbig	μονόχρωμο	mɔ'nɔxrɔmɔ
– gemustert	εμπριμέ	ɛm̃bri'mɛ
– gestreift	ριγέ	ri'jɛ

– **kariert**	καρώ	ka'rɔ
Tuch	πανί	pa'ni
Wolle	μαλλί	ma'li
– **reine Wolle**	καθαρό μαλλί	kaθa'rɔ ma'li

Farben

beige	μπεζ	bεz
blau	μπλε	blε
– **dunkelblau**	σκούρο μπλε	'skurɔ blε
– **hellblau**	ανοιχτό μπλε, γαλάζιο	ani'xtɔ blε, ɣa'lazĭɔ
blond	ξανθό	ksa'ňθɔ
braun	καφέ	ka'fε
– **kastanienbraun**	καστανό	kasta'nɔ
bunt	χρωματιστό, πολύχρωμο	xrɔmati'stɔ, pɔ'lixrɔmɔ
Farbe	(το) χρώμα	'xrɔma
farbig	χρωματιστό	xrɔmati'stɔ
– **einfarbig**	μονόχρωμο	mɔ'nɔxrɔmɔ
gelb	κίτρινο	'ķitrinɔ
golden	χρυσό	xri'sɔ
grau	γκρι	gri
– **aschgrau**	σταχτί	sta'xti
– **dunkelgrau**	σκούρο γκρι	'skurɔ gri
– **hellgrau**	ανοιχτό γκρι	ani'xtɔ gri
grün	πράσινο	'prasinɔ
– **dunkelgrün**	σκούρο πράσινο	'skurɔ 'prasinɔ
– **hellgrün**	ανοιχτό πράσινο	ani'xtɔ 'prasinɔ
lila	μωβ	mɔv
orangefarben	πορτοκαλί	pɔrtɔka'li
rosa	ροζ	rɔz
rot	κόκκινο	'kɔķinɔ
– **dunkelrot**	σκούρο κόκκινο	'skurɔ 'kɔķinɔ
– **hellrot**	ανοιχτό κόκκινο	ani'xtɔ 'kɔķinɔ
– **weinrot**	βυσσινί	visi'ni
schwarz	μαύρο	'mavrɔ
silbern	ασημένιο	asi'mεnĭɔ
violett	μενεξεδένιο	mεnεksε'ðεnĭɔ
weiß	άσπρο	'asprɔ

Kurzwaren, Zubehör

Band	κορδέλα	kɔr'ðɛla
Druckknopf	σούστα	'susta
Faden	κλωστή	klɔ'sti
Fingerhut	δαχτυλήθρα	ðaxti'liθra
Futter	φόδρα	'fɔðra
Garn	κλωστή	klɔ'sti
Gummiband	λάστιχο	'lastixɔ
Gürtel	ζώνη	'zɔni
Haken u. Ösen	κόπιτσα	'kɔpitsa
Hosenträger	(οι) τιράντες	ti'rañdɛs
Knopf	κουμπί	ku'm̃bi
Nadel	βελόνα	vɛ'lɔna
Nähgarn	κλωστή	klɔ'sti
Nähnadel	βελόνα	vɛ'lɔna
Reißverschluß	(το) φερμουάρ	fɛrmu'ar
Schere	ψαλίδι	psa'liði
Schnalle	αγκράφα	a'ŋ̃grafa
Schweißblatt	(το) σουμπρά	su'bra
Sicherheitsnadel	παραμάνα	para'mana
Stecknadel	καρφίτσα	kar'fitsa
Stopfgarn	κλωστή για μαντάρισμα	klɔ'sti ja ma'ndarizma
Strumpfhalter	ζαρτιέρα	zar'tjɛra
Wolle	μαλλί	ma'li
Zentimetermaß	μεζούρα	mɛ'zura
Zubehör	(το) αξεσουάρ	aksɛsu'ar
Zwirn	κλωστή (κουβαρίστρα)	klɔ'sti (kuva'ristra)

Reinigung, Reparaturen

Ich möchte *dieses Kleid / diesen Anzug* reinigen lassen.
Θέλω να δώσω αυτό το *φόρεμα / κοστούμι* για καθάρισμα.
'θɛlɔ na 'ðɔsɔ a'ftɔ tɔ 'fɔrɛma / kɔ'stumi ja ka'θarizma

Ich möchte diese Wäsche waschen lassen.
Θέλω να δώσω αυτά τα ρούχα για πλύσιμο.
'θɛlɔ na 'ðɔsɔ a'fta ta 'ruxa ja 'plisimɔ

Können Sie *dies aufbügeln / diesen Fleck entfernen*?
Μπορείτε να *το σιδερώσετε / βγάλετε αυτό τον λεκέ;*
bɔ'ritɛ na tɔ siðɛ'rɔsɛtɛ / 'vɣalɛtɛ a'ftɔ tɔn lɛ'ķɛ

Können Sie *dies stopfen / diesen Knopf annähen*?
Μπορείτε να *το μαντάρετε / ράψετε αυτό το κουμπί;*
bɔ'ritɛ na tɔ ma'ňdarɛtɛ / 'rapsɛtɛ a'ftɔ tɔ ku'm̆bi

Würden Sie mir diese Laufmaschen aufnehmen?
Μπορείτε να πιάσετε αυτούς τους πόντους;
bɔ'ritɛ na 'pjasɛtɛ a'ftus tus 'pɔňdus

Können Sie das etwas *länger / kürzer* machen?
Μπορείτε να το *μακρύνετε / κοντήνετε;*
bɔ'ritɛ na tɔ ma'krinɛtɛ / kɔ'ňdinɛtɛ

Wann wird es fertig sein?
Πότε θα είναι έτοιμο;
'pɔtɛ θa 'inɛ 'ɛtimɔ

Optiker

Können Sie diese Brille reparieren?
Μπορείτε να μου διορθώσετε αυτά τα γυαλιά;
bɔ'ritɛ na mu ðĭɔr'θɔsɛtɛ a'fta ta ja'lja

Ich brauche Gläser mit ... Dioptrien.
Χρειάζομαι γυαλιά με ... βαθμούς.
xri'azɔmɛ ja'lja me ... va'θmus

Ich bin *kurzsichtig / weitsichtig*.
'Εχω *μυωπία / πρεσβυωπία.*
'ɛxɔ miɔ'pia / prɛzviɔ'pia

Das Gestell ist verbogen.
Ο σκελετός έχει στραβώσει.
ɔ sķɛlɛ'tɔs 'ɛçi stra'vɔsi

Haben Sie Kontaktlinsenflüssigkeit?
'Εχετε υγρό για φακούς επαφής;
'ɛçɛtɛ i'ɣrɔ ja fa'kus ɛpa'fis

Eine Sonnenbrille bitte!
'Ενα ζευγάρι γυαλιά ηλίου παρακαλώ!
'ɛna zɛ'vɣari ja'lĭa i'liu paraka'lɔ

Brille	(τα) γυαλιά	ja'lja
Brillenetui	θήκη γυαλιών	'θiķi ja'ljɔn
Brillenfassung	σκελετός γυαλιών	sķɛlɛ'tɔs ja'ljɔn
Lupe	φακός	fa'kɔs
Sonnenbrille	(τα) γυαλιά ηλίου	ja'lja i'liu

Schuhe

Ich habe Größe ...
Φοράω νούμερο ...
fɔ'raɔ 'numɛrɔ

Ich möchte ein Paar ...
Θέλω ένα ζευγάρι ...
'θɛlɔ 'ɛna zɛ'vɣari

Badeschuhe	παπούτσια μπάνιου	pa'putsĭa 'banĭu
Damenschuhe	γυναικεία παπούτσια	jinɛ'ķia pa'putsĭa
Halbschuhe	δετά παπούτσια	ðɛ'ta pa'putsĭa
Hausschuhe	παντόφλες	pa'ňdɔflɛs
Kinderschuhe	παιδικά παπούτσια	pɛði'ka pa'putsĭa
Sandalen	σανδάλια	sa'ňðalĭa
Stiefel	μπότες	'bɔtɛs
– Schistiefel	μπότες σκι	'bɔtɛs ski
Strandschuhe	σαγιονάρες	sajɔ'narɛs
Turnschuhe	παπούτσια αθλητικά	pa'putsĭa aθliti'ka

Sie sind zu *eng / weit*.
Μου είναι *στενά / φαρδιά*.
mu 'inɛ stɛ'na / far'ðja

Hier drücken sie.
Με πιέζουν εδώ.
mɛ 'pjɛzun ɛ'ðɔ

Sie sind zu *klein / groß*.
Μου είναι *μικρά / μεγάλα*.
mu 'inɛ mi'kra / mɛ'ɣala

Diese passen gut.
Αυτά μου κάνουν.
a'fta mu 'kanun

Absatz	τακούνι	ta'kuni
– flach	ίσιο (τακούνι)	'isĭɔ (ta'kuni)
– hoch	ψηλό (τακούνι)	psi'lɔ (ta'kuni)
besohlen	βάζω σόλες	'vazɔ 'sɔlɛs
Einlegesohle	πάτος	'patɔs
Leder	(το) δέρμα	'ðɛrma
– Rindleder	τελατίνι	tɛla'tini
– Wildleder	καστόρι	ka'stɔri
Ledersohle	δερμάτινη σόλα	ðɛr'matini 'sɔla
Schnürsenkel	(τα) κορδόνια	kɔr'ðɔnĭa
Schuhanzieher	κόκαλο	'kɔkalɔ
Schuhkrem	βερνίκι	vɛr'niķi
Sohle	σόλα	'sɔla

Tabakladen

Ein Päckchen ... *Zigaretten* / *Tabak*.
'Ενα πακέτο *τσιγάρα* ... / *καπνό*.
'ɛna pa'ķɛtɔ tsi'ɣara ... / ka'pnɔ

Haben Sie deutsche Zigaretten?
'Εχετε γερμανικά τσιγάρα;
'ɛçɛtɛ jɛrmani'ka tsi'ɣara

Zwanzig Zigarren, bitte.
Είκοσι πούρα, παρακαλώ.
'ikɔsi 'pura, paraka'lɔ

Würden Sie mir bitte das Feuerzeug füllen?
Μου γεμίζετε τον αναπτήρα, παρακαλώ;
mu jɛ'mizɛtɛ tɔn ana'ptira, paraka'lɔ

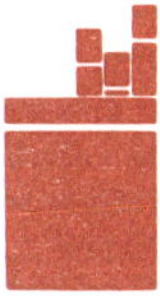

Eine Schachtel Streichhölzer, bitte.
'Ενα κουτί σπίρτα, παρακαλώ.
'ɛna ku'ti 'spirta, paraka'lɔ

Feuerstein	πέτρα (αναπτήρα)	'pɛtra (ana'ptira)
Feuerzeug	αναπτήρας	ana'ptiras
Feuerzeugbenzin	βενζίνη για αναπτήρα	vɛ'ňzini ja ana'ptira
Gasfeuerzeug	αναπτήρας με γκάζι	ana'ptiras mɛ 'gazi
Pfeife	πίπα	'pipa
Pfeifenreiniger	καθαριστήρι πίπας	kaθari'stiri 'pipas
Streichhölzer	(τα) σπίρτα	'spirta
Tabak	καπνός	ka'pnɔs
Zigarette	τσιγάρο	tsi'ɣarɔ
– mit Filter	με φίλτρο	mɛ 'filtrɔ
– ohne Filter	χωρίς φίλτρο	xɔ'ris 'filtrɔ
Zigarillo	πουράκι	pu'raïķi
Zigarre	πούρο	'purɔ

Toilettenartikel

Augenbrauenstift	μολύβι για τα φρύδια	mɔ'livi ja ta 'friðïa
Babypuder	(το) ταλκ	talk
Badesalz	αφρόλουτρο	a'frɔlutrɔ
Bürste	βούρτσα	'vurtsa

Creme	κρέμα	'krεma
Damenbinden	(οι) σερβιέτες	sεr'vĭεtεs
Deodorant	αποσμητικό	apɔzmiti'kɔ
Färbemittel	(το) χρώμα	'xrɔma
Fön	πιστολάκι	pistɔ'laĭķi
Haarbürste	βούρτσα	'vurtsa
Haarfestiger	(η) λακ	lak
Haarklemmen	(τα) τσιμπιδάκια	tsim̆bi'ðaĭķĭa
Haarnadel	φουρκέτα	fur'ķεta
Haarnetz	δίχτυ μαλλιών	'ðixti ma'ljɔn
Haarspray	(η) λακ	lak
Haarwaschmittel	(το) σαμπουάν	sam̆bu'an
Handtuch	πετσέτα	pε'tsεta
Hautkrem	κρέμα	'krεma
Kamm	χτένα	'xtεna
Kleiderbürste	βούρτσα για τα ρούχα	'vurtsa ja ta 'ruxa
Kölnisch Wasser	κολώνια	kɔ'lɔnĭa
Lack	βερνίκι	vεr'niķi
Lidschatten	σκιά για τα μάτια	skja ja ta 'matĭa
Lidstrich	(το) αϊ λάινερ	'ai 'lainεr
Lippenstift	κραγιόν	kra'jɔn
Lockenwickel	μπικουτί	biku'ti
Mundwasser	αποσμητικό για το στόμα	apɔzmiti'kɔ ja tɔ 'stɔma
Nagelfeile	λίμα	'lima
Nagellack	βερνίκι νυχιών	vεr'niķi ni'çĭɔn
Nagellackentferner	ασετόν	asε'tɔn
Nagelschere	νυχοκόπτης	nixɔ'kɔptis
Papiertaschentücher	(τα) χαρτομάντηλα	xartɔ'man̆dila
Parfüm	(το) άρωμα	'arɔma
Pinzette	τσιμπιδάκι	tsim̆bi'ðaĭķi
Puder	πούδρα	'puðra
– **Körperpuder**	(το) ταλκ	talk
Puderdose	πουδριέρα	pu'ðrjεra
Puderquaste	πομπόν πούδρας	pɔ'm̆bɔn 'puðras
Rasierapparat	ξυριστική μηχανή	ksiristi'ķi mixa'ni
Rasierklingen	(τα) ξυραφάκια	ksira'faĭķĭa
Rasierkrem	κρέμα ξυρίσματος	'krεma ksi'rizmatɔs
Rasiermesser	ξυράφι	ksi'rafi
Rasierpinsel	πινέλο ξυρίσματος	pi'nεlɔ ksi'rizmatɔs

Rasierseife	σαπούνι ξυρίσματος	sa'puni ksi'rizmatɔs
Rasierwasser	κολώνια ξυρίσματος	kɔ'lɔnĭa ksi'rizmatɔs
– nach der Rasur	μετά το ξύρισμα	mɛ'ta tɔ 'ksirizma
– vor der Rasur	πριν το ξύρισμα	prin tɔ 'ksirizma
Reinigungscreme	κρέμα καθαρισμού	'krɛma kaθari'zmu
Rouge	(το) ρουζ	ruz
Schere	ψαλίδι	psa'liði
Schwamm	σφουγγάρι	sfu'ŋ̆gari
Seife	σαπούνι	sa'puni
Shampoo	(το) σαμπουάν	sam̆bu'an
– mild	ελαφρό	ɛla'frɔ
Sonnenkrem	κρέμα ηλίου	'krɛma i'liu
Sonnenöl	λάδι ηλίου	'laði i'liu
Spange	κοκαλάκι	kɔka'laĭķi
Spiegel	καθρέφτης	ka'θrɛftis
Tampons	ταμπόν	tam'pɔn
Toilettenartikel	(τα) είδη τουαλέτας	'iði tua'lɛtas
Toilettenpapier	χαρτί υγείας	xar'ti i'jias
Trockenrasierer	ηλεκτρική ξυριστική μηχανή	ilɛktri'ķi ksiristi'ķi mixa'ni
Waschlappen	γάντι πλυσίματος	'ɣañdi pli'simatɔs
Wimperntusche	μάσκαρα	'maskara
Zahnbürste	οδοντόβουρτσα	ɔðɔ'ňdɔvurtsa
Zahnpasta	οδοντόκρεμα	ɔðɔ'ňdɔkrɛma

Verschiedenes

Aktentasche	τσάντα, χαρτοφύλακας	'tsañda, xartɔ'filakas
Aschenbecher	σταχτοδοχείο, τασάκι	staxtɔðɔ'çiɔ, ta'saĭķi
Ball	τόπι, μπάλα	'tɔpi, 'bala
Batterie	μπαταρία	bata'ria
Bild	εικόνα, φωτογραφία	i'kɔna, fɔtɔɣra'fia
Bindfaden	σπάγγος	'spaŋ̆gɔs
Bonbons	(οι) καραμέλες	kara'mɛlɛs
Brieftasche	πορτοφόλι	pɔrtɔ'fɔli

Büchsenöffner	ανοιχτήρι για κονσέρβες	ani'xtiri ja kɔn'sεrvεs
Campingbeutel	σακίδιο	sa'ķiðĭɔ
Flaschenöffner	ανοιχτήρι	ani'xtiri
Fleckenwasser	νερό για λεκέδες	nε'rɔ ja lε'ķεðεs
Gummitier	ζώο λαστιχένιο	'zɔɔ lasti'çεnĭɔ
Handarbeiten	(τα) χειροτεχνήματα	çirɔtε'xnimata
Hängematte	αιώρα	ε'ɔra
Holzschnitzereien	(τα) ξυλόγλυπτα	ksi'lɔɣlipta
Kassette	κασέτα	ka'sεta
Kassettenrecorder	κασετόφωνο	kasε'tɔfɔnɔ
Keramik	(τα) κεραμικά	ķεrami'ka
Kerze	κερί	ķε'ri
Kerzenständer	κηροπήγιο	ķirɔ'pijiɔ
Klebefolie	(το) σελοτέιπ	sεlɔ'tεip
Koffer	βαλίτσα	va'litsa
Konserven	(οι) κονσέρβες	kɔ'ňsεrvεs
Korb	καλάθι	ka'laθi
Korkenzieher	τιρμπουσόν	tirbu'sɔn
Leine	σχοινί	sçi'ni
Papierservietten	(οι) χαρτοπετσέτες	xartɔpε'tsεtεs
Plastikbeutel	(οι) πλαστικές σακούλες	plasti'ķεs sa'kulεs
Portemonnaie	πορτοφόλι	pɔrtɔ'fɔli
Porzellan	πορσελάνη	pɔrsε'lani
Puppe	κούκλα	'kukla
Regenschirm	ομπρέλα	ɔ'm̆brεla
Rucksack	σακίδιο	sa'kiðĭɔ
Schallplatte	δίσκος	'ðiskɔs
Spielkarten	τράπουλα	'trapula
Spielzeug	παιχνίδι	pε'xniði
Spirituskocher	καμινέτο, γκαζάκι	kami'nεtɔ, ga'zaĭķi
Tasche	τσάντα	'tsaňda
Taschenlampe	φακός	fa'kɔs
Taschenmesser	σουγιάς	su'jas
Thermometer	θερμόμετρο	θεr'mɔmεtrɔ
Thermosflasche	θερμός	θεr'mɔs
Untersetzer	(το) σου-βερ	su'vεr
Vase	βάζο	'vazɔ
Waschpulver	σκόνη για πλύσιμο, απορρυπαντικό	'skɔni ja 'plisimɔ, apɔripaňdi'kɔ

POST, TELEGRAMM, TELEFON

Postamt

Wo ist das Postamt?
Πού είναι το ταχυδρομείο;
pu 'inɛ tɔ taçiðrɔ'miɔ

Gibt es hier in der Nähe ein Postamt?
Υπάρχει εδώ κοντά ταχυδρομείο;
i'parçi ɛ'ðɔ kɔ'ňda taçiðrɔ'miɔ

Wo ist ein Briefkasten?
Πού υπάρχει γραμματοκιβώτιο;
pu i'parçi ɣramatɔķi'vɔtĭɔ

Ein Brief nach ... bitte.
Παρακαλώ, ένα γράμμα για ...
paraka'lɔ, 'ɛna 'ɣrama ja

Eine Karte nach ... bitte.
Παρακαλώ, μία κάρτα για ...
paraka'lɔ 'mia 'karta ja

Was kostet *dieser Brief / diese Karte*?
Πόσο κάνει *αυτό το γράμμα / αυτή η κάρτα*;
'pɔsɔ 'kani a'ftɔ tɔ 'ɣrama / a'fti i 'karta

– nach Deutschland.
– για την Γερμανία.
ja tin jɛrma'nia

– nach Österreich.
– για την Αυστρία.
ja tin af'stria

– in die Schweiz.
– για την Ελβετία.
ja tin ɛlvɛ'tia

Bitte fünf Briefmarken zu ...
Παρακαλώ, πέντε γραμματόσημα των ...
paraka'lɔ, 'pɛňdɛ ɣrama'tɔsima tɔn

Per Einschreiben bitte!
Συστημένο παρακαλώ!
sisti'mɛnɔ paraka'lɔ

Als Eilsendung bitte!
Επείγον παρακαλώ!
ɛ'piɣɔn paraka'lɔ

Wie lange geht ein *Brief / Paket* nach ...?
Πόσο κάνει ένα *γράμμα / δέμα* για ...;
'pɔso 'kani 'ɛna 'ɣrama / 'ðɛma ja

Wo ist die *Paketannahme / Paketausgabe*?
Πού είναι η θυρίδα για τα δέματα;
pu 'inɛ i θi'riða ja ta 'ðɛmata

Brauche ich eine Zollerklärung?
Χρειάζομαι τελωνιακή δήλωση;
xri'azɔmɛ tɛlɔnĭa'ķi 'ðilɔsi

Wieviel beträgt das Porto für ...
Τι γραμματόσημα χρειάζονται για ...
ti ɣrama'tɔsima xri'azɔn̆dɛ ja

eine Ansichtskarte ...	μία κάρτα	'mia 'karta
diesen Auslandsbrief .	αυτό το γράμμα εξωτερικού	a'ftɔ tɔ 'ɣrama ɛksɔtɛri'ku
diese Drucksache	αυτό το έντυπο	a'ftɔ tɔ 'ɛn̆dipɔ
einen Eilbrief	αυτό το επείγον	a'ftɔ tɔ ɛ'piɣɔn
einen Einschreibebrief	ένα συστημένο γράμμα	'ɛna sisti'mɛnɔ 'ɣrama
einen Inlandsbrief ...	ένα γράμμα εσωτερικού	'ɛna 'ɣrama ɛsɔtɛri'ku
eine Inlandskarte	μία κάρτα εσωτερικού	'mia 'karta ɛsɔtɛri'ku
diesen Luftpostbrief ..	αυτό το αεροπορικό γράμμα	a'ftɔ tɔ aɛrɔpɔri'kɔ 'ɣrama
dieses Päckchen	αυτό το πακέτο	a'ftɔ tɔ pa'k̨ɛtɔ
dieses Paket	αυτό το δέμα	a'ftɔ tɔ 'ðɛma
eine Postkarte	μία κάρτα	'mia 'karta

Kann ich hier Geld umtauschen?
Μπορώ να αλλάξω χρήματα εδώ;
bɔ'rɔ na a'laksɔ 'xrimata ɛ'ðɔ

Eine *Postanweisung / Zahlkarte*, bitte.
Μία ταχυδρομική επιταγή, παρακαλώ.
'mia taçiðrɔmi'k̨i ɛpita'ji, paraka'lɔ

Ich möchte diesen Scheck einlösen.
Θέλω να εξαργυρώσω αυτό το τσεκ.
'θɛlɔ na ɛksarji'rɔsɔ a'ftɔ tɔ tsɛk

Für Briefmarkensammler:

Haben Sie auch Sondermarken?
Έχετε και αναμνηστικά γραμματόσημα;
'ɛçɛtɛ k̨ɛ anamnisti'ka ɣrama'tɔsima

Je zwei Stück, bitte.
Από δύο, παρακαλώ.
a'pɔ 'ðiɔ, paraka'lɔ

Diesen Briefmarkensatz, bitte.
Αυτή τη σειρά γραμματοσήμων, παρακαλώ.
a'fti ti si'ra ɣramatɔ'simɔn, paraka'lɔ

Postlagernd:

Ist Post für mich da?
'Εχω γράμματα;
'ɛxɔ 'ɣramata

Mein Name ist ...
Λέγομαι ...
'lɛɣɔmɛ

Ich möchte meine Post nachsenden lassen.
Θέλω να στείλετε τα γράμματά μου σ' αυτή τη διεύθυνση.
'θɛlɔ na 'stilɛtɛ ta 'ɣrama'ta mu sa'fti ti ði'ɛfθiňsi

Hier ist meine neue Adresse.
Αυτή είναι η καινούργια μου διεύθυνση.
a'fti 'inɛ i ķɛ'nurjamu ði'ɛfθiňsi

***Bitte hier unterschreiben.**
Υπογράψετε εδώ, παρακαλώ!
ipɔ'ɣrapsɛtɛ ɛ'ðɔ, paraka'lɔ

Telegramme

Ein Telegrammformular, bitte!
'Ενα έντυπο τηλεγραφήματος, παρακαλώ!
'ɛna 'ɛňdipɔ tilɛɣra'fimatɔs, paraka'lɔ

Ich möchte ... aufgeben.
Θέλω να στείλω ...
'θɛlɔ na 'stilɔ

ein Telegramm	ένα τηλεγράφημα ..	'ɛna tilɛ'ɣrafima
– **mit bezahlter Rückantwort**	με πληρωμένη απάντηση	mɛ pliro'mɛni a'paňdisi
ein dringendes Telegramm	ένα επείγον τηλεγράφημα	'ɛna ɛ'piɣɔn tilɛ'ɣrafima
ein Brieftelegramm ..	ένα απλό τηλεγράφημα............	'ɛna a'plɔ tilɛ'ɣrafima
ein Glückwunschtelegramm	ένα ευχητήριο τηλεγράφημα	'ɛna ɛfçi'tirĭɔ tilɛ'ɣrafima

Wieviel kosten zehn Worte nach ...?
Πόσο κάνουν δέκα λέξεις για ...;
'pɔsɔ 'kanun 'ðɛka 'lɛksis ja

Wann ist es in ...?
Πότε θα είναι στην ...;
'pɔtɛ θa 'inɛ stin

Ist das Telegramm heute noch in ...?
Θα φτάσει το τηλεγράφημα σήμερα στην ...;
θa 'ftasi tɔ tilɛ'ɣrafima 'simɛra stin

Telefon

Wo ist die nächste Telefonzelle?
Πού είναι ο πιο κοντινός τηλεφωνικός θάλαμος;
pu 'inɛ ɔ pjɔ kɔn̆di'nɔs tilɛfɔni'kɔs 'θalamɔs

Wo kann ich telefonieren?
Από πού μπορώ να τηλεφωνήσω;
apɔ'pu bɔ'rɔ na tilɛfɔ'nisɔ

... ins Ausland.
... στο εξωτερικό.
... stɔ ɛksɔtɛri'kɔ

Darf ich bei Ihnen telefonieren?
Μπορώ να τηλεφωνήσω από δω;
bɔ'rɔ na tilɛfɔ'nisɔ a'pɔ ðɔ

Hat das Telefon einen Gebührenzähler?
'Εχει μετρητή το τηλέφωνο;
'ɛçi mɛtri'ti tɔ ti'lɛfɔnɔ

Was kostet ein Ortsgespräch?
Πόσο κάνει ένα αστικό τηλεφώνημα;
'pɔsɔ 'kani 'ɛna asti'kɔ tilɛ'fɔnima

Was kostet eine Einheit?
Πόσο κάνει η μία μονάδα;
'pɔsɔ 'kani i 'mia mɔ'naða

Können Sie mir Geld wechseln?
Μπορείτε να μου χαλάσετε χρήματα;
bɔ'ritɛ na mu xa'lasɛtɛ 'xrimata

Bitte ein Ferngespräch nach ...
Παρακαλώ, ένα υπεραστικό τηλεφώνημα για ...
paraka'lɔ, 'ɛna ipɛrasti'kɔ tilɛ'fɔnima ja

Wie ist die Vorwählnummer von ...?
Ποιος είναι ο υπεραστικός αριθμός για ...;
pjɔs 'inɛ ɔ ipɛrasti'kɔs ariθ'mɔs ja

Kann man nach ... durchwählen?
Υπάρχει αυτόματη γραμμή για ...;
i'parçi a'ftɔmati ɣra'mi ja

Ab wieviel Uhr gilt der Nachttarif?
Από ποια ώρα ισχύει το νυχτερινό τιμολόγιο;
a'pɔ pja 'ɔra i'sçii tɔ nixtɛri'nɔ timɔ'lɔjĭɔ

Das Telefonbuch, bitte!
Τόν τηλεφωνικό κατάλογο, παρακαλώ!
tɔn̆ dilɛfɔni'kɔ ka'talɔɣɔ, paraka'lɔ

Münzautomat

Telefonzellen sind in Griechenland farbig gekennzeichnet. Blau steht für Ortsgespräche, Orange für Überlandgespräche bzw. internationale Verbindungen.
Die blauen Telefonzellen tragen die Aufschrift ΑΣΤΙΚΑ, *die orangefarbenen* ΥΠΕΡΑΣΤΙΚΑ.

ΑΣΤΙΚΑ asti'ka Ortsgespräche	**ΥΠΕΡΑΣΤΙΚΑ** iperasti'ka Ferngespräche

Gebrauchsanweisungen sind häufig noch in der früher verbreiteteren Katharevusa (Amtssprache) anzutreffen:

1. Υψώσατε το ακουστικόν και ακούσατε το σήμα επιλογής.	Nehmen Sie den Hörer ab und warten Sie, bis das Wählzeichen ertönt.
2. Ρίψατε το κέρμα εντός της σχισμής.	Werfen Sie die Telefonmünze in den Schlitz.
3. Προβήτε εις επιλογήν του αριθμού ον επιθυμείτε.	Wählen Sie danach die von Ihnen gewünschte Nummer.
4. Μετά το πέρας της συνδιαλέξεως επανατοποθετήσατε το ακουστικόν.	Nach Beendigung des Gesprächs hängen Sie den Hörer wieder ein.

Ferngespräche führt man am besten vom Telefonamt (O.T.E.), das in jedem Ort zentral gelegen ist. Oft besteht auch an Kiosken dazu die Möglichkeit.

***Ihr Gespräch ist in Kabine 4.**
Η συνδιάλεξή σας είναι στην καμπίνα τέσσερα.
i siñðjalε'ksisas 'inε stiŋ̃ga'bina 'tεsεra

Verbinden Sie mich bitte mit ...
Συνδέστε με, παρακαλώ, με ...
si'ñðεstεmε, paraka'lɔ, mε

Die Leitung ist *besetzt / gestört*.
Η γραμμή *είναι κατηλειμμένη / έχει βλάβη*.
i ɣra'mi 'inε katili'mεni / 'εçi 'vlavi

Kann ich *Herrn / Frau / Fräulein* ... sprechen?
Μπορώ να μιλήσω *στον κύριο / στην κυρία / στη δεσποινίδα* ...;
bɔ'rɔ na mi'lisɔ stɔ'ŋ̃ɡ̟irĭɔ / stiŋ̃ɡ̟i'ria / sti ðεspi'niða

Hier ist ...
(Mann): Είμαι ο ... 'imε ɔ *(Frau):* Είμαι η ... 'imε i

Wer ist dort?
Ποιος είναι στο τηλέφωνο;
pjɔs 'inε stɔ ti'lεfɔnɔ

Falsch verbunden!
Πήρατε λάθος αριθμό!
'piratε 'laθɔs ariθ'mɔ

Bleiben Sie am Apparat!
Περιμένετε ένα λεπτό!
pεri'mεnεtε 'εna lε'ptɔ

***Er / Sie* ist im Moment nicht hier.**
Αυτή τη στιγμή δεν είναι εδώ.
a'fti ti sti'ɣmi ðεn 'inε ε'ðɔ

Soll ich *ihm / ihr* etwas ausrichten?
Θέλετε να *του / της* πω τίποτα;
'θεlεtε na tu / tis pɔ 'tipɔta

Absender	αποστολέας	apɔstɔ'lεas
Adresse	διεύθυνση	ði'εfθiñsi
Ansichtskarte	κάρτα	'karta
Bestimmungsort	τόπος προορισμού	'tɔpɔs prɔɔri'zmu
Brief	(το) γράμμα	'ɣrama

Briefkasten	γραμματοκιβώτιο	ɣramatɔk̡i'vɔtĭɔ
Briefmarke	γραμματόσημο	ɣrama'tɔsimɔ
Briefmarkenautomat	αυτόματος πωλητής γραμματοσήμων	a'ftɔmatɔs pɔli'tis ɣramatɔ'simɔn
Briefträger	ταχυδρόμος	taçi'ðrɔmɔs
Briefumschlag	φάκελος	'fak̡ɛlɔs
Drucksache	έντυπο	'ɛn̆dipɔ
Eilbrief	επείγον	ɛ'piɣɔn
(Gebühren-)Einheit	μονάδα	mɔ'naða
Einschreiben	συστημένο γράμμα	sisti'mɛnɔ 'ɣrama
Empfänger	παραλήπτης	para'liptis
Ferngespräch	υπεραστικό τηλεφώνημα	ipɛrasti'kɔ tilɛ'fɔnima
frankieren	βάζω γραμματόσημα	'vazɔ ɣrama'tɔsima
Gebühr	τέλη	'tɛli
Luftpost	αεροπορικό ταχυδρομείο	aɛrɔpɔri'kɔ taçiðrɔ'miɔ
per Nachnahme	επί αντικαταβολή	ɛ'pi an̆dikatavɔ'li
Ortsgespräch	αστικό τηλεφώνημα	asti'kɔ tilɛ'fɔnima
Päckchen	πακέτο	pa'k̡ɛtɔ
Paket	(το) δέμα	'ðɛma
Paketkarte	δελτίο δέματος	ðɛl'tiɔ 'ðɛmatɔs
Porto	(τα) ταχυδρομικά	taçiðrɔmi'ka
Post(amt)	ταχυδρομείο	taçiðrɔ'miɔ
Postfach	ταχυδρομική θυρίδα	taçiðrɔmi'k̡i θi'riða
Postkarte	κάρτα	'karta
postlagernd	ποστ-ρεστάντ	pɔst-rɛ'stan̆d
Rückporto	(τα) γραμματόσημα επιστροφής	ɣrama'tɔsima ɛpistrɔ'fis
Schalter	θυρίδα	θi'riða
Telefon	τηλέφωνο	ti'lɛfɔnɔ
Telegramm	(το) τηλεγράφημα	tilɛ'ɣrafima
Wertangabe	δήλωση αξίας	'ðilɔsi a'ksias
Wertpaket	(το) δέμα αξίας	'ðɛma a'ksias
(Gebühren-)zähler	μετρητής	mɛtri'tis
Zollerklärung	τελωνειακή δήλωση	tɛlɔnĭa'k̡i 'ðilɔsi

BANK, GELDWECHSEL

Wo gibt es in der Nähe eine Bank?
Πού υπάρχει εδώ κοντά τράπεζα;
pu i'parçi ɛ'ðɔ kɔ'ňda 'trapɛza

Wo kann ich Geld umtauschen?
Πού μπορώ να αλλάξω χρήματα;
pu bɔ'rɔ na a'laksɔ 'xrimata

Wann sind die Öffnungszeiten?
Τι ώρες είναι ανοιχτά;
ti 'ɔrɛs 'inɛ ani'xta

Wieviel Drachmen bekomme ich für ... Deutsche Mark?
Πόσες δραχμές θα πάρω για ... μάρκα;
'pɔsɛs ðra'xmɛs θa 'parɔ ja ... 'marka

Ich möchte 100 DM in Drachmen umwechseln.
Θέλω να αλλάξω εκατό μάρκα σε δραχμές.
'θɛlɔ na a'laksɔ ɛka'tɔ 'marka sɛ ðrax'mɛs

Wie ist der Wechselkurs?
Ποια είναι η τρέχουσα τιμή;
pja 'inɛ i 'trɛxusa ti'mi

Wo soll ich unterschreiben?
Πού πρέπει να υπογράψω;
pu 'prɛpi na ipɔ'ɣrapsɔ

Ich möchte diesen (Reise-)Scheck einlösen.
Θέλω να εξαργυρώσω αυτή την (ταξιδιωτική) επιταγή.
'θɛlɔ na ɛksarji'rɔsɔ a'fti tin (taksiðǐɔti'ķi) ɛpita'ji

Bitte auch etwas Kleingeld.
Και λίγα ψιλά, παρακαλώ.
ķɛ 'liɣa psi'la, paraka'lɔ

Ist Geld für mich eingegangen?
'Εφθασαν χρήματα για μένα;
'ɛftasan 'xrimata ja 'mɛna

Aktie	μετοχή	mεtɔ'çi
auszahlen an	καταβάλλω σε	kata'valɔ sε
Bank	τράπεζα	'trapεza
Bankanweisung	τραπεζική επιταγή	trapεzi'ķi εpita'ji
Bankkonto	τραπεζικός λογαριασμός	trapεzi'kɔs lɔɣarĭa'zmɔs
bar	τοις μετρητοίς	tis mεtri'tis
Bargeld	(τα) μετρητά	mεtri'ta
Betrag	ποσόν	pɔ'sɔn
Devisen	(το) συνάλλαγμα	si'nalaɣma
einzahlen	καταθέτω	kata'θεtɔ
Formular	έντυπο	'εn̆dipɔ
Geld	(τα) χρήματα, λεφτά	'xrimata, lε'fta
– D-Mark	γερμανικό μάρκο	jεrmani'kɔ 'markɔ
– Dollar	δολλάριο	ðɔ'larĭɔ
– Drachme	δραχμή	ðra'xmi
– Franken	φράγκο	'fran̆gɔ
– Schilling	σελίνιο	sε'linıɔ
Geldschein	(το) χαρτονόμισμα	xartɔ'nɔmizma
Geldwechsel	αλλαγή χρημάτων	ala'ji xri'matɔn
Kredit	πίστωση	'pistɔsi
– aufnehmen	παίρνω δάνειο	'pεrnɔ 'ðanĭɔ
Münze	(το) κέρμα	'ķεrma
Provision	προμήθεια	prɔ'miθĭa
Quittung	απόδειξη	a'pɔðiksi
Reisescheck	ταξιδιωτικό τσεκ	taksiðĭɔti'kɔ tsεk
Scheck	επιταγή, (το) τσεκ	εpita'ji, tsεk
Scheckkarte	κάρτα τσεκ	'karta tsεk
Sparbuch	βιβλιάριο καταθέσεων	vivli'arĭɔ kata'θεsεɔn
telegrafisch	τηλεγραφικώς	tilεɣrafi'kɔs
Überweisung	(το) έμβασμα	'εmvazma
Unterschrift	υπογραφή	ipɔɣra'fi
Währung	(το) νόμισμα	'nɔmizma
Wechselkurs	τιμή	ti'mi
Wertpapier	χρεόγραφο	xrε'ɔɣrafɔ
Zahlung	πληρωμή	plirɔ'mi

AUF DER POLIZEI

Anzeige

Ich möchte ... anzeigen.
Θέλω να καταγγείλω ...
'θɛlɔ na kata'ŋ̃gilɔ

einen Diebstahl	μία κλοπή	'mia klɔ'pi
eine Erpressung	έναν εκβιασμό	'ɛnan ɛkvĭa'zmɔ
einen Überfall	μία επίθεση	'mia ɛ'piθɛsi

Ich möchte *einen Unfall / einen Verlust* anzeigen.
Θέλω να δηλώσω *ένα ατύχημα / μία απώλεια.*
'θɛlɔ na ði'lɔsɔ 'ɛna a'tiçima / 'mia a'pɔlĭa

Man hat mir ... gestohlen.
Μου έκλεψαν ...
mu 'ɛklɛpsan

Ich habe ... verloren.
'Εχασα ...
'ɛxasa

die Aktenmappe	την τσάντα	tiň 'dzaňda
das Armband	το βραχιόλι	tɔ vra'çjɔli
die Armbanduhr	το ρολόι του χεριού	tɔ rɔ'lɔi tu çɛ'rĭu
die Autoschlüssel	τα κλειδιά του αυτοκινήτου	ta kli'ðja tu aftɔķi'nitu
die Brieftasche	το πορτοφόλι	tɔ pɔrtɔ'fɔli
den Fotoapparat	τη φωτογραφική μηχανή	ti fɔtɔɣrafĭ'ķi mixa'ni
das Geld	τα λεφτά	ta lɛ'fta
die Handtasche	την τσάντα	tiň 'dzaňda
die Kette	την αλυσίδα	tin ali'siða
den Koffer	τη βαλίτσα	ti va'litsa
das Portemonnaie ...	το πορτοφόλι	tɔ pɔrtɔ'fɔli
den Ring	το δαχτυλίδι	tɔ ðaxti'liði
den Schlüssel	το κλειδί	tɔ kli'ði
die Tasche	την τσάντα	tiň 'dzaňda
die Uhr	το ρολόι	tɔ rɔ'lɔi

Ich möchte mit *einem Anwalt / dem Konsulat* sprechen.
Θέλω να μιλήσω με *ένα δικηγόρο / το προξενείο.*
'θɛlɔ na mi'lisɔ mɛ 'ɛna ðiķi'ɣɔrɔ / tɔ prɔksɛ'niɔ

Ich habe *damit / mit dieser Sache* nichts zu tun.
Δεν έχω καμμιά σχέση *μ' αυτό / μ' αυτή την υπόθεση.*
ðɛn 'ɛxɔ ka'mja 'sçɛsi ma'ftɔ / ma'fti tin i'pɔθɛsi

Ich bin unschuldig.

(Mann) Είμαι αθώος.
'imɛ a'θɔɔs

(Frau) Είμαι αθώα.
'imɛ a'θɔa

Das habe ich nicht getan.
Δεν το έκανα.
ðeňdɔ 'ɛkana

Sie haben dazu kein Recht.
Δεν έχετε δικαίωμα.
ðɛn 'ɛçɛtɛ ði'ķɛɔma

Wie lange muß ich hierbleiben?
Πόσο πρέπει να μείνω εδώ;
'pɔsɔ 'prɛpi na 'minɔ ɛ'ðɔ

Dieser Mann *belästigt / verfolgt* mich.
Αυτός ο άνδρας με *ενοχλεί / παρακολουθεί*.
a'ftɔs ɔ 'aňðras mɛ ɛnɔ'xli / parakɔlu'θi

beschlagnahmen	κατάσχω	ka'tasxɔ
Dieb	κλέφτης	'klɛftis
Drogen	ναρκωτικά	narkɔti'ka
Gefängnis	φυλακή	fila'ķi
Gericht	δικαστήριο	ðika'stirĭɔ
Haft	κράτηση	'kratisi
Kriminalpolizei	ασφάλεια	a'sfalĭa
Polizei	αστυνομία	astinɔ'mia
Polizeirevier	αστυνομικό τμήμα	astinɔmi'kɔ 'tmima
Polizeiwagen	αστυνομικό αυτοκίνητο	astinɔmi'kɔ aftɔ'ķinitɔ
Polizist	αστυνομικός, αστυφύλακας	astinɔmi'kɔs, asti'filakas
Rauschgift	ναρκωτικό	narkɔti'kɔ
Rechtsanwalt	δικηγόρος	ðiķi'ɣɔrɔs
Richter	δικαστής	ðika'stis
Schmuggel	λαθρεμπόριο	laθrɛ'm̆bɔrĭɔ
Schuld	ενοχή	ɛnɔ'çi
Überfall	επίθεση	ɛ'piθɛsi
Untersuchungshaft	προφυλάκιση	prɔfi'laĭķisi
Urteil	απόφαση	a'pɔfasi
Verbrechen	(το) έγκλημα	'ɛŋ̆glima
Verbrecher	εγκληματίας	ɛŋ̆glima'tias
Vergewaltigung	βιασμός	vĭa'zmɔs
verhaften	συλλαμβάνω	sila'ŋ̆vanɔ
Verhaftung	σύλληψη	'silipsi

BEIM FRISEUR

Damenfriseur

Kann ich mich für Sonnabend anmelden?
Μπορώ να κλείσω ραντεβού για το Σάββατο;
bɔ'rɔ na 'klisɔ rañdɛ'vu ja tɔ 'savatɔ

Können Sie mich zur Dauerwelle vormerken?
Μπορώ να κλείσω ραντεβού για περμανάντ;
bɔ'rɔ na 'klisɔ rañdɛ'vu ja pɛrma'nañd

Können Sie mich heute noch drannehmen?
Μπορείτε να με εξυπηρετήσετε σήμερα;
bɔ'ritɛ na mɛ ɛksipirɛ'tisɛtɛ 'simɛra

Muß ich (lange) warten?
Πρέπει να περιμένω (πολύ);
'prɛpi na pɛri'mɛnɔ (pɔ'li)

Waschen und legen, bitte!
Λούσιμο και χτένισμα παρακαλώ!
'lusimɔ ķɛ 'xtɛnizma paraka'lɔ

Ich möchte eine Dauerwelle.
Θέλω περμανάντ.
'θɛlɔ pɛrma'nañd

Schneiden Sie die Haare bitte etwas kürzer.
Κόψτε τα μαλλιά λίγο πιο κοντά.
'kɔpstɛ ta ma'lja 'liɣɔ pjɔ kɔ'ñda

Schneiden Sie bitte nur die Spitzen ab.
Κόψτε μόνο τις άκρες, παρακαλώ.
'kɔpstɛ 'mɔnɔ tis 'akrɛs, paraka'lɔ

Die Haare bitte färben.
Βάψτε μου τα μαλλιά, παρακαλώ.
'vapstɛ mu ta ma'lĭa, paraka'lɔ

Fönen bitte!
Πιστολάκι παρακαλώ!
pistɔ'laĭķi paraka'lɔ

Es ist zu heiß unter der Haube.
Το σεσουάρ είναι πολύ ζεστό.
tɔ sɛsu'ar 'inɛ pɔ'li zɛ'stɔ

Bitte kein Haarspray.
Μη μου βάλετε λακ, παρακαλώ.
mi mu 'valɛtɛ lak, paraka'lɔ

Können Sie mir *Maniküre / Pediküre* machen?
Μπορείτε να μου κάνετε *μανικιούρ / πεντικιούρ*;
bɔ'ritɛ na mu 'kanɛtɛ mani'kjur / pɛdi'kjur

Ja danke, es ist gut so.
Ευχαριστώ, καλά είναι έτσι.
ɛfxari'stɔ ka'la 'inɛ 'ɛtsi

Sehr gut!
Πολύ καλά!
pɔ'li ka'la

Herrenfriseur

Haarschneiden (und Rasieren), bitte!
Κόψιμο (και ξύρισμα), παρακαλώ!
'kɔpsimɔ (ķɛ 'ksirizma), paraka'lɔ

Bitte nicht zu kurz.
'Οχι πολύ κοντά, παρακαλώ.
'ɔîçi pɔ'li kɔ'ňda, paraka'lɔ

(Ganz) Kurz, bitte.
(Πολύ) Κοντά, παρακαλώ.
(pɔ'li) kɔ'ňda, paraka'lɔ

– hinten.
– πίσω.
'pisɔ

– oben.
– πάνω.
'panɔ

– vorn.
– μπροστά.
brɔ'sta

– an den Seiten.
– στα πλάγια.
sta 'plaja

Bitte einen Messerformschnitt!
Φορμάρισμα με το ξυράφι, παρακαλώ!
fɔr'marizma mɛ tɔ ksi'rafi, paraka'lɔ

***Ohne (Mit)* Scheitel, bitte.**
Χωρίς (Με) χωρίστρα, παρακαλώ.
xɔ'ris (mɛ) xɔ'ristra, paraka'lɔ

Die Haare bitte auch waschen!
Και λούσιμο, παρακαλώ!
ķɛ 'lusimɔ, paraka'lɔ

Die Haare bitte trocken schneiden!
Κόψιμο χωρίς λούσιμο, παρακαλώ!
'kɔpsimɔ xɔ'ris 'lusimɔ, paraka'lɔ

Mit etwas Brillantine, bitte!
Με λίγη μπριγιαντίνη, παρακαλώ!
mɛ 'liji brija'ňdini, paraka'lɔ

Bitte auch fönen!
Και πιστολάκι παρακαλώ!
ķɛ pistɔ'laîķi paraka'lɔ

Ja danke, so ist es recht.
Ευχαριστώ, έτσι είναι καλά.
ɛfxari'stɔ, 'ɛtsi 'inɛ ka'la.

Bitte nur rasieren!
Μόνο ξύρισμα, παρακαλώ.
'mɔnɔ 'ksirizma paraka'lɔ

Den *Bart / Schnurrbart* bitte etwas stutzen.
Κόψτε λίγο *τα γένια / το μουστάκι*, παρακαλώ.
'kɔpstɛ 'liɣɔ ta 'jɛnîa / tɔ mu'staîķi, paraka'lɔ

Rasieren Sie bitte nicht gegen den Strich.
Μη με ξυρίσετε κόντρα, παρακαλώ.
mi mɛ ksi'risɛtɛ 'kɔňdra, paraka'lɔ

Bart	γενιά	'jɛnĭa
Brillantine	μπριγιαντίνη	brija'ňdini
Damenfriseur	κομμωτής	kɔmɔ'tis
Dauerwelle	(το) περμανάντ	pɛrma'naňd
färben	βάφω	'vafɔ
Friseur	κουρέας	ku'rɛas
frisieren	χτενίζω	xtɛ'nizɔ
Frisur	(το) χτένισμα	'xtɛnizma
Fön	πιστολάκι	pistɔ'laĭķi
Haar	(τα) μαλλιά	ma'lja
– fettig	λιπαρά	lipa'ra
– trocken	ξηρά	ksi'ra
Haarausfall	τριχόπτωση	tri'xɔptɔsi
Haarschnitt	(το) κούρεμα	'kurɛma
Haarteil	(το) ποστίς	pɔ'stis
Herrenfriseur	κουρέας	ku'rɛas
kämmen	χτενίζω	xtɛ'nizɔ
Kopfmassage	(το) μασάζ κεφαλιού	ma'saz ķɛfa'lju
Koteletten	(οι) φαβορίτες	favɔ'ritɛs
legen	χτενίζω	xtɛ'nizɔ
Locken	(οι) μπούκλες	'buklɛs
Maniküre	(το) μανικιούρ	mani'kjur
Pediküre	(το) πεντικιούρ	pɛdi'kjur
Perücke	περούκα	pɛ'ruka
rasieren	ξυρίζω	ksi'rizɔ
Scheitel	χωρίστρα	xɔ'ristra
schneiden	κόβω	'kɔvɔ
Schnurrbart	μουστάκι	mu'staĭķi
Schönheitssalon	σαλόνι αισθητικής	sa'lɔni ɛsθiti'ķis
Schuppen	πιτυρίδα	piti'riða
Strähne	τούφα	'tufa
tönen	χρωματίζω	xrɔma'tizɔ
toupieren	φιλλάρω	fi'larɔ
Trockenhaube	(το) σεσουάρ	sɛsu'ar
Trockenschnitt	κόψιμο χωρίς λούσιμο	'kɔpsimɔ xɔ'ris 'lusimɔ
waschen	λούζω	'luzɔ

s. a. „Toilettenartikel" S. 147–149.

GESUNDHEIT

Apotheke

Gibt es hier in der Nähe eine Apotheke?
Υπάρχει εδώ κοντά φαρμακείο;
i'parçi ε'ðɔ kɔ'ňda farma'kjiɔ

Welche Apotheke hat Nachtdienst?
Ποιο φαρμακείο διανυκτερεύει;
pjɔ farma'kjiɔ ðĭanikte'rεvi

Dieses Medikament, bitte.
Αυτό το φάρμακο, παρακαλώ.
a'ftɔ tɔ 'farmakɔ, paraka'lɔ

Ich möchte ...
Θέλω ...
'θεlɔ

Geben Sie mir bitte etwas gegen ...
Δώστε μου, παρακαλώ, κάτι ...
'ðɔstεmu, paraka'lɔ, 'kati

Haben Sie vielleicht ...?
Μήπως έχετε ...;
'mipɔs 'εçεtε

Ist die Arznei rezeptpflichtig?
Χρειάζεται το φάρμακο συνταγή του γιατρού;
xri'azεtε tɔ 'farmakɔ siňda'ji tu ja'tru

Können Sie mir dieses Medikament besorgen?
Μπορείτε να μου φέρετε αυτό το φάρμακο;
bɔ'ritε na mu 'fεrεtε a'ftɔ tɔ 'farmakɔ

Wann kann ich es bekommen?
Πότε θα το έχω;
'pɔte θa tɔ 'εxɔ

Kann ich warten?
Μπορώ να περιμένω;
bɔ'rɔ na pεri'mεnɔ

Medikamente: GEBRAUCHSHINWEISE

äußerlich	εξωτερικής χρήσεως / εξωτερικώς
innerlich	εσωτερικής χρήσεως / εσωτερικώς
vor dem Essen	προ του φαγητού
nach dem Essen	μετά το φαγητό
dreimal täglich	τρεις φορές την ημέρα
nach Anweisung des Arztes	κατά την οδηγίαν του ιατρού
auf nüchternen Magen	με άδειο στομάχι

Medikamente und Verbandszeug

Abführmittel	καθαρτικό	kaθarti'kɔ
Alkohol	(το) οινόπνευμα	i'nɔpnεvma
Ampulle	αμπούλα	a'm̃bula
Antibabypille	αντισυλληπτικό χάπι	an̆disilipti'kɔ 'xapi
Aspirin	ασπιρίνη	aspi'rini
Augensalbe	αλοιφή για τα μάτια	ali'fi ja ta 'matĭa
Augentropfen	(οι) σταγόνες για τα μάτια	sta'γɔnεs ja ta 'matĭa
Baldriantropfen	(οι) σταγόνες βαλεριανής	sta'γɔnεs valεrĭa'nis
Beruhigungsmittel	ηρεμιστικό	irεmisti'kɔ
Binde	επίδεσμος	ε'piðεzmɔs
blutstillendes Mittel	αιμοστατικό	εmɔstati'kɔ
Borsäure	βορικό οξύ	vɔri'kɔ ɔ'ksi
Brandsalbe	αλοιφή εγκαυμάτων	ali'fi εŋ̆gav'matɔn
Brechmittel	εμετικό	εmεti'kɔ
Chinin	κινίνο	ķi'ninɔ
Damenbinden	(οι) σερβιέτες	sεr'vĭεtεs
Deodorant	αποσμητικό	apɔzmiti'kɔ
Desinfektionsmittel	αντισηπτικό	an̆disipti'kɔ
Einlauf	(το) κλύσμα	'klizma
Einreibemittel	αλοιφή για εντριβή	ali'fi ja εn̆dri'vi
Elastikbinde	ελαστικός επίδεσμος	εlasti'kɔs ε'piðεzmɔs
fiebersenkendes Mittel	αντιπυρετικό	an̆dipirεti'kɔ
Fieberthermometer	θερμόμετρο	θεr'mɔmεtrɔ
Gegengift	αντίδοτο δηλητηρίου	a'n̆diðɔtɔ ðiliti'riu
Glyzerin	γλυκερίνη	γliķε'rini
Gummistrumpf	ελαστική κάλτσα	εlasti'ķi 'kaltsa
Gurgelwasser	νερό για γαργάρες	nε'rɔ ja γar'γarεs
Heftpflaster	έμπλαστρο	'εm̃blastrɔ
Hühneraugenpflaster	έμπλαστρο για κάλους	'εm̃blastrɔ ja 'kalus
Hustenmittel	αντιβηχικό	an̆diviçi'kɔ
Hustensaft	σιρόπι του βήχα	si'rɔpi tu 'vixa
Insektenmittel	εντομοκτόνο	εn̆dɔmɔ'ktɔnɔ

Jod(tinktur)	(το) βάμμα ιωδίου	'vama iɔ'ðiu
Kamillentee	χαμομήλι	xamɔ'mili
Kopfschmerztabletten	(τα) χάπια για τον πονοκέφαλο	'xapĭa ja tɔň bɔnɔ'k̡εfalɔ
Kreislaufmittel	φάρμακο για την κυκλοφορία του αίματος	'farmakɔ ja tiŋg̡i-klɔfɔ'ria tu 'εmatɔs
Magentabletten	(τα) χάπια για το στομάχι	'xapĭa ja tɔ stɔ'maĭçi
Magentropfen	(οι) σταγόνες για το στομάχι	sta'ɣɔnεs ja tɔ stɔ'maĭçi
Mittel	φάρμακο	'farmakɔ
Mullbinde	γάζα	'ɣaza
Mundwasser	αποσμητικό στόματος	apɔzmiti'kɔ 'stɔmatɔs
Natron, doppelt kohlensaures	διττανθρακικό νάτρο	ðitañθrak̡i'kɔ 'natrɔ
Pfefferminze	μέντα	'mεñda
Pillen	(τα) χάπια	'xapĭa
Präservative	(τα) προφυλακτικά	prɔfilakti'ka
Puder	πούδρα	'puðra
Pulver	σκόνη	'skɔni
Rizinusöl	ρετσινόλαδο	rεtsi'nɔlaðɔ
Salbe	αλοιφή	ali'fi
Schlaftabletten	(τα) υπνωτικά χάπια	ipnɔti'ka 'xapĭa
Schmerztabletten	(τα) παυσίπονα χάπια	paf'sipɔna 'xapĭa
Schnellverband	(το) χάνζαπλάστ	'xañza'plast
schweißtreibendes Mittel	ιδρωτικό	iðrɔti'kɔ
Spritze	ένεση	'εnεsi
Stärkungsmittel	δυναμωτικό	ðinamɔti'kɔ
Tablette	χάπι, δισκίο	'xapi, ði'sk̡iɔ
Talkumpuder	πούδρα τάλκ	'puðra 'talk
Tinktur	(το) βάμμα	'vama
Traubenzucker	σταφυλοσάκχαρο	stafilɔ'sakxarɔ
Tropfen	(οι) σταγόνες	sta'ɣɔnεs
Vaseline	βαζελίνη	vazε'lini
Verbandszeug	(οι) επίδεσμοι	ε'piðεsmi
Vitamintabletten	(τα) χάπια βιταμίνης	'xapĭa vita'minis
Wasserstoffsuperoxyd	(το) οξυζενέ	ɔksizε'nε

Watte	βαμβάκι	vam'vaki
Windeln	(οι) πάνες για μωρά	'panεs ja mɔ'ra
Wundsalbe	αλοιφή για πληγές	ali'fi ja pli'jεs
Zäpfchen	υπόθετο	i'pɔθεtɔ

Beim Arzt

Rufen Sie bitte schnell einen Arzt!
Φωνάξτε γρήγορα ένα γιατρό, παρακαλώ!
fɔ'nakstε 'ɣriɣɔra 'εna ja'trɔ, paraka'lɔ

Wo gibt es hier einen Arzt?
Πού υπάρχει ένας γιατρός;
pu i'parçi 'εnas ja'trɔs

Wo ist *ein Krankenhaus / eine Klinik*?
Πού είναι *ένα νοσοκομείο / μία κλινική*;
pu 'inε 'εna nɔsɔkɔ'miɔ / 'mia klini'ḱi

Wo gibt es hier ein Büro der I.K.A.?
Πού υπάρχει ένα γραφείο του Ι.Κ.Α.;
pu i'parçi 'εna ɣra'fiɔ tu 'ika

Im Krankheitsfalle können Sie sich mit der von Ihrer Krankenkasse ausgestellten Bescheinigung über Krankenhilfeanspruch in EG-Ländern an Ärzte/medizinische Einrichtungen der in ganz Griechenland präsenten Sozialversicherungsanstalt I.K.A. wenden. Voraussetzung für kostenlose Behandlung ist ein Gesundheitsbuch (βιβλιάριο υγείας [vivli'arĭɔ i'jias]), *das alle Geschäftsstellen der I.K.A. bereithalten.*
Erkundigen Sie sich bitte vor der Abreise bei Ihrer Krankenkasse nach eventuellen Änderungen oder Sonderregelungen.

Ich brauche einen ...
Χρειάζομαι έναν ...
xri'azɔmε 'εnan

Arzt	γιατρό	ja'trɔ
Augenarzt	οφθαλμίατρο	ɔfθal'miatrɔ
Chirurg	χειρουργό	çirur'ɣɔ

Facharzt	ειδικό γιατρό	iði'kɔ ja'trɔ
Frauenarzt	γυναικολόγο	jinɛkɔ'lɔgɔ
Hals-, Nasen- und Ohrenarzt	ωτορινολαρυγγο-λόγο	ɔtɔrinɔlariŋ̈gɔ'lɔɣɔ
Hautarzt	δερματολόγο	ðɛrmatɔ'lɔɣɔ
Kinderarzt	παιδίατρο	pɛ'ðiatrɔ
Nervenarzt	νευρολόγο	nɛvrɔ'lɔɣɔ
Orthopäden	ορθοπεδικό	ɔrθɔpɛði'kɔ
praktischen Arzt	παθολόγο	paθɔ'lɔɣɔ
Urologen	ουρολόγο	urɔ'lɔɣɔ

Wann hat der Arzt Sprechstunde?
Πότε δέχεται ο γιατρός;
'pɔtɛ 'ðɛïçɛtɛ ɔ ja'trɔs

Wo ist seine Praxis?
Πού είναι το ιατρείο του;
pu 'inɛ tɔ ja'triɔ tu

Kann er herkommen?
Μπορεί να έρθει εδώ;
bɔ'ri na 'ɛrθi ɛðɔ

Labor	εργαστήριο	ɛrɣa'stiriɔ
Praxis	ιατρείο	ja'triɔ
Sprechstunde	ώρες επισκέψεων ..	'ɔrɛs ɛpi'sḵɛpsɛɔn
Sprechzimmer	ιατρείο	ja'triɔ
Wartezimmer	αίθουσα αναμονής .	'ɛθusa anamɔ'nis

Körperliche Beschwerden:

Ich bin krank.
(Mann) Είμαι άρρωστος.
'imɛ 'arɔstɔs
(Frau) Είμαι άρρωστη.
'imɛ 'arɔsti

Mein Mann ist krank.
Ο άντρας μου είναι άρρωστος.
ɔ 'an̆dras mu 'inɛ 'arɔstɔs

Meine Frau ist krank.
Η γυναίκα μου είναι άρρωστη.
i ji'nɛka mu 'inɛ 'arɔsti

Mein Kind ist krank.
Το παιδί μου είναι άρρωστο.
tɔ pɛ'ði mu 'inɛ 'arɔstɔ

Mein Freund ist krank.
Ο φίλος μου είναι άρρωστος.
ɔ 'filɔs mu 'inɛ 'arɔstɔs

Meine Freundin ist krank.
Η φίλη μου είναι άρρωστη.
i 'fili mu 'inɛ 'arɔsti

Ich fühle mich nicht wohl (seit einigen Tagen).
Δεν αισθάνομαι καλά (εδώ και λίγες μέρες).
ðɛn ɛ'sθanɔmɛ ka'la (éðɔ k̡ɛ 'lijɛs 'mɛrɛs)

Der *Hals / Kopf / Leib* tut mir weh.
Με πονάει *ο λαιμός / το κεφάλι / η κοιλιά.*
mɛ pɔ'nai ɔ lɛ'mɔs / tɔ k̡ɛ'fali / i k̡i'lja

Hier tut es weh.
Πονάω εδώ.
pɔ'naɔ ɛ'ðɔ

Ich habe hier *(starke, stechende)* Schmerzen.
'Εχω *(δυνατούς, οξείς)* πόνους εδώ.
'ɜxɔ (ðina'tus, ɔ'ksis) 'pɔnus ɛ'ðɔ

Ich habe *Augenschmerzen / Ohrenschmerzen.*
Με πονάνε τα *μάτια / αυτιά* μου.
mɛ pɔ'nanɛ ta 'matĭa / a'ftja mu

Ich habe (hohes) Fieber.
'Εχω (ψηλό) πυρετό.
'ɛxɔ (psi'lɔ) pirɛ'tɔ

Ich habe mich erkältet.
Κρύωσα.
'kriɔsa

Ich habe Schüttelfrost.
'Εχω κρυάδες.
'ɛxɔ kri'aðɛs

Ich vertrage *die Hitze / das Essen* nicht.
Δεν αντέχω *τη ζέστη / το φαγητό.*
ðɛn a'ňdɛxɔ ti 'zɛsti / tɔ faji'tɔ

Ich habe mir den Magen verdorben.
Χάλασα το στομάχι μου.
'xalasa tɔ stɔ'maĭçimu

Ich habe ... gegessen.
'Εφαγα ...
'ɛfaɣa

Ich habe mich übergeben.
'Εκανα εμμετό.
'ɛkana ɛmɛ'tɔ

Ich habe keinen Appetit.
Δεν έχω όρεξη.
ðɛn 'ɛxɔ 'ɔrɛksi

Mir wird (oft) übel.
'Εχω (συχνά) τάση προς έμμετο.
'ɛxɔ (si'xna) 'tasi prɔs 'ɛmɛtɔ

Ich habe *Durchfall / Verstopfung.*
'Εχω *διάρροια / δυσκοιλιότητα.*
'ɛxɔ ði'aria / disk̡ili'ɔtita

Seit ... Tagen.
Εδώ και ... μέρες.
ɛ'ðɔ k̡ɛ ... 'mɛrɛs

Mir ist schwindlig.
Ζαλίζομαι.
za'lizɔmɛ

Ich kann nicht schlafen.
Έχω αϋπνία.
'εxɔ ai'pnia

Ich erwarte ein Baby.
Είμαι έγκυος.
'imε 'εŋg̑ɔs

Ich bin Diabetikerin.
Είμαι διαβητική.
'imε ðĭaviti'ķi

Ich bin Diabetiker.
Είμαι διαβητικός.
'imε ðĭaviti'kɔs

Mich hat eine Schlange gebissen.
Με δάγκωσε φίδι.
mε 'ðaŋgɔsε 'fiði

Ich bin allergisch gegen ...
Έχω αλλεργία σε ...
'εxɔ alεr'jia sε

Ich bin gestürzt.
Έπεσα.
'εpεsa

Ich habe mir den Fuß *gebrochen / verstaucht*.
Έσπασα / Στραμπούληξα το πόδι μου.
'εspasa / stra'buliksa tɔ 'pɔði mu

... ist geschwollen.
... είναι πρησμένο.
... 'inε pri'zmεnɔ

Ich kann ... nicht bewegen.
Δεν μπορώ να κουνήσω το ...
ðεn bɔ'rɔ na ku'nisɔ tɔ

Ist es schlimm?
Είναι σοβαρό;
'inε sɔva'rɔ

Ich möchte mich gegen ... impfen lassen.
Θέλω να κάνω εμβόλιο ...
'θεlɔ na 'kanɔ εɱ'vɔlĭɔ

Ich fühle mich *etwas / bedeutend* besser.
Αισθάνομαι *λίγο / πολύ* καλύτερα.
ε'sθanɔmε 'liɣɔ / pɔ'li ka'litεra

Können Sie mir ... verschreiben?
Μπορείτε να μου γράψετε ...;
bɔ'ritε na mu 'ɣrapsεtε

Können Sie mir ein Attest ausstellen?
Μπορείτε να μου γράψετε ένα πιστοποιητικό;
bɔ'ritε na mu 'ɣrapsεtε 'εna pistɔpiiti'kɔ

Vom Arzt werden Sie hören:

Machen Sie sich bitte frei!
Βγάλτε τα ρούχα σας, παρακαλώ!
'vɣaltε ta 'ruxa sas, paraka'lɔ

Atmen Sie tief!
Πάρτε βαθειά αναπνοή!
'partɛ va'θja anapnɔ'i

Tut es hier weh?
Πονάτε εδώ;
pɔ'natɛ ɛ'ðɔ

Öffnen Sie den Mund!
Ανοίξτε το στόμα σας!
a'nikstɛ tɔ 'stɔmasas

Zeigen Sie die Zunge!
Βγάλτε τη γλώσσα σας!
'vɣaltɛ ti 'ɣlɔsasas

Husten Sie!
Βήξτε!
'vikstɛ

Was haben Sie gegessen?
Τι φάγατε;
ti 'faɣatɛ

Seit wann sind Sie schon krank?
Από πότε είστε άρρωστος;
a'pɔ 'pɔtɛ 'istɛ 'arɔstɔs

Wir müssen *das Blut / den Urin* untersuchen.
Πρέπει να κάνουμε εξέταση *αίματος / ούρων.*
'prɛpi na 'kanumɛ ɛ'ksɛtasi 'ɛmatɔs / 'urɔn

Sie müssen operiert werden.
Πρέπει να χειρουργηθείτε.
'prɛpi na çirurji'θitɛ

Ich werde Sie an ... überweisen.
Θα σας στείλω σε ...
θa sas 'stilɔ sɛ

Sie dürfen nicht *rauchen / trinken*!
Δεν επιτρέπεται να *καπνίζετε / πίνετε*!
ðɛn ɛpi'trɛpɛtɛ na ka'pnisɛtɛ / 'pinɛtɛ

Ich muß Ihnen *Bettruhe / strenge Diät* verordnen.
Πρέπει να *μείνετε στο κρεβάτι / κάνετε αυστηρή δίαιτα.*
'prɛpi na 'minɛtɛ stɔ krɛ'vati / 'kanɛtɛ afsti'ri 'ðiɛta

Bleiben Sie einige Tage im Bett!
Μείνετε μερικές μέρες στο κρεβάτι!
'minɛtɛ mɛri'k̡ɛz 'mɛrɛs stɔ krɛ'vati

Nehmen Sie davon dreimal täglich *zwei Tabletten / zehn Tropfen.*
Να παίρνετε τρεις φορές την ημέρα από *δύο χάπια / δέκα σταγόνες.*
na 'pɛrnɛtɛ tris fɔ'rɛs tin i'mɛra a'pɔ 'ðiɔ 'xapĭa / 'ðɛka sta'ɣɔnɛs

Es ist nichts Ernstes!
Δεν είναι τίποτα σοβαρό!
ðɛn 'inɛ 'tipɔta sɔva'rɔ

Kommen Sie in acht Tagen wieder.
Να ξανάρθετε σε οχτώ μέρες.
na ksa'narθɛtɛ sɛ ɔ'xtɔ 'mɛrɛs

Haben Sie einen Privatarzt aufgesucht und müssen ein Honorar bezahlen?

Wie hoch ist Ihr Honorar?
Τι αμοιβή παίρνετε;
ti ami'vi 'pεrnεtε

Bitte stellen Sie mir eine ausführliche Quittung aus.
Παρακαλώ, δώστε μου μια αναλυτική απόδειξη.
paraka'lɔ, 'ðɔstε mu mĭa analiti'ķi a'pɔðiksi

Körperteile und -funktionen

Achselhöhle	μασχάλη	ma'sxali
Ader	αρτηρία	arti'ria
Arm	βραχίονας	vra'çiɔnas
Atmung	αναπνοή	anapnɔ'i
Auge	μάτι	'mati
Augenlid	βλέφαρο	'vlεfarɔ
Bandscheibe	μεσοσπονδύλιος σύνδεσμος	mεsɔspɔň'filĭos 'siňfezmɔs
Bauch	κοιλιά	ķi'lja
Becken	λεκάνη	lε'kani
Bein	πόδι	'pɔði
Blase	κύστη	'ķisti
Blinddarm	σκωληκοειδής απόφυσις	skɔlikɔi'ðis a'pɔfisis
Blut	(το) αίμα	'εma
Blutdruck	πίεση αίματος	'piεsi 'εmatɔs
Brust	(το) στήθος	'stiθɔs
Brustkorb	θώρακας	'θɔrakas
Darm	έντερο	'εňdεrɔ
Daumen	αντίχειρας	a'ňdiçiras
Drüse	αδένας	a'ðεnas
Ellbogen	αγκώνας	a'ŋ̌gɔnas
Ferse	φτέρνα	'ftεrna
Finger	δάχτυλο	'ðaxtilɔ
Fingernagel	νύχι	'niçi
Fuß	πόδι	'pɔði

Fußsohle	πατούσα	pa'tusa
Galle	χολή	xɔ'li
Gaumen	ουρανίσκος	ura'niskɔs
Gehirn	εγκέφαλος	ε'ŋ̆gεfalɔs
Gelenk	άρθρωση	'arθrɔsi
Genick	σβέρκος	'zvεrkɔs
Geschlechtsorgane	γεννητικά οργανα	jεniti'ka 'ɔrɣana
Gesicht	πρόσωπο	'prɔsɔpɔ
Glieder	(τα) μέλη	'mεli
Haare	(τα) μαλλιά	ma'lja
Hals	λαιμός	lε'mɔs
Hand	χέρι	'çεri
Handgelenk	άρθρωση του χεριού	'arθrɔsi tu çε'rju
Haut	(το) δέρμα	'ðεrma
Herz	καρδιά	kar'ðja
Hüfte	γοφός	ɣɔ'fɔs
Kehle	λάρυγγας	'lariŋ̆gas
Kehlkopf	λάρυγγας	'lariŋ̆gas
Kiefer	σαγόνι	sa'ɣɔni
– **Oberkiefer**	πάνω σαγόνι	'panɔ sa'ɣɔni
– **Unterkiefer**	κάτω σαγόνι	'katɔ sa'ɣɔni
Kieferhöhle	σπήλαιο σιαγόνος	'spilεɔ sĭa'ɣɔnɔs
Kinn	πηγούνι	pi'ɣuni
Knie	γόνατο	'ɣɔnatɔ
Kniescheibe	επιγονατίδα	εpiɣɔna'tiða
Knöchel	αστράγαλος	a'straɣalɔs
Knochen	κόκαλο	'kɔkalɔ
Kopf	κεφάλι	ķε'fali
Körper	(το) σώμα	'sɔma
Kreislauf	κυκλοφορία αίματος	ķiklɔfɔ'ria 'εmatɔs
Leber	σηκώτι	si'kɔti
Lippe	χείλι	'çili
Lunge	πνεύμονας	'pnεvmɔnas
Magen	στομάχι	stɔ'maĭçi
Mandeln	(οι) αμυγδαλές	amiɣða'lεs
Menstruation	(η) περίοδος	pε'riɔðɔs
Milz	σπλήνα	'splina
Mittelfinger	μεσαίο δάχτυλο	mε'sεɔ 'ðaxtilɔ
Mund	(το) στόμα	'stɔma
Muskel	μυς	mis

Nacken	σβέρκος	'zvɛrkɔs
Nagel	νύχι	'niçi
Nase	μύτη	'miti
Nerv	νεύρο	'nɛvrɔ
Nerven	(τα) νεύρα	'nɛvra
Niere	νεφρό	nɛ'frɔ
Ohr	αυτί	a'fti
Ringfinger	παράμεσος	pa'ramɛsɔs
Rippe	πλευρό	plɛ'vrɔ
Rücken	πλάτη	'plati
Rückenmark	νωτιαίος μυελός	nɔ'tjɛɔs miɛ'lɔs
Rückgrat	σπονδυλική στήλη	spɔn̆ðili'ķi 'stili
Schädel	κρανίο	kra'niɔ
Schenkel	μηρός	mi'rɔs
– **Oberschenkel**	μηρός	mi'rɔs
– **Unterschenkel**	γάμπα	'ɣam̆ba
Schienbein	κνημιαίο οστούν, καλάμι	kni'mjɛɔ ɔ'stun, ka'lami
Schläfe	κρόταφος	'krɔtafɔs
Schleimhaut	βλεννογόνος	vlɛnɔ'ɣɔnɔs
Schlüsselbein	κλειδί	kli'ði
Schulter	ώμος	'ɔmɔs
Schulterblatt	ωμοπλάτη	ɔmɔ'plati
Schwangerschaft	εγκυμοσύνη	ɛŋ̆gimɔ'sini
Sehne	τένοντας	'tɛnɔndas
Spann	καμάρα	ka'mara
Stirn	μέτωπο	'mɛtɔpɔ
Stoffwechsel	μεταβολισμός	mɛtavɔli'zmɔs
Stuhlgang	κένωση	'ķɛnɔsi
Trommelfell	τύμπανο	'tim̆banɔ
Unterleib	υπογάστριο	ipɔ'ɣastrĭɔ
Urin	(τα) ούρα	'ura
Vene	φλέβα	'flɛva
Verdauung	χώνευση	'xɔnɛfsi
Wade	γάμπα	'ɣam̆ba
Wange	μάγουλο	'maɣulɔ
Wirbelsäule	σπονδυλική στήλη	spɔn̆ðili'ķi 'stili
Zahn	δόντι	'ðɔn̆di
Zehe	δάχτυλο του ποδιού	'ðaxtilɔ tu pɔ'ðju
Zeigefinger	δείκτης	'ðiktis
Zunge	γλώσσα	'ɣlɔsa

Krankheiten

Abszeß	(το) απόστημα	a'pɔstima
Allergie	αλλεργία	alεr'jia
Anfall	προσβολή	prɔzvɔ'li
Asthma	(το) άσθμα	'asθma
Atembeschwerden	δυσκολία αναπνοής	ðiskɔ'lia anapnɔ'is
Augenentzündung	ερεθισμός των ματιών	ετεθi'zmɔs tɔn ma'tjɔn
Ausschlag	(το) εξάνθημα	ε'ksañθima
Bindehautentzündung	επιπεφυκίτιδα	εpipεfi'ķitiða
Blinddarmentzündung	σκωληκοειδίτιδα	skɔlikɔi'ðitiða
Blähungen	(το) φούσκωμα (αέρια)	'fuskɔma (a'εrĭa)
Blutarmut	αναιμία	anε'mia
Blutdruck:		
– **zu hoher**	υπέρταση	i'pεrtasi
– **zu niedriger**	υπόταση	i'pɔtasi
Blutung	αιμορραγία	εmɔra'jia
Blutvergiftung	δηλητηρίαση αίματος	ðiliti'riasi 'εmatɔs
Brechreiz	τάση προς έμετο	'tasi prɔs 'εmεtɔ
Bronchitis	βρογχίτιδα	vrɔ'ŋ̆çitiða
Cholera	χολέρα	xɔ'lεra
Darmkatarrh	κατάρρους των εντέρων	ka'tarus tɔn ε'ñdεrɔn
Diphtherie	διφθερίτιδα	ðifθε'ritiða
Durchfall	διάρροια	ði'aria
Entzündung	φλεγμονή	flεɣmɔ'ni
Erbrechen	έμετος	'εmεtɔs
Erfrierung	(το) κρυοπάγημα	kriɔ'pajima
Erkältung	(το) κρυολόγημα	kriɔ'lɔjima
Fieber	πυρετός	pirε'tɔs
Furunkel	καλόγερος	ka'lɔjεrɔs
Gallensteine	(οι) πέτρες στη χολή	'pεtrεs sti xɔ'li
Gehirnerschütterung	διάσειση εγκεφάλου	'ðjasisi εŋ̆g̡ε'falu
Gehirnschlag	συμφόρηση εγκεφάλου	si'ɱfɔrisi εŋ̆g̡ε'falu

Gelbsucht	χρυσή	xri'si
Gelenkrheumatismus	ρευματισμός	rɛvmati'zmɔs
Geschlechtskrankheit	(τα) αφροδίσια νοσήματα	afrɔ'ðisĭa nɔ'simata
Geschwulst	(το) οίδημα	'iðima
Geschwür	(το) έλκος	'ɛlkɔs
Grippe	γρίπη	'ɣripi
Halsschmerzen	πονόλαιμος	pɔ'nɔlɛmɔs
Hämorrhoiden	(οι) αιμορροΐδες	ɛmɔrɔ'iðɛs
Hautabschürfung	γρατσουνιά	ɣratsu'nja
Hautkrankheit	δερματικό νόσημα	ðɛrmati'kɔ 'nɔsima
Heiserkeit	(το) βράχνιασμα	'vraxnĭazma
Herzanfall	καρδιακή προσβολή	karðĭa'ķi prɔzvɔ'li
Herzfehler	καρδιοπάθεια	karðĭɔ'paθĭa
Herzinfarkt	(το) έμφραγμα	'ɛmfraɣma
Heuschnupfen	αλλεργικό συνάχι	alɛrji'kɔ si'naĭçi
Hexenschuß	οσφυαλγία	ɔsfĭal'jia
Husten	βήχας	'vixas
Ischias	ισχυαλγία	isçĭa'ljia
Keuchhusten	κοκκυτης	kɔ'ķitis
Kinderlähmung	πολυομυελίτιδα	pɔlĭɔmĭɛ'litiða
Knochenbruch	(το) κάταγμα	'kataɣma
Kolik	κολικός	kɔli'kɔs
Krampf	σπασμός	spa'zmɔs
Krankheit	αρρώστια	a'rɔstĭa
– ansteckende	μεταδοτική	mɛtaðɔti'ķi
Krebs	καρκίνος	kar'ķinɔs
Kreislaufstörungen	(οι) διαταραχές κυκλοφορίας	ðĭatara'çɛs ķiklɔfɔ'rias
Lähmung	παράλυση	pa'ralisi
Lebensmittel-vergiftung	τροφική δηλητηρίαση	trɔfi'ķi ðiliti'riasi
Leberleiden	ηπατικό νόσημα	ipati'kɔ 'nɔsima
Leukämie	λευκαιμία	lɛfķɛ'mia
Luftkrankheit	ναυτία	na'ftia
Lungenentzündung	πνευμονία	pnɛvmɔ'nia
Magengeschwür	(το) έλκος στομάχου	'ɛlkɔs stɔ'maxu
Magenschmerzen	στομαχόπονος	stɔma'xɔpɔnɔs
Mandelentzündung	αμυγδαλίτιδα	amiɣða'litiða
Masern	ιλαρά	ila'ra

Migräne	ημικρανία	imikra'nia
Mittelohrentzündung	ωτίτιδα	ɔ'titiða
Mumps	παρωτίτιδα	parɔ'titiða
Nasenbluten	αιμορραγία της μύτης	ɛmɔra'jia tiz 'mitis
Nervenschock	νευρικό σοκ	nɛvri'kɔ sɔk
Neuralgie	νευραλγία	nɛvra'ljia
Nierenentzündung	νεφρίτιδα	nɛ'fritiða
Nierensteine	(οι) πέτρες στα νεφρά	'pɛtrɛs sta nɛ'fra
Ohnmacht	λιποθυμία	lipɔθi'mia
Quetschung	σύνθλιψη	'siňθlipsi
Rheuma	(οι) ρευματισμοί	rɛvmati'zmi
Rippenfellentzündung	πλευρίτιδα	plɛ'vritiða
Rückenschmerzen	πόνος στην πλάτη	'pɔnɔs sti'm̌blati
Ruhr	δυσεντερία	ðisɛňdɛ'ria
Scharlach	οστρακιά	ɔstra'k̦a
Schlaflosigkeit	αϋπνία	ai'pnia
Schlaganfall	αποπληξία	apɔpli'ksia
Schmerzen	(οι) πόνοι	'pɔni
Schnupfen	συνάχι	si'naïçi
Schüttelfrost	ρίγος	'riɣɔs
Schwellung	πρήξιμο	'priksimɔ
Schwindel	ζαλάδα	za'laða
Seekrankheit	ναυτία	na'ftia
Sehnenzerrung	θλάση των ινών	'θlasi tɔn i'nɔn
Seitenstechen	πλευρίτιδα	plɛ'vritiða
Sodbrennen	καούρα	ka'ura
Sonnenbrand	(το) έγκαυμα	'ɛŋ̌gavma
Sonnenstich	ηλίαση	i'liasi
Tetanus	τέτανος	'tɛtanɔs
Tuberkulose	φυματίωση	fima'tiɔsi
Typhus	τύφος	'tifɔs
Übelkeit	αδιαθεσία	aðïaθɛ'sia
Verbrennung	(το) έγκαυμα	'ɛŋ̌gavma
Verdauungsstörung	δυσπεψία	ðispɛ'psia
Vereiterung	συμπύωση	si'm̌biɔsi
Vergiftung	δηλητηρίαση	ðiliti'riasi
Verletzung	τραυματισμός	travmati'zmɔs
Verrenkung	εξάρθρωση	ɛ'ksarθrɔsi
Verstauchung	(το) στραμπούληγμα	stra'buliɣma

Verstopfung	δυσκοιλιότητα	ðisk̡i'ljɔtita
Wunde	πληγή	pli'ji
Zuckerkrankheit	διαβήτης	ðĭa'vitis

Krankenhaus

Schwester, geben Sie mir etwas *gegen Schmerzen / zum Einschlafen.*
Αδελφή, δώστε μου ένα *παυσίπονο / υπνωτικό.*
aðɛl'fi, 'ðɔstɛmu 'ɛna paf'sipɔnɔ / ipnɔti'kɔ

Wann darf ich aufstehen?
Επιτρέπεται να σηκωθώ;
ɛpi'trɛpɛtɛ na sikɔ'θɔ

Wie lautet die Diagnose?
Ποια είναι η διάγνωση;
pja 'inɛ i 'ðjaɣnɔsi

***Bis wann / Wie lange* muß ich (noch) bleiben?**
Μέχρι πότε / Πόσο πρέπει να μείνω (ακόμα);
'mɛxri 'pɔtɛ / 'pɔsɔ 'prɛpi na 'minɔ (a'kɔma)

Wo kann ich anrufen?
Πού μπορώ να τηλεφωνήσω;
pu bɔ'rɔ na tilɛfɔ'nisɔ

Benachrichtigen Sie bitte ...
Ειδοποιήστε παρακαλώ ...
ðɔpi'istɛ paraka'lɔ

Arzt	γιατρός	ja'trɔs
Besuchszeit	(οι) ώρες επισκέψεων	'ɔrɛs ɛpi'sk̡ɛpsɛɔn
Bett	κρεβάτι	krɛ'vati
Blutbild	εξέταση αίματος ...	ɛ'ksɛtasi 'ɛmatɔs
Blutprobe	(το) δείγμα αίματος	'ðiɣma 'ɛmatɔs
Bluttransfusion	μετάγγιση αίματος .	mɛ'taŋɡ̡isi 'ɛmatɔs
Chefarzt	διευθυντής γιατρός	ðĭɛfθi'ndis ja'trɔs
Diagnose	διάγνωση	'ðjaɣnɔsi
durchleuchten	ακτινοσκοπώ	aktinɔskɔ'pɔ
Durchleuchtung	ακτινοσκόπηση ...	aktinɔ'skɔpisi

entlassen	απολύω	apɔ'liɔ
Entlassungsschein	εξιτήριο	ɛksi'tirĭɔ
Fieberkurve	δελτίο θερμοκρασίας	ðɛl'tiɔ θɛrmɔkra'sias
Intensivstation	εντατική	eňdati'ķi
Krankenhaus	νοσοκομείο	nɔsɔkɔ'miɔ
Krankenpfleger	νοσοκόμος	nɔsɔ'kɔmɔs
Krankenschwester	(η) νοσοκόμος	nɔsɔ'kɔmɔs
Krankheit	ασθένεια / αρρώστια / (η) νόσος	a'sθɛnĭa / a'rɔstĭa / 'nɔsɔs
Labor	εργαστήριο	ɛrɣa'stirĭɔ
Nachtgeschirr	δοχείο νυχτός	ðɔ'çiɔ ni'xtɔs
Nachtschwester	βραδινή νοσοκόμα	vraði'ni nɔsɔ'kɔma
Narkose	νάρκωση	'narkɔsi
Oberschwester	προϊσταμένη	prɔista'mɛni
Operation	εγχείριση	ɛ'ŋ̆çirisi
Operationssaal	χειρουργείο	çirur'jiɔ
operieren	χειρουργώ	çirur'ɣɔ
Patient	ασθενής	asθɛ'nis
Patientin	(η) ασθενής	asθɛ'nis
Röntgenaufnahme	ακτινογραφία	aktinɔɣra'fia
Spritze	ένεση	'ɛnɛsi
Station	σταθμός	staθ'mɔs
Temperatur	θερμοκρασία	θɛrmɔkra'sia
untersuchen	εξετάζω	ɛksɛ'tazɔ
Untersuchung	εξέταση	ɛ'ksɛtasi
Zimmer	δωμάτιο	ðɔ'matĭɔ

Beim Zahnarzt

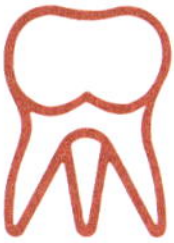

Wo gibt es hier einen Zahnarzt?
Υπάρχει εδώ οδοντίατρος;
i'parçi ɛ'ðɔ ɔðɔ'ňdiatrɔs

Ich möchte mich zur Behandlung anmelden.
Θέλω να κλείσω ραντεβού για θεραπεία.
'θɛlɔ na 'klisɔ raňdɛ'vu ja θɛra'pia

Ich habe Zahnschmerzen.
Έχω πονόδοντο.
'ɛxɔ pɔ'nɔðɔňdɔ

Dieser Zahn tut weh.
Αυτό το δόντι πονάει.
a'ftɔ tɔ 'ðɔňdi pɔ'nai

Ich habe hier Schmerzen.
Έχω εδώ πόνους.
'ɛxɔ ɛ'ðɔ 'pɔnus

– oben.
– πάνω.
'panɔ

– unten.
– κάτω.
'katɔ

Eine Plombe ist herausgefallen.
Βγήκε ένα σφράγισμα.
'vjikɛ 'ɛna 'sfrajizma

Der Zahn wackelt.
Το δόντι κουνιέται.
tɔ 'ðɔňdi ku'njɛtɛ

Muß der Zahn gezogen werden?
Πρέπει να βγει το δόντι;
'prɛpi na vji tɔ 'ðɔňdi

... ist abgebrochen.
... έσπασε.
'ɛspasɛ

Können Sie den Zahn provisorisch behandeln?
Μπορείτε να φτιάξετε το δόντι πρόχειρα;
bɔ'ritɛ na 'ftjaksɛtɛ tɔ 'ðɔňdi 'prɔçira

Können Sie diese Prothese reparieren?
Μπορείτε να διορθώσετε αυτή τη μασέλα;
bɔ'ritɛ na ðĭɔr'θɔsɛtɛ a'fti ti ma'sɛla

***Bitte zwei Stunden *nichts essen / nicht rauchen*!**
Να μη *φάτε τίποτα / καπνίσετε* για δυό ώρες!
na mi 'fatɛ 'tipɔta / ka'pnisɛtɛ ja ðjɔ 'ɔrɛs

Wann soll ich wiederkommen?
Πότε πρέπει να ξαναέρθω;
'pɔtɛ 'prɛpi na ksana'ɛrθɔ

Abszeß	(το) αποστημα	a'pɔstima
Backenzahn	τραπεζίτης	trapɛ'zitis
Betäubung	νάρκωση	'narkɔsi
Brücke	γέφυρα	'jɛfira
Eckzahn	κυνόδοντας	ķi'nɔðɔňdas
Einlage	πρόχειρο βούλωμα	'prɔïçirɔ 'vulɔma
Ersatz	τεχνητό δόντι	tɛxni'tɔ 'ðɔňdi
Füllung	(το) σφράγισμα	'sfrajizma
Gebiß	μασέλα	ma'sɛla
Gipsabdruck	γύψινο αποτύπωμα	'jipsinɔ apɔ'tipɔma
Injektion	ένεση	'ɛnɛsi
Karies	τερηδόνα	tɛri'ðɔna
Kiefer	σιαγόνα	sĭa'ɣɔna
Kiefersperre	ακινησία σιαγόνος	aķini'sia sĭa'ɣɔnɔs
Krone	κορώνα	kɔ'rɔna
Nerv	νεύρο	'nɛvrɔ
Platte	πλάκα	'plaka
Plombe	(το) σφράγισμα	'sfrajizma
plombieren	σφραγίζω	sfra'jizɔ
Prothese	μασέλα	ma'sɛla
Schneidezahn	κοπτήρας	kɔ'ptiras
Stiftzahn	βιδωτό δόντι	viðɔ'tɔ 'ðɔňdi
Weisheitszahn	φρονιμίτης	frɔni'mitis
Wurzelbehandlung	θεραπεία ριζών	θɛra'pia ri'zɔn
Zahn	δόντι	'ðɔňdi
Zahnarzt	οδοντίατρος	ɔðɔ'ňdiatrɔs
Zahnarztpraxis	οδοντιατρείο	ɔðɔňdĭa'triɔ
Zahnfleisch	ούλα	'ula
Zahnhals	αυχένας δοντιού	av'çɛnas ðɔ'ňdju
Zahnschmerzen	πονόδοντος	pɔ'nɔðɔňdɔs
Zahnspange	κλωστή για τα δόντια	klɔ'sti ja ta 'ðɔňdĭa
Zahnstein	πέτρα	'pɛtra
Zahnwurzel	ρίζα δοντιού	'riza ðɔ'ňdju
ziehen	βγάζω	'vɣazɔ

KONZERT, THEATER, KINO

Kartenkauf

Was wird heute abend *gegeben / gespielt*?
Τι παίζεται σήμερα;
ti 'pɛzɛtɛ 'simɛra

Wann beginnt *die Vorstellung / das Konzert*?
Πότε αρχίζει η *παράσταση / συναυλία;*
'pɔtɛ ar'çizi i pa'rastasi / sina'vlia

Wo bekommt man Karten?
Πού πωλούνται τα εισιτήρια;
pu pɔ'lundɛ ta isi'tirĭa

Gibt es Ermäßigung für *Kinder / Studenten*?
Γίνεται έκπτωση για *παιδιά / φοιτητές;*
'jinɛtɛ 'ɛkptɔsi ja pɛ'ðĭa / fiti'tɛs

Gibt es noch Karten für *heute / morgen* abend?
Υπάρχουν ακόμα εισιτήρια για *σήμερα / αύριο* το βράδυ;
i'parxun a'kɔma isi'tirĭa ja 'simɛra / 'avrĭɔ tɔ 'vraði

Zwei Karten für morgen, bitte!
Δύο εισιτήρια για αύριο, παρακαλώ!
'ðiɔ isi'tirĭa ja 'avrĭɔ, paraka'lɔ

Bitte einmal *dritte / zehnte* Reihe.
Παρακαλώ μία θέση στην *τρίτη / δέκατη* σειρά.
paraka'lɔ 'mia 'θɛsi stin 'triti / 'ðɛkati si'ra

Bitte zwei Plätze im 1. Rang, 3. Reihe.
Παρακαλώ δύο θέσεις στον πρώτο εξώστη, τρίτη σειρά.
paraka'lɔ 'ðiɔ 'θɛsis stɔm̆ 'brɔtɔ ɛ'ksɔsti, 'triti si'ra

– in der Mitte.
– στη μέση.
sti 'mɛsi

– an der Seite.
– στο πλάι.
stɔ 'plai

– am Gang.
– στο διάδρομο.
stɔ ði'aðrɔmɔ

Die Karten sind ausverkauft.
Τα εισιτήρια έχουν εξαντληθεί.
ta isi'tirĭa 'ɛxun eksaňdli'θi

Loge	θεωρείο	θεɔ'rιɔ
Parkett	πλατεία	pla'tia
Platz	θέση	'θεsi
– Plätze	θέσεις	'θεsis
Rang	εξώστης	ε'ksɔstis
– 1.Rang	πρώτος εξώστης	'prɔtɔs ε'ksɔstis
– 2. Rang	δεύτερος εξώστης	'ðεftεrɔs ε'ksɔstis
Reihe	σειρά	si'ra

Konzert, Theater

Akt	πράξη	'praksi
Alt	μεσόφωνος	mε'sɔfɔnɔs
Arie	άρια	'arĭa
Aufführung	παράσταση	pa'rastasi
Ballett	μπαλέτο	ba'lεtɔ
Bariton	βαρύτονος	va'ritɔnɔs
Baß	βαθύφωνος	va'θifɔnɔs
Beginn	αρχή, έναρξη	ar'çi, 'εnarksi
Begleitung	συνοδεία	sinɔ'ðia
Beifall	(το) χειροκρότημα	çirɔ'krɔtima
Bühne	σκηνή	sķi'ni
Bühnenbild	σκηνικό	sķini'kɔ
Chor	χορωδία	xɔrɔ''ðia
Dirigent	μαέστρος	ma 'εstrɔs
Drama	(το) δράμα	'ðrama
Duett	ντουέτο, διφωνία	du'εtɔ, ðifɔ'nia
Eintrittskarte	εισιτήριο	isi'tirĭɔ
Ende	τέλος	'tεlɔs
Flügel	πιάνο με ουρά	'pjanɔ mε u'ra
Foyer	(το) φουαγιέ	fua'jε
Garderobe	γκαρνταρόμπα	garda'rɔba
Gesang	τραγούδι	tra'γuði
Instrument	μουσικό όργανο	musi'kɔ 'ɔrγanɔ
– Busuki	μπουζούκι	bu'zuķi
– Gitarre	κιθάρα	ķi'θara
– Klavier	πιάνο	'pĭanɔ

– **Schlagzeug**	(τα) κρουστά	kru'sta
– **Violine**	βιολί	vĭɔ'li
Inszenierung	σκηνοθεσία	sk̡inɔθɛ'sia
Kammermusik	μουσική δωματίου	musi'k̡i ðɔma'tiu
Kapelle	ορχήστρα	ɔr'çistra
Kartenverkauf	πώληση εισιτηρίων	'pɔlisi isiti'riɔn
Kartenvorverkauf	προπώληση εισιτηρίων	prɔ'pɔlisi isiti'riɔn
Kasse	ταμείο	ta'miɔ
Komödie	κωμωδία	kɔmɔ'ðia
Komparse	κομπάρσος	kɔ'm̆barsɔs
Komponist	συνθέτης	si'n̆θɛtis
Konzert	συναυλία	sina'vlia
Konzertsaal	αίθουσα συναυλιών	'ɛθusa sinavli'ɔn
Kostüme	(τα) κοστούμια	kɔ'stumĭa
Lied	τραγούδι	tra'ɣuði
– **Volkslied**	δημοτικό τραγούδι	ðimɔti'kɔ tra'ɣuði
Musical	(το) μιούζικαλ	'mjuzikal
Musik	μουσική	musi'k̡i
Musikstück	μουσικό κομμάτι	musi'kɔ kɔ'mati
Note	νότα	'nɔta
Oper	όπερα	'ɔpɛra
Operette	οπερέτα	ɔpɛ'rɛta
Orchester	ορχήστρα	ɔr'çistra
Ouvertüre	εισαγωγή	isaɣɔ'ji
Parkett	πλατεία	pla'tia
Pause	(το) διάλειμμα	'ðjalima
Pianist	πιανίστας	pĭa'nistas
Programmheft	(το) πρόγραμμα	'prɔɣrama
Regie	σκηνοθεσία	sk̡inɔθɛ'sia
Regisseur	σκηνοθέτης	sk̡inɔ'θɛtis
Rolle	ρόλος	'rɔlɔs
– **Hauptrolle**	βασικός ρόλος	vasi'kɔs 'rɔlɔs
Sänger	τραγουδιστής	traɣuði'stis
Sängerin	τραγουδίστρια	traɣu'ðistrĭa
Schauspiel	θεατρικό έργο	θɛatri'kɔ 'ɛrɣɔ
Schauspieler	ηθοποιός	iθɔ'pjɔs

Schauspielerin	(η) ηθοποιός	iθɔ'pjɔs
Sinfoniekonzert	συμφωνική συναυλία	simɱfɔni'ķi sina'vlia
Solist	σολίστας	sɔ'listas
Sopran	υψίφωνος	i'psifɔnɔs
Spielplan	δραματολόγιο	ðramatɔ'lɔjĭɔ
Tänzer	χορευτής	xɔrɛ'ftis
Tänzerin	χορεύτρια	xɔ'rɛftrĭa
Tenor	τενόρος	tɛ'nɔrɔs
Textbuch	λιμπρέτο	li'brɛtɔ
Theater	θέατρο	'θɛatrɔ
Theaterstück	θεατρικό έργο	θɛatri'kɔ 'ɛrɣɔ
Tragödie	τραγωδία	traɣɔ'ðia
Vorhang	αυλαία	av'lɛa
Vorstellung	παράσταση	pa'rastasi
Vorverkauf	προπώληση	prɔ'pɔlisi
Werk	έργο	'ɛrɣɔ

Kino

Was gibt es heute abend im Kino?
Τι παίζει απόψε ο κινηματογράφος;
ti 'pɛzi a'pɔpsɛ ɔ ķinimatɔ'ɣrafɔs

Wann beginnt der Film?
Πότε αρχίζει η ταινία;
'pɔtɛ ar'çizi i tɛ'nia

Wie lange dauert die Vorstellung?
Πόσο κρατάει η ταινία;
'pɔsɔ kra'tai i tɛ'nia

Wann ist der Film zu Ende?
Πότε τελειώνει η ταινία;
'pɔtɛ tɛli'ɔni i tɛ'nia

Wo ist das Kino?
Πού βρίσκεται ο κινηματογράφος;
pu 'vrisķɛtɛ ɔ ķinimatɔ'ɣrafɔs

Wieviel kostet die Eintrittskarte?
Πόσο έχει το εισιτήριο;
'pɔsɔ 'ɛxi tɔ isi'tirĭɔ

Zwei Karten bitte!
Δύο εισιτήρια παρακαλώ!
'ðiɔ isi'tiría paraka'lɔ

An der Kasse wird man oft gefragt:

Πλατεία ή εξώστη;
pla'tia i ɛ'ksɔsti
Parkett oder Rang?

Anfangszeit	ώρα έναρξης	'ɔra 'ɛnarksis
Drehbuch	σενάριο	sɛ'narĭɔ
Film	φιλμ, ταινία	film, tɛ'nia
– **Dokumentarfilm**	(το) ντοκυμανταίρ	dɔkima'ňdɛr
– **Farbfilm**	έγχρωμο φιλμ, έγχρωμη ταινία	'ɛŋ̆xrɔmɔ film, 'ɛŋ̆xrɔmi tɛ'nia
– **Kriminalfilm**	αστυνομικό φιλμ	astinɔmi'kɔ film
– **Kurzfilm**	ταινία μικρού μήκους	tɛ'nia mi'kru 'mikus
– **Schwarzweißfilm**	ασπρόμαυρη ταινία	a'sprɔmavri tɛ'nia
– **Spielfilm**	κινηματογραφική ταινία	ķinimatɔɣrafĭ'ķi tɛ'nia
– **Stummfilm**	βουβή ταινία	vu'vi tɛ'nia
– **Zeichentrickfilm**	κινούμενα σχέδια	ķi'numɛna 'sçɛðĭa
Filmfestspiele	(το) φεστιβάλ κινηματογράφου	fɛsti'val ķinimatɔ'ɣrafu
Filmregisseur	σκηνοθέτης	sķinɔ'θɛtis
Filmregisseurin	σκηνοθέτρια	sķinɔ'θɛtrĭa
Filmschauspieler(in)	ηθοποιός κινηματογράφου	iθɔ'pjɔs ķinimatɔ'ɣrafu
Filmvorführung	προβολή	prɔvɔ'li
Freilichtkino	θερινός κινηματόγραφος	'θɛri'nɔs ķinima'tɔɣrafɔs
Kino	κινηματογράφος, σινεμά	ķinimatɔ'ɣrafɔs, sinɛ'ma
Kinokarte	εισιτήριο	isi'tirĭɔ
Leinwand	οθόνη	ɔ'θɔni
Platzanweiserin	ταξιθέτρια	taksi'θɛtrĭa
Programmvorschau	τα προσεχώς	ta prɔsɛ'xɔs
synchronisiert	μεταγλωττισμένο	mɛtaɣlɔti'zmɛnɔ
Zuschauer	θεατής	θɛa'tis
Zuschauerraum	αίθουσα κινηματογράφου	'ɛθusa ķinimatɔ'ɣrafu

ZEITVERTREIB, SPORT

Zeitvertreib

Was für Hobbies *hast du / haben Sie*?
Τι χόμπυ *έχεις / έχετε*;
ti 'xɔbi 'ɛçis / 'ɛçɛtɛ

Was machst du in deiner Freizeit?
Τι κάνεις στον ελεύθερο χρόνο σου;
ti 'kanis stɔn ɛ'lɛfθɛrɔ 'xrɔnɔ su

Was machen Sie in Ihrer Freizeit?
Τι κάνετε στον ελεύθερο χρόνο σας;
ti 'kanɛtɛ stɔn ɛ'lɛfθɛrɔ 'xrɔnɔ sas

Ich höre gern *Musik / Radio*.
Μου αρέσει ν' ακούω *μουσική / ραδιόφωνο*.
mu a'rɛsi na'kuɔ musi'k̹i / raði'ɔfɔnɔ

Ich sehe gern *fern / Video*.
Μου αρέσει να βλέπω *τηλεόραση / βίντεο*.
mu a'rɛsi na 'vlɛpɔ tilɛ'ɔrasi / 'vidɛɔ

Ich lese gern *Bücher / Zeitung*.
Μου αρέσει να διαβάζω *βιβλία / εφημερίδα*.
mu a'rɛsi na ðĭa'vazɔ vi'vlia / ɛfimɛ'riða

Ich spiele gern *Schach / Karten / Gitarre*.
Μου αρέσει να παίζω *σκάκι / χαρτιά / κιθάρα*.
mu a'rɛsi na 'pɛzɔ 'skaĭk̹i / xar'tĭa / k̹i'θara

Ich mache gern Gymnastik.
Μου αρέσει να κάνω γυμναστική.
mu a'rɛsi na 'kanɔ jimnasti'k̹i

***Mir gefällt / Ich mag* ...**
Μου αρέσει ...
mu a'rɛsi

Ich möchte ...
θέλω ...
'θɛlɔ

Haben Sie Fernsehen?
Έχετε τηλεόραση;
'εçετε tilε'ɔrasi

Welcher Sender ist das?
Ποιος σταθμός είναι αυτός;
pjɔs staθ'mɔs 'inε a'ftɔs

Wann sind die Nachrichten?
Πότε είναι οι ειδήσεις;
'pɔtε 'inε i i'ðisis

Kann ich hier Radio hören?
Μπορώ να ακούσω ραδιόφωνο;
bɔ'rɔ na a'kusɔ ra'ðjɔfɔnɔ

Was wird heute gegeben?
Τι πρόγραμμα έχει σήμερα;
ti 'prɔɣrama 'εçi 'simεra

Spielen Sie *Schach* / *Tischtennis*?
Παίζετε *σκάκι* / *πιγκ-πογκ*;
'pεzεtε 'skaĭki / 'piŋ̈pɔŋ̈

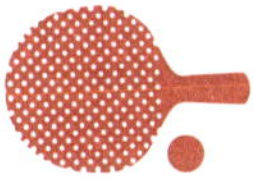

Backgammon / Tavli	τάβλι	'tavli
Bowling	(το) μπόουλινγκ	'bɔuliŋ̈g
Computerspiele	(τα) παιχνίδια στο κομπιούτερ	pε'xniðĭa stɔ kɔm'pĭutεr
Dame(spiel)	ντάμα (παιχνίδι)	'dama (pε'xniði)
Fernsehen	τηλεόραση	tilε'ɔrasi
– **ausschalten**	κλείνω	'klinɔ
– **einschalten**	ανοίγω	a'niɣɔ
– **Ansager**	εκφωνητής	εkfɔni'tis
– **Bildschirm**	οθόνη	ɔ'θɔni
– **Fernsehspiel**	τηλεοπτικό έργο	tilεɔpti'kɔ 'εrɣɔ
– **Nachrichten**	(οι) ειδήσεις	i'ðisis
– **Programm**	(το) πρόγραμμα	'prɔɣrama
– **Sendung**	εκπομπή	εkpɔ'm̈bi
– **Störung**	βλάβη	'vlavi
Gesellschaftsspiel	παιχνίδι ομαδικό	pε'xniði ɔmaði'kɔ
Kartenspiel	τράπουλα	'trapula
– **abheben**	κόβω	'kɔvɔ
– **geben**	μοιράζω	mi'razɔ
– **mischen**	ανακατεύω	anaka'tεvɔ

– **Bube / Dame**	βαλές / ντάμα	va'lɛs / 'dama
– **König / As**	ρήγας / άσος	'riɣas / 'asɔs
– **Herz / Karo**	κούπα / καρό	'kupa / ka'rɔ
– **Kreuz / Pik**	σπαθί / μπαστούνι, πίκα	spa'θi / ba'stuni, 'pika
– **Stich / Joker**	χαρτί / (ο) μπαλαντέρ	xar'ti / bala'dɛr
– **Trumpf**	(το) ατού	a'tu
Kassette	κασέτα	ka'sɛta
Kassettenrekorder	κασετόφωνο	kasɛ'tɔfɔnɔ
Klub	(το) κλαμπ, λέσχη	klab, 'lɛsçi
Niederlage	ήττα	'ita
– **verlieren**	χάνω	'xanɔ
eine Partie	μία παρτίδα	'mia par'tiða
Plattenspieler	(το) πικάπ	pi'kap
Rundfunk	ραδιόφωνο	ra'ðjɔfɔnɔ
– **Hörspiel**	ραδιοφωνικό έργο, (το) σκέτς	raðïɔfɔni'kɔ 'ɛrɣɔ, sķɛts
– **Kurzwelle**	(τα) βραχέα κύματα	vra'çɛa 'ķimata
– **Langwelle**	(τα) μακρά κύματα	ma'kra 'ķimata
– **Mittelwelle**	(τα) μεσαία κύματα	mɛ'sɛa 'ķimata
– **UKW**	(τα) υπερβραχέα κύματα	ipɛrvra'çɛa 'ķimata
Schach	σκάκι	'skaïķi
– **Bauer**	πεσσός, πιόνι	pɛ'sɔs, 'pjɔni
– **Brett**	σκάκι	'skaïķi
– **Dame**	βασίλισσα	va'silisa
– **Feld**	τετράγωνο	tɛ'traɣɔnɔ
– **Figur**	φιγούρα	fi'gura
– **König**	βασιλιάς	vasi'ljas
– **Läufer**	αξιωματικός, τρελός	aksïɔmati'kɔs, trɛ'lɔs
– **Springer**	άλογο	'alɔɣɔ
– **Turm**	πύργος	'pirɣɔs
Schallplatte	δίσκος	'ðiskɔs

Schönheitswettbewerb	διαγωνισμός καλλιστείων	ðĭaɣɔni'zmɔs kali'stiɔn
Sieg	νίκη	'niķi
– gewinnen	κερδίζω	ķɛr'ðizɔ
Tischtennis	(το) πιγκ-πογκ	'piŋ̈pɔŋ̈
Unterhaltung	διασκέδαση	ðĭa'sķɛðasi
– sich unterhalten	διασκεδάζω	ðĭasķɛ'ðazɔ
Volksfest	πανηγύρι	pani'jiri
Würfel	ζάρι	'zari
– würfeln	ρίχνω τα ζάρια	'rixnɔ ta 'zarĭa
Zeitschrift	περιοδικό	pɛrĭɔði'kɔ
– Illustrierte	εικονογραφημένο περιοδικό	ikɔnɔɣrafi'mɛnɔ pɛrĭɔði'kɔ
– Modezeitschrift	περιοδικό μόδας	pɛrĭɔði'kɔ 'mɔðas
Zeitung	εφημερίδα	ɛfimɛ'riða
Zirkus	τσίρκο	'tsirkɔ

Im Spielkasino:

Spielkasino	καζίνο	ka'zinɔ
Spielmarke	μάρκα	'marka
Spiel	παιχνίδι	pɛ'xniði
– Bankhalter	(ο) γκρουπιέ	gru'pjɛ
– Einsatz	μίζα	'miza
– setzen	βάζω	'vazɔ
– spielen	παίζω	'pɛzɔ
– Stein	πιόνι	'pjɔni
– ziehen	τραβάω	tra'vaɔ
– Zug	σειρά	si'ɾa

Ausgehen:

Was kann man hier abends machen?
Τι μπορεί να κάνει κανείς εδώ το βράδυ;
ti bɔ'ri na 'kani ka'nis ɛ'ðɔ tɔ 'vraði

Gibt es hier ...?
Υπάρχει εδώ ...;
i'parçi ɛ'ðɔ

Können wir *zum / zur* ... gehen?
Μπορούμε να πάμε *στον / στην* ...;
bɔ'rumɛ na 'pamɛ stɔn / stin

Gehen wir ...
Πάμε ...
'pamɛ

... in die Ausstellung!
... στην έκθεση!
stin 'ɛkθɛsi

... ins Theater!
... στο θέατρο!
stɔ 'θɛatrɔ

... ins Restaurant!
... στο εστιατόριο!
stɔ ɛstĭa'tɔrĭɔ

... ins Kino!
... στον κινηματογράφο!
stɔn ķinimatɔ'ɣrafɔ

... ins Konzert!
... στη συναυλία!
sti sinav'lia

... spazieren!
... βόλτα!
'vɔlta

... einkaufen!
... για ψώνια!
ja 'psɔnĭa

... ins Kaffeehaus!
... στο καφενείο!
stɔ kafɛ'niɔ

... in die Kneipe!
... στο μπαράκι!
stɔ ba'raĭķi

... ins Museum!
... στο μουσείο!
stɔ mu'siɔ

... in die Disko!
... στη ντισκοτέκ!
sti diskɔ'tɛk

... in die Veranstaltung!
... στην εκδήλωση!
stin ɛk'ðilɔsi

... zur Party!
... στο πάρτυ!
stɔ 'parti

Tanz, Flirt

Verzeih!
Με συγχωρείς!
mɛ siŋ̆xɔ'ris

Verzeihen Sie!
Με συγχωρείτε!
mɛ siŋ̆xɔ'ritɛ

Darf ich mich zu *dir / Ihnen* setzen?
Μπορώ να καθήσω κοντά *σου / σας*;
bɔ'rɔ na ka'θisɔ kɔ'n̆da su / sas

Was *machst du / machen Sie* heute abend?
Τι *κάνεις / κάνετε* απόψε;
ti 'kanis / 'kanɛtɛ a'pɔpsɛ

Gibt es hier *eine Diskothek / ein Tanzlokal*?
Υπάρχει εδώ *ντισκοτέκ / χορευτικό κέντρο*;
i'parçi ɛ'ðɔ diskɔ'tɛk / xɔrɛfti'kɔ 'ķɛn̆drɔ

Wollen wir in die Disko gehen?
Πάμε στη ντισκοτέκ;
'pamɛ sti diskɔ'tɛk

Wollen wir tanzen?
Χορεύουμε;
xɔ'rɛvumɛ

Tanzen wir noch einmal?
Ξαναχορεύουμε;
ksanaxɔ'rɛvumɛ

***Du tanzt / Sie tanzen* sehr gut.**
Χορεύεις / Χορεύετε πολύ καλά.
xɔ'rɛvis / xɔ'rɛvɛtɛ pɔ'li ka'la

Wann können wir uns wiedersehen?
Πότε μπορούμε να ξαναϊδωθούμε;
'pɔtɛ bɔ'rumɛ na ksanaiðɔ'θumɛ

Darf ich *dich / Sie* nach Hause begleiten?
Μπορώ να *σε / σας* συνοδέψω ως το σπίτι;
bɔ'rɔ na sɛ / sas sinɔ'ðɛpsɔ ɔs tɔ 'spiti

Darf ich *dich / Sie* nach Hause fahren?
Μπορώ να *σε / σας* πάω ως το σπίτι;
bɔ'rɔ na sɛ / sas 'paɔ ɔs tɔ 'spiti

Wo *wohnst du / wohnen Sie?*
Πού *κάθεσαι / κάθεστε*;
pu 'kaθɛsɛ / 'kaθɛstɛ

Der Abend war sehr schön.
Ήταν μια πολύ ωραία βραδιά.
'itan mĭa pɔ'li ɔ'rɛa vra'ðĭa

begleiten	συνοδεύω	sinɔ'ðɛvɔ
besuchen	επισκέπτομαι	ɛpi'skɛptɔmɛ
Diskothek	(η) ντισκοτέκ	diskɔ'tɛk
einladen	προσκαλώ	prɔska'lɔ
j-n erwarten	περιμένω κάποιον	pɛri'mɛnɔ 'kapĭɔn
Party	(το) πάρτυ	'parti
spazierengehen	πάω περίπατο	'paɔ pɛ'ripatɔ
Tanz	χορός	xɔ'rɔs
tanzen	χορεύω	xɔ'rɛvɔ
Tanzlokal	χορευτικό κέντρο	xɔrɛfti'kɔ 'ķɛňdrɔ
sich treffen	συναντιέμαι	sina'ňdjɛmɛ
sich unterhalten	διασκεδάζω	ðĭaskɛ'ðazɔ
sich wiedersehen	ξαναβλέπω	ksana'vlɛpɔ
wohnen	κάθομαι, μένω	'kaθɔmɛ, 'mɛnɔ

Der Weg zum Strand:

Gibt es in der Nähe einen schönen Strand?
Υπάρχει εδώ κοντά μια ωραία παραλία;
i'parçi ε'ðɔ kɔ'ňda mĭa ɔ'rεa para'lia

Ist das ein Sandstrand?
Είναι αμμουδιά;
'inε amu'ðĭa

Wo gibt es in der Nähe ...?
Πού υπάρχει εδώ κοντά ...;
pu i'parçi ε'ðɔ kɔ'ňda

Wie weit ist es *zu Fuß / mit dem Auto*?
Πόσο μακριά είναι *με τα πόδια / με το αυτοκίνητο*;
'pɔsɔ makrĭ'a 'inε mε ta 'pɔðĭa / mε tɔ aftɔ'k̡initɔ

Kann man zu Fuß gehen?
Μπορεί να πάει κανείς με τα πόδια;
bɔ'ri na 'pai ka'nis mε ta 'pɔðĭa

Wohin *muß ich / müssen wir* gehen?
Από πού πρέπει *να πάω / να πάμε*;
a'pɔ pu 'prεpi na 'paɔ / na 'pamε

Gibt es einen Bus dorthin?
Υπάρχει λεωφορείο που πάει εκεί;
i'parçi lεɔfɔ'riɔ pu 'pai ε'k̡i

Wo ist die Haltestelle?
Πού είναι η στάση;
pu 'inε i 'stasi

Wann fährt er?
Πότε φεύγει;
'pɔtε 'fεvji

Am Strand

Ist das Wasser tief?
Είναι βαθιά τα νερά;
'inε va'θĭa ta nε'ra

Ist das Wasser kalt?
Είναι κρύο το νερό;
'inε 'kriɔ tɔ nε'rɔ

Gibt es Quallen?
Έχει τσούχτρες;
'εçi 'tsuxtrεs

Gibt es hier Seeigel?
Έχει εδώ αχινούς;
'εçi ε'ðɔ açi'nus

Ich möchte ein *Boot* / *Tretboot* mieten.
Θέλω να νοικιάσω *μια βάρκα* / *ένα ποδήλατο της θάλασσας.*
'θεlɔ na ni'k̡ĭasɔ mĭa 'varka / 'εna pɔ'ðilatɔ tis 'θalasas

Ich möchte Wasserski fahren.
Θέλω να κάνω σκι.
'θεlɔ na 'kanɔ sk̡i

Wo gibt es ...?
Πού υπάρχει ...;
pu i'parçi

Ich möchte surfen.
Θέλω να κάνω σέρφιγκ.
'θεlɔ na 'kanɔ 'sεrfiŋ̆g

Was kostet es die Stunde?
Πόσο κάνει την ώρα;
'pɔsɔ 'kani tin 'ɔra

Gibt es hier in der Nähe eine Taverne?
Υπάρχει ταβέρνα εδώ κοντά;
i'parçi ta'vεrna ε'ðɔ kɔ'ňda

Würden Sie bitte auf meine Sachen achtgeben?
Μήπως μπορείτε να προσέξετε τα πράγματά μου;
'mipɔs bɔ'ritε na prɔ'sεksεtε ta 'praɣma'ta mu

ΑΠΑΓΟΡΕΥΕΤΑΙ ΤΟ ΚΟΛΥΜΠΙ!
apaɣɔ'rεvεtε tɔ kɔ'lim̆bi
Schwimmen verboten!

ΙΔΙΩΤΙΚΗ ΠΕΡΙΟΧΗ!
iðĭɔti'k̡i pεriɔ'çi
Privatgrundstück

In Griechenland gibt es vereinzelt auch Strände, die von der Griechischen Zentrale für Fremdenverkehr (E.O.T.) betrieben werden, vor allem im Raum Attika. Für das Betreten dieser Strände muß Eintritt bezahlt werden. Als Gegenleistung stehen Liegestühle, Tretboote, Duschen, Kabinen usw. zur Verfügung.

An den E.O.T.-Stränden sind folgende Redewendungen nützlich:

2 Eintrittskarten bitte (mit Kabine).
Δύο εισιτήρια παρακαλώ (με καμπίνα).
'ðiɔ isi'tirĭa paraka'lɔ (mɛ ka'bina)

Gibt es Ermäßigung für Kinder?
Υπάρχει έκπτωση για τα παιδιά;
i'parçi 'ɛkptɔsi ja ta pɛ'ðĭa

Gibt es einen Rettungsschwimmer?
Υπάρχει ναυαγοσώστης;
i'parçi navaɣɔ'sɔstis

Wo ist der Bademeister?
Πού είναι ο επόπτης;
pu 'inɛ ɔ ɛ'pɔptis

Ich möchte einen Sonnenschirm (mieten).
Θέλω (να νοικιάσω) μια ομπρέλα.
'θɛlɔ (na ni'ķĭasɔ) mĭa ɔ'm̆brɛla

Wo sind *die Kabinen / die Toiletten / die Duschen*?
Πού είναι *οι καμπίνες / οι τουαλέτες / τα ντους;*
pu 'inɛ i ka'binɛs / i tua'lɛtɛs / ta dus

Wo ist die Kantine?
Πού είναι η καντίνα;
pu 'inɛ i kan'tina

Bad	μπάνιο	'banĭɔ
Badeanzug	(το) μαγιώ	ma'jɔ
Badehose	(το) μαγιώ	ma'jɔ
Badekabine	καμπίνα	ka'bina
Badekappe	σκουφάκι μπάνιου	sku'faĭķi 'banĭu
Bademantel	μπουρνούζι	bur'nuzi
baden	κάνω μπάνιο	'kanɔ 'banĭɔ
Badesteg	εξέδρα	ɛ'ksɛðra
Boot	βάρκα	'varka
– **Motorboot**	(η) βενζινάκατος	vɛn̆zi'nakatɔs
– **Ruderboot**	βάρκα με κουπιά	'varka mɛ ku'pja
– **Schlauchboot**	λαστιχένια βάρκα, (το) ζόντιακ	lasti'çɛnĭa 'varka, 'zɔdĭak
– **Segelboot**	βάρκα με πανιά	'varka mɛ pa'nja
– **Tretboot**	ποδήλατο της θάλασσας	pɔ'ðilatɔ tis 'θalasas
Bucht	κόλπος	'kɔlpɔs
Düne	αμμόλοφος	a'mɔlɔfɔs
Dusche	(το) ντους	dus
Liege	ξαπλωτούρα	ksaplɔ'tura
Luftmatratze	φουσκωτό στρώμα	fuskɔ'tɔ 'strɔma
Lufttemperatur	θερμοκρασία αέρα	θɛrmɔkra'sia a'ɛra
Muscheln	κοχύλια	kɔ'çilĭa
Nichtschwimmer	μη κολυμβητής	mi kɔlim̧vi'tis
Qualle	τσούχτρα	'tsuxtra
Salzgehalt	περιεκτικότητα σε αλάτι	pɛrĭɛkti'kɔtita sɛ a'lati
Sand	άμμος	'amɔs
Sandstrand	αμμουδιά	amu'ðja
schwimmen	κολυμπάω	kɔli'm̆bаɔ
Schwimmer	κολυμβητής	kɔlim̧vi'tis
Sonnenbad	ηλιοθεραπεία	ilĭɔθɛra'pia
Strand	(η) πλαζ	plaz
tauchen	κάνω κατάδυση	'kanɔ ka'taðisi
Taucherausrüstung	(τα) εξαρτήματα κατάδυσης	ɛksar'timata ka'taðisis
Wasser	νερό	nɛ'rɔ
Wassertemperatur	θερμοκρασία νερού	θɛrmɔkra'sia nɛ'ru
Welle	(το) κύμα	'ķima

Sport

Welche Sportveranstaltungen gibt es hier?
Τι αθλητικές εκδηλώσεις γίνονται εδώ;
ti aθliti'ķεs εkði'lɔsis 'jinɔñdε ε'ðɔ

Wo ist *das Stadion (der Fußballplatz)*?
Πού είναι το *στάδιο (γήπεδο)*;
pu 'inε tɔ 'staðĭɔ ('jipεðɔ)

***Heute spielt … gegen …**
Σήμερα παίζει ο … με …
'simεra 'pεzi ɔ … mε

Ich würde mir gern *das Spiel / das Rennen / den Kampf /* ansehen.
Θα ήθελα να δω *το παιχνίδι / τον αγώνα δρόμου / τον αγώνα*.
θa 'iθεla na ðɔ tɔ pε'xniði / tɔn a'ɣɔna 'ðrɔmu / tɔn a'ɣɔna

***Wann / Wo* findet das Fußballspiel statt?**
Πότε / Πού θα γίνει το ματς (ο αγώνας ποδοσφαίρου);
'pɔtε / pu θa 'jini tɔ mats (ɔ a'ɣɔnas pɔðɔ'sfεru)

Können Sie mir dafür Karten besorgen?
Μπορείτε να μου βρείτε εισιτήρια;
bɔ'ritε na mu 'vritε isi'tirĭa

Tor!
Γκολ!
gɔl

Wie steht das Spiel?
Πώς είναι το σκορ;
pɔs 'inε tɔ skɔr

***Das Spiel steht 3 : 2 für …**
Το σκορ είναι τρία δύο για …
tɔ skɔr 'inε 'tria 'ðiɔ ja

Gibt es hier ein Hallenbad?
Υπάρχει εδώ κλειστό κολυμβητήριο;
i'parçi ε'ðɔ kli'stɔ kɔliɱvi'tirĭɔ

Welchen Sport *treibst du / treiben Sie*?
Τι σπορ *κάνεις / κάνετε*;
ti spɔr 'kanis / 'kanεtε

Ich mache …
Κάνω …
'kanɔ

Ich bin ...	**Ich spiele ...**	**Ich begeistere mich für ...**
Είμαι ...	Παίζω ...	Μου αρέσει πολύ ...
'imɛ	'pɛzɔ	mu a'rɛsi pɔ'li

Mir gefällt (überhaupt) nicht ...
Δενμου αρέσει (καθόλου) ...
ðɛn mu a'rɛsi (ka'θɔlu)

Angelsport	(το) ψάρεμα	'psarɛma
– **Angel**	καλάμι	ka'lami
– **angeln**	ψαρεύω με καλάμι	psa'rɛvɔ mɛ ka'lami
Basketball	μπάσκετ	'baskɛt
Bergsteigen	ορειβασία	ɔriva'sia
– **Bergsteiger**	ορειβάτης	ɔri'vatis
Bootsrennen	αγώνας κρις κραφτ	a'ɣɔnas kris kraft
– **Rennboot**	(το) κρις κραφτ	kris kraft
Boxkampf	(το) μποξ, πυγμαχία	bɔks, piɣma'çia
– **boxen**	παίζω μποξ, πυγμαχώ	'pɛzɔ bɔx, piɣma'xɔ
– **Boxer**	(ο) μποξέρ, πυγμάχος	bɔ'ksɛr, piɣ'maxɔs
Eiskunstlauf	καλλιτεχνικό πατινάζ	kalitɛxni'kɔ pati'naz
– **eislaufen**	παγοδρομώ	paɣɔðrɔ'mɔ
– **Schlittschuhe**	παγοπέδιλα	paɣɔ'pɛðila
– **Schlittschuhläufer**	παγοδρόμος	paɣɔ'ðrɔmɔs
Fechten	ξιφομαχία	ksifɔma'çia
Fußballspiel	ποδόσφαιρο	pɔ'ðɔsfɛrɔ
– **Fußball spielen**	παίζω ποδόσφαιρο	'pɛzɔ pɔ'ðɔsfɛrɔ
– **Abseits**	(το) οφσάιντ	ɔf'said
– **Ball**	μπάλα	'bala
– **Eckball**	(το) κόρνερ	'kɔrnɛr
– **Freistoß**	ελεύθερη βολή	ɛ'lɛfθɛri vɔ'li
– **Strafstoß**	(το) πέναλτυ	'pɛnalti
– **Tor**	(το) γκολ	gɔl
Geräteturnen	ενόργανη γυμναστική	ɛ'nɔrgani jimnasti'ki
– **Barren**	δίζυγο	'ðiziɣɔ
– **Pferd**	ίππος	'ipɔs
– **Reck**	μονόζυγο	mɔ'nɔziɣɔ
– **Ringe**	(οι) κρίκοι	'kriki

Golf	(το) γκολφ	gɔlf
– Golf spielen	παίζω γκολφ	'pεzɔ gɔlf
Gymnastik	γυμναστική	jimnasti'ķi
Handball	(το) χαντ-μπωλ	xand-bɔl
Jagd	κυνήγι	ķi'niji
– Jagdschein	άδεια κυνηγιού	'aðĭa ķini'ju
Jogging	(το) τζόγκινγκ	'dzɔgiŋ̆g
Judo	τζούντο	'dzudɔ
Leichtathletik	στίβος	'stivɔs
– Hochsprung	(το) άλμα εις ύψος	'alma is 'ipsɔs
– Kugelstoßen	σφαιροβολία	sferɔvɔ'lia
– Marathonlauf	Μαραθώνιος	mara'θɔnĭɔs
– Speerwerfen	ακοντισμός	akɔn̆di'zmɔs
– Weitsprung	(το) άλμα εις μήκος	'alma is 'mikɔs
Mannschaft	ομάδα	ɔm'aða
– linke(r) Läufer	αριστερός χαφ	aristε'rɔs xaf
– Mittelläufer	(ο) σέντερ μπακ	'sεn̆dεr bak
– Mittelstürmer	(ο) σέντερ φορ	'sεn̆dεr 'fɔr
– Schiedsrichter	διαιτητής	ðĭεti'tis
– Spieler	παίκτης	'pεktis
– Stürmer	κυνηγός	ķini'ɣɔs
– Torwart	τερματοφύλακας	tεrmatɔ'filakas
– Verteidiger	αμυντικός	amin̆di'kɔs
Motorsport	(το) σπορ αυτοκινήτου	spɔr aftɔķi'nitu
– Rennen	αγώνας ταχύτητας	a'ɣɔnas ta'çititas
– Rennfahrer	οδηγός αγώνων	ɔði'ɣɔs a'ɣɔnɔn
– Rennwagen	αυτοκίνητο αγώνων	aftɔ'ķinitɔ a'ɣɔnɔn
Olympische Spiele	(οι) Ολυμπιακοί αγώνες	ɔlimbĭa'ķi a'ɣɔnεs
Radsport	ποδηλατοδρομία	pɔðilatɔðrɔ'mia
– Fahrrad	ποδήλατο	pɔ'ðilatɔ
– radfahren	κάνω ποδήλατο	'kanɔ pɔ'ðilatɔ

– **Radfahrer**	ποδηλάτης	pɔði'latis
– **Radrennen**	ποδηλατοδρομία	pɔðilatɔðrɔ'mia
Reitsport	ιππασία	ipa'sia
– **Pferd**	άλογο	'alɔγɔ
– **reiten**	ιππεύω	i'pɛvɔ
– **Reiter**	ιππέας	i'pɛas
– **Springen**	αγώνας μετ' εμποδίων	a'γɔnas mɛtɛm̆bɔ'ðiɔn
– **Trabrennen**	αγώνας τριποδισμού	a'γɔnas tripɔði'zmu
Ringkampf	πάλη	'pali
– **ringen**	παλεύω	pa'lɛvɔ
– **Ringer**	παλαιστής	palɛ'stis
Rodeln	κάνω έλκηθρο	'kanɔ 'ɛlk̡iθrɔ
– **Schlitten**	έλκηθρο	'ɛlk̡iθrɔ
Rudern	κωπηλασία	kɔpila'sia
– **Ruderboot**	βάρκα με κουπιά	varka mɛ ku'pja
– **Ruderer**	κωπηλάτης	kɔpi'latis
– **Steuermann**	τιμονιέρης	timɔ'njɛris
Schießsport	σκοποβολή	skɔpɔvɔ'li
– **Scheibe**	δίσκος σκοποβολής	'ðiskɔs skɔpɔvɔ'lis
– **schießen**	σκοπεύω	skɔ'pɛvɔ
– **Schießstand**	σκοπευτήριο	skɔpɛ'ftirĭɔ
Schisport	(το) σκι	sk̡i
– **Schi laufen**	κάνω σκι	'kanɔ sk̡i
– **Bindung**	δέσιμο	'ðɛsimɔ
– **Schi**	(το) σκι	sk̡i
– **Schilift**	(το) τελεφερίκ	tɛlɛfɛ'rik
– **Sprungschanze**	εξέδρα	ɛ'ksɛðra
Schwimmen	κολύμβηση	kɔ'liɱvisi
– **Schwimmer**	κολυμβητής	kɔliɱvi'tis
– **Sprung**	βουτιά	vu'tja
– **Sprungbrett**	εξέδρα	ɛ'ksɛðra
Segelsport	ιστιοπλοΐα	istĭɔplɔ'ia
– **Segel**	πανί	pa'ni

– **Segelboot**	ιστιοφόρο	istĭɔ'fɔrɔ
– **segeln**	κάνω ιστιοπλοΐα	'kanɔ istĭɔplɔ'ia
Sport	(το) σπορ, άθλημα	spɔr, 'aθlima
– **Sportler(in)**	αθλητής (αθλήτρια)	aθli'tis (a'θlitrĭa)
– **Sportverein**	αθλητικός όμιλος	aθliti'kɔs 'ɔmilɔs
Squash	(το) σκουώς	sku'ɔs
Surfing	(το) σέρφιγκ	'sɛrfiŋ̆g
Tauchsport	(οι) καταδύσεις	kata'ðisis
– **Taucher**	καταδύτης	kata'ðitis
Tennis	(το) τένις, αντισφαίριση	'tɛnis, an̆di'sfɛrisi
– **Einzel / Doppel**	μονό / διπλό	mɔ'nɔ / ði'plɔ
– **Satz**	(το) σετ	sɛt
– **Tennis spielen**	παίζω τένις	'pɛzɔ 'tɛnis
– **Tennisball**	μπαλάκι του τένις	ba'laĭķi tu 'tɛnis
– **Tennisplatz**	γήπεδο τένις	'jipɛðɔ 'tɛnis
– **Tischtennis**	(το) πιγκ-πογκ	'piŋ̆gpɔŋ̆g
Turnen	γυμναστική	jimnasti'ķi
– **Turner(in)**	γυμναστής (γυμνάστρια)	jimna'stis (jim'nastrĭa)
Volleyball	(το) βόλεϋ	'vɔlɛi
Wandern	πεζοπορία	pɛzɔpɔ'ria
Wettkampf	αγώνας, (το) ματς	a'ɣɔnas, mats
– **Ergebnis**	(το) αποτέλεσμα	apɔ'tɛlɛzma
– **gewinnen**	κερδίζω	ķɛr'ðizɔ
– **Halbzeit**	ημίχρονο	i'mixrɔnɔ
– **Meisterschaft**	(το) πρωτάθλημα	prɔ'taθlima
– **Niederlage**	ήττα	'ita
– **Punkt**	σημείο	si'miɔ
– **Sieg**	νίκη	'niķi
– **Spiel**	παιχνίδι	pɛ'xniði
– **spielen**	παίζω	'pɛzɔ
– **Start**	αρχή, εκκίνηση	ar'çi, ɛ'ķinisi
– **Tor**	(το) τέρμα, (το) γκολ	'tɛrma, gɔl
– **Training**	προπόνηση	prɔ'pɔnisi
– **Unentschieden**	ισοπαλία	isɔpa'lia
– **verlieren**	χάνω	'xanɔ

ANHANG

Bekanntmachungen und Warnungen

ΑΝΑΚΟΙΝΩΣΗ [ana'ķinɔsi] . . . . **Bekanntmachung**
ΑΝΑΧΩΡΗΣΗ [ana'xɔrisi] . . . . **Abfahrt**
ΑΠΑΓΟΡΕΥΕΤΑΙ Η ΔΙΕΛΕΥΣΗ!
[apaɣɔ'rɛvɛtɛ i ði'ɛlɛfsi] . . . . **Durchfahrt verboten!**
ΑΠΑΓΟΡΕΥΕΤΑΙ Η ΔΙΟΔΟΣ!
[apaɣo'rɛvɛtɛ i 'ðiɔðɔs] . . . . **Durchgang verboten!**
ΑΠΑΓΟΡΕΥΕΤΑΙ Η ΕΙΣΟΔΟΣ!
[apaɣɔ'rɛvɛtɛ i 'isɔðɔs] . . . . **Eintritt verboten!**
ΑΠΑΓΟΡΕΥΕΤΑΙ ΤΟ ΚΑΠΝΙΣΜΑ!
[apaɣɔ'rɛvɛtɛ tɔ 'kapnizma] . . . . **Rauchen verboten!**
ΑΠΑΓΟΡΕΥΕΤΑΙ ΤΟ ΚΟΛΥΜΠΙ!
[apaɣɔ'rɛvɛtɛ tɔ kɔ'limbi] . . . . **Baden verboten!**
ΑΠΟΧΩΡΗΤΗΡΙΑ [apɔxɔri'tirĭa] . . . . **Toiletten**
ΑΡΙΣΤΕΡΑ [aristɛ'ra] . . . . **Links**
ΑΦΙΞΗ ['afiksi] . . . . **Ankunft**
ΓΥΝΑΙΚΩΝ / ΑΝΔΡΩΝ
[jinɛ'kɔn] / [aň'ðrɔn] . . . . **Damen / Herren**
ΔΕΞΙΑ [ðɛ'ksja] . . . . **Rechts**
ΕΙΣΟΔΟΣ ['isɔðɔs] . . . . **Eingang**
ΕΙΣΟΔΟΣ ΕΛΕΥΘΕΡΑ ['isɔðɔs ɛlɛ'fθɛra] . . . **Eintritt frei**
ΕΝΟΙΚΙΑΖΕΤΑΙ [ɛni'ķazɛtɛ] . . . . **Zu vermieten**
ΕΠΙΚΙΝΔΥΝΗ ΣΤΡΟΦΗ!
[ɛpi'ķiňðini strɔ'fi] . . . . **Gefährliche Kurve!**
ΕΡΓΑΣΙΑΙ ΟΔΟΠΟΙΙΑΣ! [ɛrɣa'siɛ ɔðɔpi'ias] **Straßenarbeiten!**
ΕΞΟΔΟΣ ['ɛksɔðɔs] . . . . **Ausgang**
ΚΑΠΝΙΖΟΝΤΕΣ [ka'pnizɔňdɛs] . . . . **Raucher**
ΚΙΝΔΥΝΟΣ-ΘΑΝΑΤΟΣ! ['ķiňðinɔs 'θanatɔs] **Lebensgefahr!**
ΟΔΗΓΕΙΤΕ ΒΡΑΔΕΩΣ! [ɔði'jitɛ vra'ðɛɔs] . . **Langsam fahren!**
ΠΑΡΑΚΑΛΕΙΣΘΕ ΟΠΩΣ ΚΛΕΙΗΤΕ ΤΗΝ
ΠΟΡΤΑ! [paraka'listɛ 'ɔpɔs 'kliitɛ ti'm̌bɔrta] **Bitte Tür schließen!**
ΠΡΟΣΟΧΗ! ΣΚΥΛΟΣ! [prɔsɔ'çi 'sķilɔs] . . . . **Vorsicht! Hund!**
ΠΡΟΣΟΧΗ! ΤΡΑΙΝΟ! [prɔsɔ'çi 'trɛnɔ] . . . . . **Vorsicht! Zug!**
ΣΥΡΑΤΕ! ['siratɛ] . . . . **Ziehen!**
ΣΤΑΣΗ ['stasi] . . . . **Haltestelle**
ΧΩΡΟΣ ΣΤΑΘΜΕΥΣΕΩΣ
['xɔrɔs staθ'mɛfsɛɔs] . . . . **Parkplatz**
ΩΘΗΣΑΤΕ! [ɔ'θisatɛ] . . . . **Stoßen!**

Abkürzungen

Α	ανατολή [anatɔ'li]	Osten
Α.Ε.	Ανώνυμος Εταιρία [a'nɔnimɔs εtε'ria]	Aktiengesellschaft
α.π.	ατμόπλοιο [at'mɔplĭɔ]	Dampfer
Α.Π.	Αστυνομία Πόλεων [astinɔ'mia 'pɔlεɔn]	städtische Polizei
Απρ.	Απρίλιος [a'prilĭɔs]	April
αρ.	αριθμός [ariθ'mɔs]	Zahl, Nummer, Größe
Αύγ.	Αύγουστος ['avɣustɔs]	August
Β	βορράς [vɔ'ras]	Norden
Δ	δύση ['ðisi]	Westen
Δδα	δεσποινίδα [ðεspi'niða]	Fräulein
Δεκ.	Δεκέμβριος [ðε'k̡εmvrĭɔs]	Dezember
Δ.Ε.Σ.	Διεθνής Ερυθρός Σταυρός [ðĭε'θnis εri'θrɔs sta'vrɔs]	Internationales Rotes Kreuz
δηλ.	δηλαδή [ðila'ði]	das heißt
διεύθ.	διεύθυνση [ði'εfθiňsi]	Direktion; Adresse
δρ.	διδάκτορας [ði'ðaktɔras]	Doktor
δρχ.	δραχμή [ðra'xmi]	Drachme
	δραχμές [ðra'xmεs]	Drachmen
Δ.Σ.	Διπλωματικό Σώμα [ðiplɔmati'kɔ 'sɔma]	Diplomatisches Korps
Ε.Ε.Σ.	Ελληνικός Ερυθρός Σταυρός [εlini'kɔs εri'θrɔs sta'vrɔs]	Griechisches Rotes Kreuz
εκ.	εκατοστό [εkatɔ'stɔ]	Zentimeter
Ε.Λ.Π.Α.	Ελληνική Λέσχη Περιηγήσεως και Αυτοκινήτου [εlini'k̡i 'lεsçi pεrii'jisεɔs k̡ε aftɔk̡i'nitu]	Griechischer Automobil- und Touring-Club
Ε.Ο.Κ.	Ευρωπαϊκή Οικονομική Κοινότης [εvrɔpai'k̡i ikɔnɔmi'k̡i k̡i'nɔtis]	Europäische Wirtschaftsgemeinschaft
Ε.Ο.Τ.	Ελληνικός Οργανισμός Τουρισμού [εlini'kɔs ɔrɣani'zmɔs turi'zmu]	Griechischer Verkehrsverein

Ε.Σ.Α.	Ελληνική Στρατιωτική Αστυνομία [ɛlini'ķi stratjɔti'ķi astinɔ'mia]	**Griechische Militärpolizei**
Ε.Σ.Σ.Δ.	Ένωση Σοβιετικών Σοσιαλιστικών Δημοκρατιών ['ɛnɔsi sɔvjɛti'kɔn sɔsjalisti'kɔn ðimɔkra'tjɔn]	**Sowjetunion**
Η.Π.Α.	Ηνωμένες Πολιτείες της Αμερικής [inɔ'mɛnɛs pɔli'tiɛs tis amɛri'ķis]	**Vereinigte Staaten von Amerika**
Θεσ/νίκη	Θεσσαλονίκη [θɛsalɔ'niķi]	**Saloniki**
Ιαν.	Ιανουάριος [janu'arĭɔs]	**Januar**
Ι.Κ.Α.	Ίδρυμα Κοινωνικών Ασφαλίσεων ['iðrima ķinɔni'kɔn asfa'lisɛɔn]	**Sozialversicherungsanstalt**
Ιούλ.	Ιούλιος ['ĭulĭɔs]	**Juli**
Ιούν.	Ιούνιος ['iunĭɔs]	**Juni**
κ.	κύριος ['ķirĭɔs]	**Herr**
	κυρία [ķi'ria]	**Frau**
Κα	κυρία [ķi'ria]	**Frau**
κεφ.	κεφάλαιο [ķɛ'falɛɔ]	***(Buch)* Kapitel**
Κος	κύριος ['ķirĭɔs]	**Herr**
κτλ.	και τα λοιπά [ķɛ ta li'pa]	**und so weiter**
λ	λίτρο ['litrɔ], λίτρα ['litra]	**Liter**
λ/σμός	λογαριασμός [lɔɣarĭa'zmɔs]	**Rechnung; Konto**
λ.χ.	λόγου χάριν ['lɔɣu 'xarin]	**zum Beispiel**
Μαρτ.	Μάρτιος ['martĭɔs]	**März**
μ.μ.	μετά μεσημβρίαν [mɛ'ta mɛsiŋ'vrian]	**nachmittags**
μ.Χ.	μετά Χριστόν [mɛ'ta xri'stɔn]	**nach Christus**
Ν	νότος ['nɔtɔs]	**Süden**
Ν.Ο.	Ναυτικός Όμιλος [nafti'kɔs 'ɔmilɔs]	**Jachtklub**
Νοέμβρ.	Νοέμβριος [nɔ'ɛɱvrĭɔs]	**November**
Ο.Ε.	Ομόρρυθμος Εταιρία [ɔ'mɔriθmɔs ɛtɛ'ria]	**offene Handelsgesellschaft**

Ο.Η.Ε.	Οργανισμός Ηνωμένων Εθνών [ɔrɣaniˈzmɔs inɔˈmɛnɔn ɛθˈnɔn]	**Vereinte Nationen**
Οκτ.	Οκτώβριος [ɔˈktɔvriɔs]	**Oktober**
Ο.Τ.Ε.	Οργανισμός Τηλεπικοινωνιών Ελλάδος [ɔrɣaniˈzmɔs tilɛpikinɔˈniɔn ɛˈlaðɔs]	**Amt für das Fernmeldewesen Griechenlands**
περ.	περίπου [pɛˈripu]	**zirka**
π.μ.	προ μεσημβρίας [prɔ mɛsimˈvrias]	**vormittags**
Π.Υ.	Πυροσβεστική Υπηρεσία [pirɔzvɛstiˈki ipirɛˈsia]	**Feuerwehr**
π.χ.	παραδείγματος χάριν [paraˈðiɣmatɔs ˈxarin]	**zum Beispiel**
π.Χ.	προ Χριστού [prɔ xriˈstu]	**vor Christus**
Ρ.Σ.Α.	Ραδιοφωνικός Σταθμός Αθηνών [raðiɔfɔniˈkɔs staˈθmɔs aθiˈnɔn]	**Rundfunksender Athen**
σ.	σελίδα [sɛˈliða]	**Seite**
Σ.Ε.	Συμβούλιο Επικρατείας [simˈvuliɔ ɛpikraˈtias]	**Staatsrat**
Σ.Ε.Κ.	Σιδηρόδρομοι Ελληνικού Κράτους [siðiˈrɔðrɔmi ɛliniˈku ˈkratus]	**Griechische Staatsbahnen**
σελ.	σελίδα [sɛˈliða]	**Seite**
Σεπτ.	Σεπτέμβριος [sɛˈptɛmvriɔs]	**September**
Σία	συντροφία [sindrɔˈfia]	***(Handel)* Kompanie (Co.)**
Σ.Π.Α.Π.	Σιδηρόδρομοι Πειραιώς-Αθηνών-Πελοποννήσου [siðiˈrɔðrɔmi pirɛˈɔs-aθiˈnɔn-pɛlɔpɔˈnisu]	**Eisenbahn Piräus-Athen-Peloponnes**
στ.	στίχος [ˈstixɔs]	**Zeile, Vers**
τ.	τόμος [ˈtɔmɔs]	***(Buch)* Band**
	τόννος [ˈtɔnɔs]	**Tonne**
τ.μ.	τετραγωνικά μέτρα [tɛtraɣɔniˈka ˈmɛtra]	**Quadratmeter**
τομ.	τόμος [ˈtɔmɔs]	***(Buch)* Band**
Τ.Τ.Τ.	Ταχυδρομεία, Τηλέγραφοι, Τηλέφωνα [taçiðrɔˈmia, tiˈlɛɣrafi, tiˈlɛfɔna]	**Post- und Fernmeldewesen**

Y.	υπουργείο [ipur'jiɔ]	**Ministerium**
	υπηρεσία [ipirɛ'sia]	**Amt**
Y.Γ.	υστερόγραφο [istɛ'rɔɣrafɔ]	**Postskriptum (PS)**
Φεβρ.	Φεβρουάριος [fɛvru'arĭɔs]	**Februar**
Φ.Π.Α.	Φόρος Προστιθεμένης Αξίας ['fɔrɔs prɔstiθɛ'mɛnis a'ksias]	**Mehrwertsteuer**
X.B.	κιλοβάτ [k̡ilɔ'vat]	**Kilowatt**
χγρ.	χιλιόγραμμο [çi'lĭɔɣramɔ]	**Kilogramm**
χιλ.	χιλιάδες [çi'lĭaδɛs]	**tausend**
χλγρ.	χιλιόγραμμο [çi'lĭɔɣramɔ]	**Kilogramm**
χλμ., χμ.	χιλιόμετρο [çi'lĭɔmɛtrɔ]	**Kilometer**

Maße und Gewichte

1 Millimeter	ένα χιλιοστό (του μέτρου)	'ɛna çiljɔ'stɔ (tu 'mɛtru)
1 Zentimeter	ένα εκατοστό (του μέτρου)	'ɛna ɛkatɔ'stɔ (tu 'mɛtru)
1 Dezimeter	μία παλάμη	'mia pa'lami
1 Meter (m)	ένα μέτρο (μ.)	'ɛna 'mɛtrɔ
1 Kilometer	ένα χιλιόμετρο	'ɛna çi'ljɔmɛtrɔ
1 (See-)Meile	ένα (ναυτικό) μίλι	'ɛna (nafti'kɔ) 'mili
1 Knoten	ένας κόμβος	'ɛnas 'kɔɱvɔs
1 Quadratmeter	ένα τετραγωνικό (μέτρο)	'ɛna tɛtraɣɔni'kɔ ('mɛtrɔ)
1 Quadratkilometer	ένα τετραγωνικό χιλιόμετρο	'ɛna tɛtraɣɔni'kɔ çi'ljɔmɛtrɔ

Die Griechen rechnen praktisch nur in Gramm und Kilogramm

1 Kubikmeter	ένα κυβικό μέτρο	'ɛna ķivi'kɔ 'mɛtrɔ
1 Liter	ένα λίτρο	'ɛna 'litrɔ
1 Hektoliter	ένα εκατόλιτρο	'ɛna ɛka'tɔlitrɔ
$^1/_4$ ($^1/_5$) Liter	ένα τέταρτο (πέμπτο) του λίτρου	'ɛna 'tɛtartɔ ('pɛm̆ptɔ) tu 'litru
1 Gramm	ένα γραμμάριο	'ɛna ɣra'marjɔ
1 Dekagramm	δέκα γραμμάρια	'ðɛka ɣra'marja
100 Gramm	εκατό γραμμάρια	'ɛka'tɔ ɣra'marja
1 Pfund	μισό κιλό	mi'sɔ ķi'lɔ
1 Kilogramm	ένα κιλό (χιλιόγραμμο)	'ɛna ķi'lɔ (çi'ljɔɣramɔ)
1 Doppelzentner	δύο καντάρια (στατήρες)	'ðiɔ ka'n̆darĭa (sta'tirɛs)
1 Tonne	ένας τόνος	'ɛnas 'tɔnɔs
1 Stück	ένα κομμάτι (τεμάχιο)	'ɛna kɔ'mati (tɛ'maïçɔ)
1 Teil	ένα μέρος	'ɛna 'mɛrɔs
1 Paar	ένα ζευγάρι	'ɛna zɛ'vɣari
1 Dutzend	μία ντουζίνα	'mia du'zina
1 Portion	μία μερίδα	'mia mɛ'riða
1 Packung	ένα κουτί	'ɛna ku'ti

EINIGES AUS DER GRAMMATIK

I. Der Artikel

Bestimmter Artikel: *der, die, das*

Singular

	Maskulinum		Femininum		Neutrum	
Nom.	*ο*	[ɔ]	*η*	[i]	*το*	[tɔ]
Gen.	*του*	[tu]	*της*	[tis]	*του*	[tu]
Dat.	*στο(ν)*	[stɔ(n)]	*στη(ν)*	[sti(n)]	*στο*	[stɔ]
Akk.	*το(ν)*	[tɔ(n)]	*τη(ν)*	[ti(n)]	*το*	[tɔ]

Plural

	Maskulinum		Femininum		Neutrum	
Nom.	*οι*	[i]	*οι*	[i]	*τα*	[ta]
Gen.	*των*	[tɔn]	*των*	[tɔn]	*των*	[tɔn]
Dat.	*στους*	[stus]	*στις*	[stis]	*στα*	[sta]
Akk.	*τους*	[tus]	*τις*	[tis]	*τα*	[ta]

Unbestimmter Artikel: *ein, eine, ein*

	Maskulinum	Femininum	Neutrum
Nom.	*ένας* ['ɛnas]	*μια (μία)* [mja, 'mia]	*ένα* ['ɛna]
Gen.	*ενός* [ɛ'nɔs]	*μιας* [mjas]	*ενός* [ɛ'nɔs]
Dat.	*σ'ένα(ν)* ['sɛna(n)]	*σε μια* [sɛ mja]	*σ'ένα* ['sɛna]
Akk.	*ένα(ν)* ['ɛna(n)]	*μια (μία)* [mja, 'mia]	*ένα* ['ɛna]

II. Das Substantiv

Die Substantive werden dekliniert, indem die Endungen verändert werden. Vor dem Substantiv steht meist der Artikel. Der Dativ hat auch die Funktion des Lokativs, er bedeutet also auch *in, auf* usw. Er wird dadurch gebildet, daß man σ vor den Akkusativ-Artikel setzt:

στο σταθμό [stɔ staθ'mɔ] *(auf, in) dem Bahnhof*
στους σταθμούς [stus staθ'mus] *(auf, in) den Bahnhöfen*
στην πόλη [stim'bɔli] *(in) der Stadt*

Die wichtigsten Deklinationstypen:

Maskulinum: *-ος* (z. B. *ο σταθμός* [ɔ staθ'mɔs] *der Bahnhof*); *-ης* (z. B. *ο επιβάτης* [ɔ ɛpi'vatis] *der Fahrgast*); *-ας* (z. B. *ο άντρας* [ɔ 'aňdras] *der Mann*).

Singular				
Nom.	*ο*	*σταθμός*	*επιβάτης*	*άντρας*
Gen.	*του*	*σταθμού*	*επιβάτη*	*άντρα*
Akk.	*το(ν)*	*σταθμό*	*επιβάτη*	*άντρα*
Plural				
Nom.	*οι*	*σταθμοί*	*επιβάτες*	*άντρες*
Gen.	*των*	*σταθμών*	*επιβατών*	*αντρών*
Akk.	*τους*	*σταθμούς*	*επιβάτες*	*άντρες*

Femininum: *-α* (z. B. *η εταιρία* [i ɛtɛ'ria] *die Gesellschaft*); *-η* (z. B. *η εκδρομή* [i ɛkðrɔ'mi] *der Ausflug*).

Singular			
Nom.	*η*	*εταιρία*	*εκδρομή*
Gen.	*της*	*εταιρίας*	*εκδρομής*
Akk.	*την*	*εταιρία*	*εκδρομή*
Plural			
Nom.	*οι*	*εταιρίες*	*εκδρομές*
Gen.	*των*	*εταιριών*	*εκδρομών*
Akk.	*τις*	*εταιρίες*	*εκδρομές*

Neutrum: *-ο* (z. B. *το βιβλίο* [tɔ vi'vliɔ] *das Buch*); *-ι* (z. B. *το ταξίδι* [tɔ ta'ksiði] *die Reise*); *-μα* (z. B. *το κατάστημα* (tɔ ka'tastima] *das Geschäft*).

Singular				
Nom.	*το*	*βιβλίο*	*ταξίδι*	*κατάστημα*
Gen.	*του*	*βιβλίου*	*ταξιδιού*	*καταστήματος*
Akk.	*το*	*βιβλίο*	*ταξίδι*	*κατάστημα*
Plural				
Nom.	*τα*	*βιβλία*	*ταξίδια*	*καταστήματα*
Gen.	*των*	*βιβλίων*	*ταξιδιών*	*καταστημάτων*
Akk.	*τα*	*βιβλία*	*ταξίδια*	*καταστήματα*

Neben diesen Hauptdeklinationstypen gibt es weitere Deklinationen, die in einer Grammatik des Neugriechischen nachgeschlagen werden können.

III. Das Adjektiv und Adverb

Das Adjektiv richtet sich in der Form nach dem Substantiv, zu dem es gehört. Die meisten Adjektive haben im Nominativ folgende Formen:

Maskulinum: *-ος*
Femininum: *-η*, nach Vokal *-α*
Neutrum: *-ο*

Diese Adjektive haben die gleichen Deklinationsendungen wie die Substantive auf *-ος, -η, -ο*.

Die **Steigerung der Adjektive** erfolgt durch *πιο* [pjɔ]: *ψηλός* [psi'lɔs] *hoch* – *πιο ψηλός höher* – *ο πιο ψηλός der höchste* oder durch *-τερος, -τερη, -τερο:*
βαρύς schwer – *βαρύτερος schwerer* – *ο βαρύτερος der schwerste*

Das **Adverb** hat entweder besondere Formen (*εδώ* [ɛ'ðɔ] *hier, εκεί* [ɛ'ḵi] *dort, τώρα* ['tɔra] *jetzt, χθες* [xθɛs] *gestern*) oder es ist vom Adjektiv abgeleitet. Im letzteren Fall hat es die Form des Plurals Neutrum *-α: καλά και φτηνά* [ka'la kɛ fti'na] *gut und billig.*

IV. Das Personalpronomen

Unbetont:

	ich	*du*	*er*	*sie*	*es*
Nom.	—	—	*τος*	*τη*	*το*
Dat.	*μου*	*σου*	*του*	*της*	*του*
Akk.	*με*	*σε*	*το(ν)*	*τη(ν)*	*το*

	wir	*ihr, Sie*		*sie*	
Nom.	—	—	*τοι*	*τες*	*τα*
Dat.	*μας*	*σας*	*τους*	*τους*	*τους*
Akk.	*μας*	*σας*	*τους*	*τις*	*τα*

Betont:

	ich	*du*	*er*	*sie*	*es*
Nom.	*εγώ* [ɛ'ɣɔ]	*εσύ* [ɛ'si]	*αυτός* [a'ftɔs]	*αυτή* [a'fti]	*αυτό* [a'ftɔ]
Dat.	*εμένα* [ɛ'mɛna]	*εσένα* [ɛ'sɛna]	*αυτού* [a'ftu]	*αυτής* [a'ftis]	*αυτού* [a'ftu]
Akk.	*εμένα* [ɛ'mɛna]	*εσένα* [ɛ'sɛna]	*αυτό(ν)* [a'ftɔ(n)]	*αυτή(ν)* [a'fti(n)]	*αυτό* [a'ftɔ]

	wir	*ihr, Sie*	*sie*		
Nom.	*εμείς* [ε'mis]	*εσείς* [ε'sis]	*αυτοί* [a'fti]	*αυτές* [a'ftεs]	*αυτά* [a'fta]
Dat.	*εμάς* [ε'mas]	*εσάς* [ε'sas]	*αυτών* [a'ftɔn]	*αυτών* [a'ftɔn]	*αυτών* [a'ftɔn]
Akk.	*εμάς* [ε'mas]	*εσάς* [ε'sas]	*αυτούς* [a'ftus]	*αυτές* [a'ftεs]	*αυτά* [a'fta]

V. Das Verb

Das neugriechische Verb hat keinen Infinitiv.

Präsens

Indikativ		Konjunktiv	Indikativ Konjunktiv	
ich habe		*daß ich habe*	*ich bin* *daß ich sei*	
έχω ['εxɔ]	*ich habe*	*να έχω* [na 'εxɔ]	*είμαι* ['imε]	*ich bin*
έχεις ['εçis]	*du hast*	*να έχεις* [na 'εçis]	*είσαι* ['isε]	*du bist*
έχει ['εçi]	*er (sie, es) hat*	*να έχει* [na 'εçi]	*είναι* ['inε]	*er (sie, es) ist*
έχουμε ['εxumε]	*wir haben*	*να έχουμε* [na 'εxumε]	*είμαστε* ['imastε]	*wir sind*
έχετε ['εçεtε]	*ihr habt*	*να έχετε* [na 'εçεtε]	*είστε* ['istε]	*ihr seid*
έχουν ['εxun]	*sie haben*	*να έχουν* [na 'εxun]	*είναι* ['inε]	*sie sind*

Imperfekt:

είχα ['ixa] *ich hatte,* *είχες* ['içεs], *είχε* ['içε], *είχαμε* ['ixamε], *είχατε* ['ixatε], *είχαν* ['ixan]
ήμουν ['imun] *ich war,* *ήσουν* ['isun], *ήταν* ['itan], *ήμαστε* ['imastε], *ήσαστε* ['isastε], *ήταν* ['itan]

Futur: *θα έχω* [θa 'εxɔ] usw. *ich werde haben*
θα είμαι [θa 'imε] usw. *ich werde sein*
Imperativ: *έχε* ['eçe] *habe!* – *έχετε* ['εçεtε] *habt!*
Partizip: *έχοντας* ['εxɔndas] *habend*

schreiben **Aktiv**

Präsens Indikativ: *ich schreibe* *γράφω* ['ɣrafɔ] usw. wie *έχω*

Konjunktiv: *daß ich schreibe* *να γράφω* [na 'ɣrafɔ] usw. wie *να έχω*

Imperativ: *schreibe!* *γράφε!* ['ɣrafɛ] – *schreibt!* *γράφετε!* ['ɣrafɛtɛ]

Imperfekt		**Aorist***
ich schrieb usw.		*ich schrieb* usw.
έγραφα ['ɛɣrafa]	*ich schrieb*	*έγραψα* ['ɛɣrapsa]
έγραφες ['ɛɣrafɛs]	*du schriebst*	*έγραψες* ['ɛɣrapsɛs]
έγραφε ['ɛɣrafɛ]	*er (sie, es) schrieb*	*έγραψε* ['ɛɣrapsɛ]
γράφαμε ['ɣrafamɛ]	*wir schrieben*	*γράψαμε* ['ɣrapsamɛ]
γράφατε ['ɣrafatɛ]	*ihr schriebt*	*γράψατε* ['ɣrapsatɛ]
έγραφαν ['ɛɣrafan]	*sie schrieben*	*έγραψαν* ['ɛɣrapsan]

Dauer-Futur: *ich werde (immer) schreiben* *θα γράφω* [θa 'ɣrafɔ] usw.

Einmaliges Futur: *ich werde (mal) schreiben* *θα γράψω* [θa 'ɣrapsɔ] usw. wie *θα έχω*

Perfekt: *ich habe geschrieben* *έχω γράψει* ['ɛxɔ 'ɣrapsi]

Plusquamperfekt: *ich hatte geschrieben* *είχα γράψει* ['ixa 'ɣrapsi]

***Anm.:** Der Aorist bezeichnet eine vollendete oder eine punktartig konzentriert gedachte Handlung in der Vergangenheit.

binden **Passiv**

Präsens Indikativ *ich werde gebunden* usw.

δένομαι ['ðɛnɔmɛ], *δένεσαι* ['ðɛnɛsɛ], *δένεται* ['ðɛnɛtɛ], *δενόμαστε* [ðɛ'nɔmastɛ], *δένεστε* ['ðɛnɛstɛ], *δένονται* ['ðɛnɔndɛ]

Imperfekt *ich wurde gebunden* usw.

δενόμουν [ðɛ'nɔmun], *δενόσουν* [ðɛ'nɔsun], *δενόταν* [ðɛ'nɔtan], *δενόμαστε* [ðɛ'nɔmastɛ], *δενόσαστε* [ðɛ'nɔsastɛ], *δένονταν* ['ðɛnɔndan]

Perfekt: *ich bin gebunden worden έχω δεθεί* ['ɛxɔ ðɛ'θi] usw.

Plusquamperfekt: *ich war gebunden worden είχα δεθεί* ['ixa ðɛ'θi] usw.

Partizip: *gebunden δεμένος* [ðɛ'mɛnɔs]

VI. Einige Präpositionen

mit dem Akkusativ:
με [mɛ] mit
σε [sɛ] in, auf, an
για [ja] für, wegen
προς [prɔs] nach ... hin, zu
ως [ɔs] bis
χωρίς, δίχως [xɔ'ris, 'ðixɔs] ohne
από [a'pɔ] aus, von ... aus, ab
αντί [aň'di] anstatt
μετά [mɛ'ta] nach (*zeitlich*)
κατά [ka'ta] um, während; gemäß
παρά [pa'ra] trotz
πάνω σε ['panɔ sɛ] auf
πάνω από ['panɔ a'pɔ] über
κάτω από ['katɔ a'pɔ] unter
μέχρι ['mɛxri] bis
μπροστά σε [brɔ'sta sɛ] vor
πίσω από ['pisɔ a'pɔ] hinter
γύρω σε (*oder από*) ['jirɔ sɛ (a'pɔ)] um (herum)
πριν από [prin a'pɔ] vor (*zeitlich*)
ύστερα από ['istɛra a'pɔ] nach (*zeitlich*)
εκτός από [ɛ'ktɔs a'pɔ] außer
απέναντι από [a'pɛnaňdi a'pɔ] gegenüber
ανάμεσα σε [a'namɛsa sɛ] zwischen

mit dem Genitiv:
εναντίον [ɛna'ňdiɔn] gegen
μεταξύ [mɛta'ksi] zwischen
εξ αιτίας [ɛks ɛ'tias] wegen
προ [prɔ] vor
μέσω ['mɛsɔ] über, via
λόγω ['lɔɣɔ] wegen
εκ μέρους [ɛk'mɛrus] seitens

VII. Einige Konjunktionen

αν [an] wenn; ob
αν και ['aŋ'k̜ɛ] obgleich
αλλά [a'la] aber
αφού [a'fu] nachdem
για να [ja na] damit
γιατί [ja'ti] weil
ενώ [ɛ'nɔ] während
ή [i] oder
και [k̜ɛ] und
μολονότι [mɔlɔ'nɔti] obgleich
μόλις ['mɔlis] sobald
όμως ['ɔmɔs] jedoch
όταν ['ɔtan] wenn, als
πριν να ['prina] bevor
πως [pɔs], *που* [pu], *ότι* ['ɔti] daß
σαν [san] wenn
ώσπου ['ɔspu] bis

WÖRTERVERZEICHNIS DEUTSCH-GRIECHISCH FÜR TOURISTEN

Die Zahlen verweisen auf die Seiten im Sprachführer, auf denen das betreffende Wort in einer Redewendung oder Wortliste zu finden ist.

A

Aal το χέλι 112
abbestellen *s.* **annullieren**
abbiegen στρίβω 52
Abblendlicht το αντιθαμβωτικό φως 65
Abend το βραδυ 37; *heute abend* σήμερα το βράδυ 37; *guten ~!* καλησπέρα! 14
Abendessen το βραδυνό φαγητό, το δείπνο 98
Abendmahl η μετάληψη 129
abends το βράδυ 37
aber αλλά 215
abfahren φεύγω, αναχωρώ 77
Abfahrt η αναχώρηση 70
Abflug η απογείωση 80
Abfluß η αποχέτευση 96
Abführmittel το καθαρτικό 166
abheben *(Kartenspiel)* κόβω 189
Abkürzungen οι συντομογραφίες 204
Abmeldung *(im Hotel)* η δήλωση αναχώρησης 104
abnehmen *(Hörer)* σηκώνω (το ακουστικό)
Abreise η αναχώρηση 97
abreisen αναχωρώ 97
Absatz *(Schuh)* το τακούνι 146
Abschied ο αποχαιρετισμός 20
Abschleppdienst το συνεργείο ρυμουλκήσεως 59
abschleppen ρυμουλκώ 58
Abschleppseil τό σχοινί/σύρμα ρυμουλκήσεως 59
Abschleppwagen ο γερανός 59
Abschmierdienst το γρασσάρισμα 56
Abseits *(Fußball)* το οφσάιντ 199
Absender ο αποστολέας 156
absichtlich επίτηδες 26
Abszeß το απόστημα 182
Abtei η μονή 129
Abteil το κουπέ 77
Abzug *(Foto)* το αντίτυπο 138
Achse ο άξονας 61
Achselhöhle η μασχάλη 173
acht οχτώ 33; **~(e)r** όγδοος 34
achtgeben auf προσέχω 195
Achtung! προσοχή! 68
Ader η αρτηρία 173
Adresse η διεύθυνση 156
Agentur *s.* **Reisebüro, Reederei**
Akademie η ακαδημία 48
Akropolis η Ακρόπολη
Akt *(Theater)* η πράξη 184
Akten|mappe, ~tasche η τσάντα 160
Aktie η μετοχή 159
Alkohol το οινόπνευμα 166
Allee η λεωφόρος 126
allein μόνο
Allergie η αλλεργία 176
Allerheiligen Των Αγίων Πάντων 40
alles όλα 107
Alphabet το αλφάβητο 9
alt παλιός, αρχαίος; **wie ~?** πόσων χρονών; 42
Alt *(Stimmlage)* η μεσόφωνος 184
Altar ο βωμός 129
Alter η ηλικία 42
Altstadt η παλιά πόλη 126
am *(Datum)* την/στις 41; **~ Tage** την ημέρα 37
Ampel το φανάρι 52
Ampulle η αμπούλα 166
Amt η υπηρεσία 126
Ananas ο ανανάς 116
Andacht η προσευχή 129
ändern (sich) αλλάζω 29
Anfall η προσβολή 176
anfangen *s.* **beginnen**

Anflug η προσγείωση 80
Angel το καλάμι 199
angeln ψαρεύω με καλάμι 199
Angelsport το ψάρεμα 199
angenehm ευχάριστος; **~e Reise!** καλό ταξίδι! 20
Angestellter ο υπάλληλος 43
Anglistik η αγγλική φιλολογία 48
anhalten σταματώ 52
Anhänger *(Auto)* η ρυμούλκα, το τρέιλερ 51; *(Schmuck)* το μενταγιόν 139
Anisschnaps το ούζο 118
Anker η άγκυρα 84
ankommen φθάνω 77
Ankunft η άφιξη 77
Anlasser η μίζα 61
anlaufen *(Hafen)* καταπλέω 84
anlegen *(**in**/Schiff)* αράζω 84
Anlegeplatz η προβλήτα 84
Anlegesteg η σκάλα 84
Anmeldeformular το δελτίο 92
anmelden: sich ~ κλείνω ραντεβού 162
Anmeldung η δήλωση 98
annähen ράβω 145
annullieren ακυρώνω 79
Anorak το άνορακ 140
anprobieren δοκιμάζω 140
anrufen *s.* **telefonieren**
Ansager *(Radio, TV)* ο εκφωνητής 189
Anschluß *(Zug usw.)* η ανταπόκριση 77
anschnallen: sich ~ δένω τη ζώνη 80
Anschnallgurt η ζώνη ασφαλείας 80
Anschrift *s.* **Adresse**
ansehen βλέπω 125
Ansichtskarte η κάρτα 156
anstatt αντί 214
Anteilnahme *(Beileid)* τα συλλυπητήρια 27
Antibabypille το αντισυλληπτικό χάπι 166
antik παλιό, αρχαίο
Antiquariat το παλαιοπωλείο 133
Antiquitäten οι αντίκες 133
Antwort η απάντηση 153
Anwalt ο δικηγόρος 160
Anweisung η οδηγία 165
anzahlen δίνω προκαταβολή 92
Anzahlung η προκαταβολή 98
Anzeige *(Polizei)* η μήνυση 160
anziehen *(Kleid)* φορώ; *(Schraube)* σφίγγω 65
Anzug το κοστούμι 140
anzünden ανάβω
Aperitif το απεριτίφ 118
Apfel το μήλο 116
Apfelkuchen η μηλόπιτα 119
Apfelsine το πορτοκάλι 116
Aphrodite η Αφροδίτη
Apollo ο Απόλλωνας
Apollotempel in Delos ο ναός του Απόλλωνα στη Δήλο
Apotheke το φαρμακείο 165
Apotheker ο φαρμακοποιός 43
Appartement το διαμέρισμα 90
Appetit η όρεξη; **guten Appetit!** καλή όρεξη 107
Aprikose το βερύκοκο 116
April ο Απρίλιος/Απρίλης 39
arbeiten εργάζομαι/δουλεύω 18
Arbeiter ο εργάτης 43
Arbeiterin η εργάτρια 43
Arbeitslosigkeit η ανεργία 47
Archäologie η αρχαιολογία 48
Architekt ο αρχιτέκτονας 43
Architektur η αρχιτεκτονική 48
ärgerlich λυπηρό 28
Arie η άρια 184
Arm ο βραχίονας 173
Armband το βραχιόλι 139
Armbanduhr το ρολόι χεριού 139
Ärmel το μανίκι
Artemis η 'Αρτεμις
Artikel *(Sport-)* τα (αθλητικά) είδη 134
Artischocken οι αγκινάρες 113
Arznei το φάρμακο 165
Arzt ο γιατρός 44
As ο άσσος 190
Aschenbecher το τασάκι 98
aschgrau σταχτί 143
Aspirin η ασπιρίνη 166
Asthma το άσθμα 176
Atembeschwerden η δυσκολία αναπνοής 176
Athen Αθήνα, Αθήναι
Athene η Αθηνά
atmen παιρνω αναπνοή 172
Atmung η αναπνοή 173
Attest το πιστοποιητικό 171
Auberginen οι μελιτζάνες 114
auch επίσης, και

auf πάνω σε 214
aufbewahren φυλάω 93
Aufbewahrung *(Gepäck)* η φύλαξη αποσκευών 73
aufbügeln σιδερώνω 145
Aufenthalt η διαμονή; *(Zug)* η παραμονή 77
Aufenthaltsraum το σαλόνι 84
Auffahrunfall το ατύχημα προσκρούσεως 59
Aufführung η παράσταση 184
aufgeben *(versenden)* στέλνω 153
aufgehen *(Tür usw.)* ανοίγω 96
aufhören σταματώ 31
aufklären: sich ~ *(Wetter)* ο καιρός ανοίγει 31
aufladen *(Batterie)* γεμίζω 61
auflösen: sich ~ *(Nebel)* ανοίγω 31
aufmachen *s.* **öffnen**
Aufnahme *(Foto) s.* **Bild**
aufnehmen *(Laufmasche)* πιάνω 145; *(Kredit)* παίρνω δάνειο 159
aufpassen *s.* **achtgeben**
Aufprall η πρόσκρουση 59
aufpumpen φουσκώνω 56
aufschreiben γράφω 29
Aufsicht ο επόπτης 75
aufstehen σηκώνομαι 179
aufsteigen *(Flugzeug)* ανεβαίνω 80
Aufzug *s.* **Fahrstuhl**
Auge το μάτι 173
Augenarzt ο οφθαλμίατρος 168
Augenblick η στιγμή
Augenbrauenstift το μολύβι για τα φρύδια 147
Augenentzündung ο ερεθισμός των ματιών 176
Augenlid το βλέφαρο 173
Augensalbe η αλοιφή για τα μάτια 166
Augenschmerzen: ich habe ~ με πονάνε τα μάτια μου 170
Augentropfen οι σταγόνες για τα μάτια 166
August ο Αύγουστος 39
aus *(Herkunft)* από
ausbooten ξεμπαρκάρω 84
Ausfahrt η έξοδος 52
Ausflug η εκδρομή 126
Ausflugsprogramm το πρόγραμμα εκδρομών 84
Ausfuhrzoll ο δασμός εξαγωγής 89
ausfüllen συμπληρώνω 92
Ausgang η έξοδος 77
Ausgrabungen οι ανασκαφές 126
Auskunft η πληροφορία 77
Auskunftsbüro το γραφείο πληροφοριών 70
Ausland εξωτερικό
Auslandsbrief το γράμμα εξωτερικού 152
auslaufen *(Schiff)* αποπλέω 84
ausleihen δανείζομαι 103
Auslöser το κουμπί 138
Auspuff η εξάτμηση 61
Ausreise η έξοδος 87
Ausreisevisum η θεώρηση εξόδου 87
ausschalten κλείνω 189
Ausschlag το εξάνθημα 176
außer έξω από, εκτός
äußerlich (anzuwenden) εξωτερικώς 165
aussetzen *(Motor)* σταματώ 64
aussprechen προφέρω 29
aussteigen κατεβαίνω 52
Ausstellung η έκθεση 126
Austern τα στρείδια 112
ausverkauft! έχουν εξαντληθεί 183
auswechseln αλλάζω 61
ausweichen παραμερίζω 52
Ausweis η ταυτότητα 87
auszahlen καταβάλλω 159
ausziehen *(Wohnung/Hotel)* αναχωρώ 98
Auto το αυτοκίνητο 51
Autobahn ο αυτοκινητόδρομος 52
Autobahngebühr τα διόδια 52
Autobus το λεωφορείο 51
Automat ο αυτόματος 157
Automatik *(Auto)* το αυτόματο 61
Automobilklub η λέσχη αυτοκινήτου 52
Automechaniker ο μηχανικός αυτοκινήτων 44
Autoschlüssel τα κλειδιά του αυτοκινήτου 160
Autovermietung η ενοικίαση αυτοκινήτων 51

B

Baby μωρό 42
Backbord η πρύμνη 84
Backenzahn ο τραπεζίτης 182
Backgammon/Tavli το τάβλι 189

Bäcker ο φούρναρης 44
Bäckerei ο φούρνος 133
Bad το λουτρό, μπάνιο 197
Badeanzug το μαγιώ 197
Badegelegenheit η δυνατότητα μπάνιου 126
Badehose το μαγιώ 197
Badekabine η καμπίνα 197
Badekappe το σκουφάκι μπάνιου 197
Bademantel το μπουρνούζι 197
baden κάνω μπάνιο 197; κολυμπώ 197
Badesalz το αφρόλουτρο 147
Badeschuhe τα παπούτσια μπάνιου 146
Badesteg η εξέδρα 197
Badezimmer το λουτρό, το μπάνιο 98
Bahnhof ο σταθμός 77
Bahnhofsvorsteher ο σταθμάρχης 77
Bahnsteig η αποβάθρα 77
Bahnübergang η διάβαση 52
bald σύντομα 38; **bis ~!** θα τα ξαναπούμε! 20
Baldriantropfen οι σταγόνες βαλεριανής 166
Balkon το μπαλκόνι 98
Ball το τόπι, η μπάλλα 149
Ballett το μπαλέτο 184
Banane η μπανάνα 116
Band *(Buch)* ο τόμος 135; *(Stoff)* η κορδέλα 144
Bandnudeln οι χυλοπίττες 112
Bandscheibe ο μεσοσπονδύλιος σύνδεσμος 173
Bank η τράπεζα 159
Bankanweisung η τραπεζική επιταγή 159
Bankhalter ο γκρουπιέ 191
Bankkonto ο τραπεζικός λογαριασμός 159
Banknote *s.* **Geldschein**
Bar το μπαρ 84
bar *(zahlen)* τοις μετρητοίς 159
Barbe το μπαρμπούνι 112
Bargeld τα μετρητά 159
Bariton ο βαρύτονος 184
Barkasse η βενζινάκατος 84
Barometer το βαρόμετρο 31
Barren *(Turnen)* το δίζυγο 199
Bart τα γένια 164
Baß ο βαθύφωνος 184
Batterie η μπαταρία 149
Bauch η κοιλιά 173
Bauer *(Landwirt)* ο αγρότης; *(Schach)* το πιόνι 190
Bauernhof η αγροικία
Bauernsalat η χωριάτικη σαλάτα 111
Baum το δένδρο
Baumwolle το βαμβακερό 142
Beamter ο δημόσιος υπάλληλος 44
Beanstandung το παράπονο 98
Becken *(Anat.)* η λεκάνη 173; *(Waschbecken)* ο νιπτήρας 101
bedauern λυπάμαι 26
Bedauern η λύπη 26
bedeckt *s.* **bewölkt**
bedeuten σημαίνω 28
bedeutend σημαντικός
bedienen εξυπηρετώ 106
Bedienung η υπηρεσία 98
Bedürfnisanstalt τα δημόσια ουρητήρια 126
Beefsteak το μπιφτέκι 115
beeilen: sich ~ βιάζομαι, σπεύδω
befinden: sich ~ βρίσκομαι 23
begeistern ενθουσιάζομαι
Beginn η αρχή, η έναρξη 184
beginnen αρχίζω 125
begleiten συνοδεύω 193
Begleitung η συνοδεία 184
Begrüßung ο χαιρετισμός 14
behandeln *(Zahn)* φτιάχνω 181
Behandlung η θεραπεία 181
Behörde *s.* **Amt**
bei κοντά σε, παρά
Beichte η εξομολόγηση
beichten εξομολογούμαι
Beifall το χειροκρότημα 184
beige μπεζ 143
Beileid τα συλλυπητήρια 27
Bein το πόδι 173
Bekanntmachung η ανακοίνωση 203
bekommen έχω 24; βρίσκω 131; παίρνω 104
belästigen ενοχλώ 161
Beleuchtung ο φωτισμός 61
belichten φωτίζω 138
Belichtungsmesser το φωτόμετρο 138
Bemühung ο κόπος
benachrichtigen *s.* **verständigen**
Benutzungsgebühr το τέλος χρήσεως 104
Benzin η βενζίνη 55

Benzin(gut)schein το κουπόνι βενζίνης 55
Benzinkanister το δοχείο βενζίνης 55
Benzinleitung ο αγωγός βενζίνης 61
Benzinpumpe η αντλία βενζίνης 61
Benzintank το ρεζερβουάρ 55
Berg το βουνό
Bergmann ο ανθρακωρύχος 44
Bergsteigen η ορειβασία 199
Bergsteiger ο ορειβάτης 199
Bernstein το κεχριμπάρι 139
Beruf το επάγγελμα 43, 87
Berufsschule η επαγγελματική σχολή 48
Beruhigungsmittel το ηρεμιστικό 166
Besatzung το πλήρωμα 80
beschädigen χαλάω 59
beschlagnahmen κατάσχω 161
Beschwerden τα παράπονα 28
beschweren: sich ~ παραπονιέμαι 28
besetzt κατειλημμένο
besichtigen επισκέπτομαι 125
Besichtigung η επίσκεψη 126
besohlen βάζω σόλες 146
besorgen φέρνω 165
Besserung: gute ~! περαστικά! 27
Besteck τα μαχαιροπήρουνα 108
bestellen *(Essen, Ware, Taxi)* παραγγέλνω 106; *(Zimmer)* κλείνω 92
Bestellung η παραγγελία 106
Bestimmungen οι διατάξεις 87
Bestimmungsort ο τόπος προορισμού 156
Bestrahlung η ακτινοθεραπεία
Besuch η επίσκεψη 19
besuchen επισκέπτομαι 193; *(Schule)* πηγαίνω στην ... Σχολή 47
Besuchszeit οι ώρες επισκέψεων 179
Betäubung η νάρκωση 182
Betrag το ποσόν 159
Betriebswirtschaft η οικονομία επιχειρήσεων 48
Bett το κρεβάτι 98, 179
Bettcouch ο καναπές-κρεβάτι 98
Bettdecke η κουβέρτα 98
Bettwäsche τα σεντόνια 98
bewacht: ist ... ~? φυλάγεται ...; 102
bewegen κουνώ 171
bewölkt συννεφιασμένος 31
Bewölkung η συννεφιά 31
bezahlen πληρώνω 107
Bezug *(Bett)* θήκη παπλώματος 98

Bibliothek η βιβλιοθήκη 126
Bibliothekar ο βιβλιοθηκάριος 44
Bier η μπύρα 118
Bikini το μπικίνι 141
Bild *(Foto)* η φωτογραφία 138; η εικόνα
Bildhauer ο γλύπτης 44
Bildschirm η οθόνη 189
billig φτηνός
billiger φτηνότερο
Binde ο επίδεσμος 166
Bindehautentzündung η επιπεφυκίτιδα 176
Bindfaden ο σπάγγος 149
Bindung *(Schi)* το δέσιμο 201
Biologie η βιολογία 48
Birne το αχλάδι 116; *(Glühbirne)* η λάμπα 61
bis ως, μέχρι 214
bißchen: ein ~ λίγο
bitte παρακαλώ; **wie bitte?** ορίστε; 24
Bitte η παράκληση
bitten παρακαλώ 24
bitter πικρός
Blähungen το φούσκωμα 176
Blase η κύστη 173
Blätterteigpastete η πίττα
blau μπλε 143
Blechschaden η υλική ζημιά 59
bleiben μένω 102
bleifrei αμόλυβδη 54
Bleistift το μολύβι 136
Blende *(Foto)* το διάφραγμα 138
Blinddarm η σκωληκοειδής απόφυση 173
Blinddarmentzündung η σκωληκοειδίτιδα 176
Blinker *(Auto)* ο δείκτης κατευθύνσεως 61
Blitz *(Wettor)* η αστραπή 31
blitzen: es blitzt αστράφτει 31
Blitzlichtbirne το φλας 138
Blitzwürfel ο κύβος φλας 138
blond ξανθό 143
Blue jeans το τζην 141
Blumen τα λουλούδια 135
Blumenhandlung το ανθοπωλείο 133
Blumenkohl το κουνουπίδι 114
Blumenstrauß το μπουκέτο 135
Blumentopf η γλάστρα 135
Bluse η μπλούζα 141
Blut το αίμα 173

Dirigent ο μαέστρος 184
Diskothek η ντισκοτέκ 192
D-Mark το γερμανικό μάρκο 158
Dokumentarfilm το ντοκυμανταίρ 187
Dollar το δολλάριο 159
Dolmetscher ο διερμηνέας 44
Donner η βροντή 31
donnern: es donnert βροντάει 31
Donnerstag η Πέμπτη 39
Doppelzimmer το δίκλινο δωμάτιο 91
Dorf το χωριό 126
dort εκεί
Dose η κονσέρβα 132
Dosenöffner *s.* **Büchsenöffner**
Drachme η δραχμή 159
Draht το σύρμα 67
Drahtseilbahn το τελεφερίκ 126
Drama το δράμα 184
Drehbuch το σενάριο 187
drehen (sich) γυρίζω 30
drei τρία 33
dringend επείγον 153
dritte τρίτος 34
drücken *(Schuh)* πιέζω 146
Druckknopf η σούστα 144
Drucksache το έντυπο 152
Drüse ο αδένας 173
Duett το ντουέτο 184
Düne ο αμμόλοφος 197
dunkel σκούρο 143
dunkelblau σκούρο μπλε 143
dunkelgrau σκούρο γκρι 143
dunkelgrün σκούρο πράσινο 143
dunkelrot σκούρο κόκκινο 143
Durchfahrt η διέλευση 52
Durchfall η διάρροια 176
Durchgang ο διάδρομος 126
durchgebrannt κάηκε 96
durchgebraten καλοψημένο 109
durchleuchten *(röntgen)* ακτινοσκοπώ 179
durchregnen στάζω 96
durchwählen τηλεφωνώ αυτόματα 154
dürfen επιτρέπεται να ...
Dusche το ντους 91
Düse το ακροφύσιο 61
Düsenflugzeug το αεριοθούμενο αεροπλάνο 80
Dutzend η ντουζίνα 208

E

echt γνήσιος
Eckball το κόρνερ 199
Ecke η γωνία 126
Eckzahn ο κυνόδοντας 182
Ehefrau η σύζυγος 43
Ehemann ο σύζυγος 43
Ehering η βέρα 139
Ei το αυγό 120
Eierkuchen η ομελέττα
Eilbrief το επείγον 152
Eilzug η ταχεία 70
Eimer ο κουβάς 98
ein/eine(r) ένας, μία, ένα
Einbahnstraße ο μονόδρομος 53
einfach απλό
Einfahrt η είσοδος 52
einfarbig μονόχρωμο 143
Einfuhrzoll ο δασμός εισαγωγής 89
Eingang η είσοδος 77
einige μερικοί
Einkäufe: ~ machen κάνω ψώνια 124
Einkaufszentrum το εμπορικό κέντρο 126
einladen προσκαλώ 193
Einladung η πρόσκληση
Einlage *(Zahn-)* το πρόχειρο βούλωμα 182
Einlauf το κλύσμα 166
Einlegesohle ο πάτος 146
einlösen *(Scheck)* αλλάζω 158
einordnen: sich ~ κρατώ λωρίδα πορείας 52
Einreibemittel η αλοιφή για εντριβή 166
Einreise η είσοδος 88
Einreisevisum η θεώρηση εισόδου 88
eins ένα 33
Einsatz *(Spiel-)* η μίζα 191
einschalten ανοίγω 189
Einschreibebrief το συστημένο γράμμα 152
Einschreiben! συστημένο 159
Einspritzpumpe η αντλία εμφυσήσεως 61
einsteigen μπαίνω 52
Eintritt η είσοδος
Eintrittskarte το εισιτήριο 184
einverstanden! Σήμφωνοι! 25
einzahlen καταθέτω 159

Einzelzimmer το μονόκλινο δωμάτιο 91
einziehen *(in ein Zimmer)* εγκαθίσταμαι, μπαίνω 98
Eis ο πάγος 31; *(Speiseeis)* το παγωτό 119
Eisenbahn ο σιδηρόδρομος 77
Eisenbahner ο σιδηροδρομικός
Eiskunstlauf το καλλιτεχνικό πατινάζ 199
eislaufen παγοδρομώ 199
Elastikbinde ο ελαστικός επίδεσμος 166
Elektriker ο ηλεκτρολόγος 44
Elektrohandlung τα ηλεκτρικά είδη 133
elf έντεκα 33
Ellbogen ο αγκώνας 173
Eltern οι γονείς 43
Empfang η υποδοχή 98
Empfänger ο παραλήπτης 157
empfehlen συστήνω 90
Ende το τέλος 75; **am ~** στο τέλος
Endhaltestelle το τέρμα 69
eng στενό
englisch αγγλικό; *(die englische Sprache)* Αγγλικά 28
Enkel(in) ο εγγονός, η εγγονή 43
Ente η πάπια 113
entfernen *(Fleck)* βγάζω 145
entlassen *(Patienten)* απολύω 180
Entlassungsschein το εξιτήριο 180
Entschuldigung! Συγνώμη! 26
entwickeln *(Film)* εμφανίζω 138
Entzündung η φλεγμονή 176
Epoche η εποχή 126
Erbrechen ο έμετος 176
Erbsen ο αρακάς 113
Erdbeben ο σεισμός 31
Erdbeere η φράουλα 116
Erde γη
Erfolg η επιτυχία 27
erfreut: sehr ~ χαίρω πολύ 17
Erfrierung το κρυοπάγημα 176
Ergebnis το αποτέλεσμα 202
erhalten *s.* **bekommen**
erholen: sich ~ ξεκουράζομαι 97
erkälten: sich ~ κρυολογώ 170
Erkältung το κρυολόγημα 176
Erkundigung η πληροφορία 98
ermäßigt μειωμένο 72
Ermäßigung η μείωση 77
ernst *(Zustand)* σοβαρό 172
Erpressung ο εκβιασμός 160
Ersatz *(Zahn-)* το τεχνητό δόντι 182
Ersatzrad η ρεζέρβα 62
Ersatzteil το ανταλλακτικό 62
erste(r) πρώτος, πρώτη 34
erwachsen ενήλικος *(volljährig)* 42
erwarten περιμένω 193
es gibt υπάρχει
essen τρώγω
Essen το φαγητό 107
Essig το ξύδι 109
Essig- und Ölständer το λαδόξυδο 108
Etage το πάτωμα, ο όροφος 98
evangelisch ευαγγελικός 129
Evangelium το Ευαγγέλιο 129

F

Fabrik το εργοστάσιο 126
Facharzt ο ειδικός γιατρός 169
Fachgeschäft für ... ειδικό κατάστημα για ... 131
Faden η κλωστή 144
Fähre το φερρυμπώτ 85
fahren οδηγώ 52
Fahrer ο οδηγός 69
Fahrgast *s.* **Passagier**
Fahrgestell το σασ(σ)ί 62
Fahrkarte το εισιτήριο 72
Fahrkartenschalter η θυρίδα εισιτηρίων 70
Fahrlehrer ο δάσκαλος οδήγησης 44
Fahrplan το δρομολόγιο 70
Fahrpreis η τιμή εισιτηρίου 72
Fahrrad το ποδήλατο 51
Fahrstuhl το ασ(σ)ανσέρ 98
Fahrt η πορεία 52
Fahrzeug το τροχοφόρο 51
Fakultät η Σχολή 48
Fall: auf keinen ~! Σε καμμία περίπτωση! 26
fallen πέφτω 29
falsch λάθος 156
Familie η οικογένεια 43
Familienname το επώνυμο 88
Familienstand η οικογενειακή κατάσταση 88
Farbabzug *(Foto)* το έγχρωμο αντίτυπο 138

Flughafengebühr το τέλος αεροδρομίου 81
Flugplan το δρομολόγιο αεροπλάνου 81
Flugplatz το αεροδρόμιο 126
Flugstrecke η αεροπορική διαδρομή 81
Flugzeit ο χρόνος πτήσεως 81
Flugzeug το αεροπλάνο 81
Flugzeugführer ο πιλότος 81
Fluß το ποτάμι
Förster ο δασονόμος 44
Fotoapparat η φωτογραφική μηχανή 138
Fotogeschäft το φωτογραφείο 133
Fotograf ο φωτογράφος 133
fotografieren φωτογραφίζω 138
Foyer το φουαγιέ 184
fragen ζητώ 93
frankieren βάζω γραμματόσημα 157
französisch γαλλικό; *(die französische Sprache)* Γαλλικά 28
Frau η κυρία 16; η γυναίκα 17
Frauenarzt ο γυναικολόγος 169
Fräulein η δεσποινίδα 16
frei ελεύθερο 105
Freilichtkino ο θερινός κινηματογράφος 187
freimachen: sich ~ *(beim Arzt)* βγάζω τα ρούχα μου 171
Freistoß η ελεύθερη βολή 199
Freitag η Παρασκευή 39
Freizeithemd το σπορ πουκάμισο 141
Fremdenführer ο ξεναγός 124
Fresko η τοιχογραφία 129
freuen: es freut mich χαίρομαι 14
Freund(in) ο φίλος, η φίλη 17
Friedhof το νεκροταφείο 129
frieren: es friert έχει παγωνιά 31
Fries το διάζωμα 126
Frikassee το φρικασέ 115
frisch φρέσκο 109
Frischluftdüse η βαλβίδα αέρα 81
Friseur ο κομμωτής; ο κουρέας 44, 164
Friseuse η κομμώτρια 44
frisieren χτενίζω 164
Frisur το χτένισμα 164
Frost η παγωνιά 31
Frostschutzmittel το αντιψυκτικό υγρό 62
Fruchtsaft ο χυμός φρούτων 118
früh νωρίς 37
früher νωρίτερα, άλλοτε 38
Frühling η άνοιξη 40
Frühstück το πρόγευμα, το πρωινό 120
frühstücken προγευματίζω
Frühstücksraum η αίθουσα πρωινού 99
fühlen: sich ~ αισθάνομαι 170
führen οδηγώ
Führerschein το δίπλωμα οδήγησης 52
Führung η ξενάγηση 124
füllen γεμίζω 147
Füllung *(einer Speise)* η γέμιση 110; *(Zahn)* το σφάγισμα 182
Fundbüro το γραφείο ευρέσεως απωλεσθέντων αντικειμένων 126
fünf πέντε 33
Funke ο σπινθήρας 62
funktionieren λειτουργώ 28
für για
Furunkel ο καλόγερος 176
Fuß το πόδι 173; **zu ~** με τα πόδια 121
Fußball η μπάλα ποδοσφαίρου
Fußballplatz το γήπεδο 198
Fußballspiel το ποδόσφαιρο 199
Fußbremse το ποδόφρενο 61
Fußgänger ο πεζός 126
Fußgängerüberweg η διάβαση πεζών 126
Fußsohle η πατούσα 174
Futter *(Kleidung)* η φόδρα 144

G

Gabel το πηρούνι 108
Galerie η γκαλερί 125
Galle η χολή 174
Gallensteine πέτρες στη χολή 176
Gang το βάδισμα; *(Auto)* η ταχύτητα 62
Gangschaltung ο μοχλός ταχυτήτων 62
Gans η χήνα
Gänsebraten η ψητή χήνα 113
ganz *(sehr)* πολύ
Garage το γκαράζ 54
Garderobe η γκαρνταρόμπα 184
Garn η κλωστή 144

Garten ο κήπος 126
Gärtner ο κηπουρός 44
Gas το γκάζ 62
Gasfeuerzeug ο αναπτήρας γκαζιού 147
Gasflasche η φιάλη υγραερίου 103
Gaspedal το πεντάλ γκαζιού 62
Gasse το δρομάκι, το σοκάκι 126
Gasthof το πανδοχείο 90
Gaumen ο ουρανίσκος 174
Gebäck τα μπισκότα
gebacken στο φούρνο 109
Gebäude το κτίριο 126
geben δίνω; *(Karten)* μοιράζω 189
Gebirge η οροσειρά 126
Gebiß οι μασέλες 182
geboren γεννήθηκα 42
gebraten τηγανητό 109
Gebühr τα τέλη 159
Geburtsdatum η ημερομηνία γεννήσεως 88
Geburtsname το πατρώνυμο 88
Geburtsort ο τόπος γεννήσεως 88
Geburtstag τα γενέθλια
Gedichtband ο τόμος ποιημάτων 135
gedünstet γιαχνί 109
Gefahr ο κίνδυνος
gefährlich επικίνδυνο
Gefälle η κατηφόρα 53
gefallen αρέσω 188
Gefängnis η φυλακή 161
Geflügel τα πουλερικά 113
gefüllt *(Speise)* γεμιστό 109
gegen κατά
Gegend η περιοχή 127
Gegengift το αντίδοτο δηλητηρίου 166
gegrillt της σχάρας 109
gehen πηγαίνω 18; **wie geht's?** τι κάνεις; 14
Gehirn ο εγκέφαλος 174
Gehirnerschütterung η διάσειση εγκεφάλου 176
Gehirnschlag η συμφόρηση εγκεφάλου 176
gehören: wem gehört das? ποιανού είναι αυτό; 22
Geistlicher ο ιερωμένος 129
gekocht βραστό 109
gelb κίτρινο 143
Gelbfilter το κίτρινο φίλτρο 138
Gelbsucht η χρυσή 177
Geld τα λεφτά; χρήματα 160
Geldschein το χαρτονόμισμα 159
Geldwechsel η αλλαγή χρημάτων 159
Gelenk η άρθρωση 174
Gelenkrheumatismus ο ρευματισμός 177
gelten ισχύω 154
Gemüse τα λαχανικά 114
Gemüsehandlung το μανάβικο 133
Gemüsesuppe η χορτόσουπα 111
gemustert *(Stoff)* εμπριμέ 142
genau ακριβώς
Genick ο σβέρκος 174
genug αρκετό
genügen αρκώ 93
geöffnet ανοιχτά
Geographie η γεωγραφία 48
Geologie η γεωλογία 48
Gepäck η αποσκευή 73
Gepäckannahme η παραλαβή αποσκευών 73
Gepäckaufbewahrung η φύλαξη αποσκευών 73
Gepäckausgabe η παράδοση αποσκευών 73
Gepäcknetz το δίχτυ αποσκευών
Gepäckschein το δελτίο αποσκευών 73
Gepäckschließfach η θυρίδα αποσκευών 73
Gepäckträger ο αχθοφόρος 74
Gepäckwagen η σκευοφόρος 75
geradeaus ευθεία 122
Geräteturnen η ενόργανη γυμναστική 199
geräuchert καπνιστό 109
Gericht το δικαστήριο 127; *(Essen)* το φαγητό 106
Germanistik η γερμανική φιλολογία 48
gern, sehr ~ πολύ ευχαρίστως 25
geröstet τσιγαρισμένο 109
gesalzen αλατισμένο 109
Gesang το τραγούδι 184
Geschäft το κατάστημα, το μαγαζί 133
geschehen συμβαίνω 22
Geschenk το δώρο 89
Geschichte η ιστορία 48
geschieden χωρισμένος *(Mann)*, χωρισμένη *(Frau)*

H

Herz η καρδιά 174; *(Karten)* η κούπα 190
Herzanfall η καρδιακή προσβολή 177
Herzinfarkt το έμφραγμα 177
herzlich εγκάρδιο
Heuschnupfen το αλλεργικό συνάχι 177
heute σήμερα 37
Hexenschuß η οσφυαλγία 177
hier εδώ 17
Hilfe η βοήθεια 59
Himmel ο ουρανός 31
hinten πίσω
hin und zurück μετ' επιστροφής 72
Hitze η ζέστη 32
Hoch *(Wetter)* το υψηλό
hoch ψηλό 146
hochachtungsvoll με εκτίμηση 16
Hochhaus η πολυκατοικία 127
Hochschule η ανωτάτη σχολή 48
Hof *s.* **Bauernhof**
hoffen ελπίζω 18
Höhle η σπηλιά 127
holen φέρνω
Holz ξύλο
Holzschnitzereien τα ξυλόγλυπτα 150
Honig το μέλι 120
hören ακούω
Hörer *(Telefon)* το ακουστικό 155
Hörnchen το κρουασάν 120
Hörspiel το ραδιοφωνικό έργο, το σκετς 190
Hose το παντελόνι 141
Hosenanzug το κουστούμι 141
Hosenträger οι τιράντες
Hotel το ξενοδοχείο 99
Hotelhalle το σαλόνι 99
Hotelrestaurant το εστιατόριο του ξενοδοχείου 99
Hubschrauber το ελικόπτερο
Hüfthalter η ζαρτιέρα 141
Huhn η κότα 113
Hühnerbrühe η κοτόσουπα 111
Hummer ο αστακός 112
Hund ο σκύλος
hundert εκατό 33
Hupe η κόρνα 62
husten βήχω 172
Husten ο βήχας 177
Hustenmittel το αντιβηχικό 166
Hustensaft το σιρόπι του βήχα 166
Hut το καπέλλο 141

I

ich εγώ 211
Illustrierte το εικονογραφημένο περιοδικό 191
Immobilien το μεσιτικό γραφείο 133
in σε
Informationsschalter η θυρίδα πληροφοριών
Ingenieur ο μηχανικός 44
Injektion η ένεση 182
Inlandsbrief το γράμμα εσωτερικού 152
Inlandskarte η κάρτα εσωτερικού 152
innen μέσα
Innenstadt το κέντρο της πόλης 127
innerhalb εντός
innerlich (anzuwenden) εσωτερικής χρήσεως 165
Insektenmittel το εντομοκτόνο 166
Insel το νησί 85
Installateur ο υδραυλικός 44
Institut το ινστιτούτο 48
Inszenierung η σκηνοθεσία 185
Ischias η ισχυαλγία 177
Isolierung η μόνωση 62
ist είναι

J

ja ναι
Jacht η θαλαμηγός 85
Jacke η ζακέττα 141
Jackenkleid το ταγιέρ 141
Jackett το σακκάκι 141
Jagd το κυνήγι 200
Jagdgewehr το κυνηγετικό όπλο
Jagdschein η άδεια κυνηγιού 200
Jahr ο έτος, ο χρόνος 38
Jahrhundert ο αιώνας 125
Januar ο Ιανουάριος/Γενάρης 39
jede(r, -s) κάθε
jederzeit πάντοτε
jetzt τώρα
Jod(tinktur) το βάμμα ιωδίου 167
Joker ο μπαλαντέρ 190
Journalist ο δημοσιογράφος 44
Jude ο εβραίος 129
Judo το τζούντο 200
Jugendgruppe ομάδα νέων 104
Jugendherberge ο ξενώνας νεότητας 104

Klasse η θέση 72
Klavier το πιάνο 184
Klebefolie το σελοτέιπ 150
Klebstoff η κόλλα 136
Kleid το φόρεμα 142
Kleiderbügel η κρεμάστρα 99
Kleiderbürste η βούρτσα ρούχων 148
klein μικρό 132
Kleingeld τα ψιλά 158
Klima το κλίμα 32
Klimaanlage ο κλιματισμός 99
Klingel το κουδούνι 99
Klinik η κλινική 168
klopfen χτυπάω 64
Kloster το μοναστήρι 130
Klub το κλαμπ, η λέσχη 190
knapp στενό 140
Kneipe το μπαράκι 192
Knie το γόνατο 174
Kniescheibe η επιγονατίδα 174
Knoblauch το σκόρδο 110
Knöchel ο αστράγαλος 174
Knochen το κόκκαλο 174
Knochenbruch το κάταγμα 177
Knopf το κουμπί 144
Knoten ο κόμβος 208
Koch ο μάγειρας 45
kochen μαγειρεύω 104
Kocher *s.* **Spirituskocher**
Kochgeschirr τα μαγειρικά σκεύη 104
Kochnische η κουζινίτσα 99
koffeinfrei χωρίς καφείνη
Koffer η βαλίτσα 150
Kofferraum το πορτ-μπαγκάζ 63
Kognak το κονιάκ 118
Kohl το λάχανο 111
Kohlepapier το καρμπόν 136
Kohletabletten τα καρβουνάκια
Kolben το έμβολο 63
Kolbenring ο δακτύλιος εμβόλου 63
Kolik ο κολικός 177
Kollege ο συνάδελφος
Kölnisch Wasser η κολώνια 148
Kombiwagen το καραβάν 51
Kommandobrücke η γέφυρα ναυσιπλοΐας 85
kommen έρχομαι 17
Komödie η κωμωδία 185
Kompaß η πυξίδα
Komponist ο συνθέτης 185
Kompott η κομπόστα 115
Kompression η συμπίεση 63
Kondensator ο συμπυκνωτής 63
Kondensmilch το γάλα εβαπορέ 119
Konditor ο ζαχαροπλάστης 45
Konditorei το ζαχαροπλαστείο 119
Konfektion τα έτοιμα ενδύματα 113
Konfession το θρήσκευμα 130
konfessionslos χωρίς θρησκεία 129
König ο βασιλιάς; *(Spiel)* ο ρήγας 190; *(Schach)* ο βασιλιάς 190
können μπορώ 67
Konserven οι κονσέρβες 150
Konsulat το προξενείο 127
Kontakt η επαφή 63
Kontrollampe η λάμπα ελέγχου 63
Konzert η συναυλία 185
Konzertsaal η αίθουσα συναυλιών 85
Kopf το κεφάλι 174
Kopfkissen το μαξιλάρι 98
Kopfkissenbezug η μαξιλαροθήκη 98
Kopfmassage το μασσάζ κεφαλιού 164
Kopfsalat το μαρούλι 111
Kopfschmerz ο πονοκέφαλος 167
Kopfschmerztabletten τα χάπια για τον πονοκέφαλο 167
Kopftuch η μαντήλα, το μαντήλι
Korb το καλάθι 150
Korkenzieher το τιρμπουσόν 150
Körper το σώμα 174
Körperpuder το ταλκ 148
Korridor ο διάδρομος 99
Kosmetik τα κοσμητικά 133
kosten κοστίζω 131
Kostüm το ταγιέρ 142
Kotelett η μπριζόλα 115
Koteletten *(Bart)* οι φαβορίτες 164
Kotflügel το φτερό (του αυτοκινήτου) 63
Krabben οι γαρίδες 111
Kraftfahrer ο επαγγελματίας οδηγός 45
Kraftwerk ο ηλεκτρικός σταθμός 127
Krampf ο σπασμός 177
krank άρρωστος 169
Krankenhaus το νοσοκομείο 180
Krankenkasse το ασφαλιστικό ταμείο
Krankenpfleger ο νοσοκόμος 45
Krankenschwester η νοσοκόμα 45
Krankenwagen το ασθενοφόρο 59

Krankheit η αρρώστια, η ασθένεια 177
Kräuter τα χόρτα 110
Krawatte η γραβάτα 142
Krebs το καβούρι; *(Krankheit)* ο καρκίνος 177
Kredit η πίστωση 159
Kreislauf η κυκλοφορία αίματος 174
Kreislaufmittel το φάρμακο για την κυκλοφορία του αίματος 167
Kreislaufstörungen οι διαταραχές κυκλοφορίας 177
Kreisverkehr η κυκλωτερή 53
Kreuz ο σταυρός 130; *(Karten)* το σπαθί 190
Kreuzfahrt η κρουαζιέρα 127
Kreuzung η διασταύρωση 53
Kriminalfilm το αστυνομικό φιλμ 180
Kriminalpolizei η ασφάλεια 161
Kriminalroman το αστυνομικό μυθιστόρημα 135
Krone η κορώνα 182
Kruzifix ο εσταυρωμένος 130
Krypta η κρυπτή 130
Kubikmeter το κυβικό μέτρο 208
Küche η κουζίνα 99
Kuchen η πάστα, το κέικ 119
Kugellager το ρουλεμάν 63
Kugelschreiber το στυλό 136
kühl δροσερό
Kühler το ψυγείο 63
Kühlergrill η μάσκα ψυγείου 63
Kühlschrank το ψυγείο 99
Kühlwasser το νερό ψυγείου 55
Kümmel το κύμινο 110
kümmern: sich ~ um φροντίζω 59
Kundendienst η εξυπηρέτηση των πελατών 55
Kunstakademie σχολή καλών τεχνών 48
Kunstfaser η συνθετική ίνα 142
Kunstgeschichte η ιστορία (της) τέχνης 48
Kunsthändler ο έμπορος καλών τεχνών 133
Künstler ο καλλιτέχνης 45
Kunstseide το τεχνητό μετάξι 142
Kuppel ο τρούλλος
Kupplung ο συμπλέκτης 63
Kupplungspedal το πεντάλ ντεμπραγιάζ 63
Kurbelwelle ο στροφαλοφόρος άξονας 63
Kürbis το κολοκύθι
Kurort η λουτρόπολη
Kurs *(Schiff)* η πορεία 85; *(Geld)* η τρέχουσα τιμή 158
Kursbuch το διδακτικό βιβλίο
Kursus ο κύκλος μαθημάτων 48
Kurswagen το βαγόνι για 71
Kurve η στροφή 53
kurz κοντό 140
kürzen κονταίνω 145
Kurzfilm η ταινία μικρού μήκους 187
Kurzschluß το βραχυκύκλωμα 63
kurzsichtig μυωπικός 145
Kurzwaren τα ψιλικά 133
Kurzwelle τα βραχέα κύματα 190
Kuß το φιλί
küssen φιλώ
Küste η ακτή 85

L

Labor το εργαστήριο 169
lachen γελώ
Lachs ο σολωμός
Lack(ierung) το βερνίκι, το βερνίκωμα 63
Lager *(techn.)* το έδρανο 63
Lähmung η παράλυση 177
Laken το σεντόνι 91
Lamm(fleisch) το αρνάκι 106
Lampe η λάμπα 63
Land η ξηρά
Landausflug η εκδρομή στην ξηρά 85
landen προσγειώνομαι 81
Landkarte ο γεωγραφικός χάρτης 135
Landschaft το τοπίο 127
Landung η προσγείωση 81
Landungsbrücke η γέφυρα αποβίβασης 85
Landwirt ο αγρότης 45
lang μακρύ 140; **länger machen** μακραίνω 145
lange: wie ~? πόση ώρα; 50
langsam σιγά, **langsamer** πιο σιγά 28
Langwelle τα μακρά κύματα 190
Lappen το πανί, το κουρέλι 67
Lärm ο θόρυβος
lassen αφήνω 18
Lastauto το φορτηγό 51

Mittelstreifen η νησίδα 53
Mittelstürmer ο σέντερ φορ 200
Mittelwelle τα μεσαία κύματα 190
Mitternacht τα μεσάνυχτα 37
Mittwoch η Τετάρτη 39
Möbelgeschäft το κατάστημα επίπλων 133
möchte: ich ~ θέλω 131
Modenschau η επίδειξη μόδας
modern μοντέρνο
Modeschmuck τα κοσμήματα μόδας 139
Modezeitschrift το περιοδικό μόδας 191
mögen *s.* **möchte**
möglich δυνατό
Mohammedaner ο μωαμεθανός 129
Mohrrüben τα καρότα
Mole ο μώλος 86
Moment η στιγμή 95
Monat ο μήνας 38
Mond το φεγγάρι 32
Montag η Δευτέρα 39
Moped το μοτοποδήλατο 51
morgen αύριο 37
Morgen το πρωί 37; **guten ~!** καλημέρα! 14
Morgenrock η ρόμπα 141
morgens το πρωί 37
Mosaik το ψηφιδωτό 130
Moschee το τζαμί 130
Moslem ο μουσουλμάνος 129
Most ο μούστος
Motor ο κινητήρας 64
Motorboot η βενζινάκατος 84
Motorenöl το λάδι κινητήρα 56
Motorrad η μηχανή 51
Motorroller το σκούτερ
Motorsport το σπορ αυτοκινήτου 200
Mücke το κουνούπι
müde κουρασμένος
Mullbinde η γάζα 167
Mumps η παρωτίτιδα 178
Mund το στόμα 174
Mundwasser το νερό γαργάρας 167
Münze το κέρμα 159
Muscheln *(Mies~)* τα μύδια 112
Museum το μουσείο 127
Musical το μιούζικαλ 185
Musik η μουσική 48
Musikalienhandlung το κατάστημα μουσικών οργάνων 134
Musiker ο μουσικός 45
Musikstück το μουσικό κομμάτι 185
Muskatellerwein το μοσχάτο
Muskatnuß το μοσχοκάρυδο 110
Muskel ο μυς 174
müssen πρέπει να
Mutter η μητέρα 43
Mütze ο σκούφος 141
Mythologie η μυθολογία 127

N

Nabe η πλήμνη 64
nach *(zeitlich)* μετά; *(örtlich)* σε, προς; **~ Deutschland** για την Γερμανία 151
nachfüllen συμπληρώνω 55
nachgehen *(Uhr)* πηγαίνω πίσω 36
Nachmittag το απόγευμα 37
nachmittags το απόγευμα 37
Nachnahme η αντικαταβολή 157
Nachrichten *(TV, Radio)* οι ειδήσεις 189
nachsenden στέλνω 153
Nachspeisen τα επιδόρπια 115
nächste(r) πλησιέστερος; επόμενος 54
Nacht η νύχτα 37; **in der ~** τη νύχτα 37; **gute ~!** καληνύχτα! 20
Nachtdienst: ~ haben διανυκτερεύω 165
Nachthemd το νυχτικό 141
Nachtklub το νάιτ κλαμπ
nachts τη νύχτα 33
Nachtschwester η βραδινή νοσοκόμα 180
Nachttarif το νυχτερινό τιμολόγιο 149
Nachttisch το κομμοδίνο 92
Nachttischlampe το πορτατίφ 100
Nacken ο σβέρκος 175
Nadel η βελόνα 144
Nagel το καρφί 67; *(Finger-)* το νύχι 175
Nagellack το μανόν 148
Nagellackentferner το ασετόν 148
Nagelschere ο νυχοκόπτης 148
Nähe: in der ~ κοντά 90
Nähgarn η κλωστή 144
Nähnadel η βελόνα 144
Nährmittel τα ζυμαρικά 112
Nahrungsmittel *s.* **Lebensmittel**

O

Oliven οι ελιές 110
Ölkanne το λαδωτήρι 56
Ölmeßstab η ράβδος μέτρησης στάθμης λαδιού 64
Ölpumpe η αντλία λαδιού 64
Ölsardinen οι σαρδέλλες του κουτιού
Ölstand η στάθμη λαδιού 56
Ölwechsel η αλλαγή λαδιού 56
Omelett η ομελέττα
Omnibus *s.* **Autobus**
Onkel ο θείος 43
Oper η όπερα 185
Operation η εγχείριση 180
Operationssaal το χειρουργείο 180
Operette η οπερέτα 185
operieren χειρουργώ 180
Optiker ο οπτικός 45
Orakel το μαντείο
orangefarben πορτοκαλί 143
Orangensaft πορτοκαλάδα; *(frisch gepreßter ~)* ο χυμός πορτοκάλι 118
Orchester η ορχήστρα 185
Ordnung: in ~ εν τάξει 25
Orgel το αρμόνιο 130
Originalersatzteile τα ανταλλακτικά εργοστασίου 60
Ort μέρος
Ortsgespräch το αστικό τηλεφώνημα 157
Ostern το Πάσχα 40
Österreich η Αυστρία 151
Ostwind ο ανατολικός αέρας 32
Ouvertüre η εισαγωγή 185

P

Paar το ζευγάρι; **ein paar** ένα ζευγάρι 146
Päckchen το κουτί, το δέμα 152
Packpapier το χαρτί περιτυλίγματος 136
Packung το πακέτο, το κουτί 132
Pädagogik η παιδαγωγική 49
Paket το δέμα 152
Paketannahme η θυρίδα για τα δέματα 151
Paketausgabe η θυρίδα για τα δέματα 151
Paketkarte το δελτίο δέματος 157
Palast το παλάτι 125
Panne η βλάβη 58
Papier το χαρτί 138
Papiere τα χαρτιά 87
Papierservietten οι χαρτοπετσέτες 150
Papiertaschentücher τα χαρτομάντηλα 148
Paprika η πιπεριά 110
Paprikaschoten οι πιπεριές
Parfüm το άρωμα 148
Parfümerie το αρωματοπωλείο 134
Park το πάρκο 127
parken σταθμεύω, παρκάρω 52
Parken verboten! Απαγορεύεται η στάθμευσις! 68
Parkett η πλατεία 185
Parkplatz το πάρκιγκ (τόπος σταθμεύσεως) 53
Parkuhr το παρκόμετρο 53
Parkverbot η απαγόρευσις σταθμεύσεως 53
Parmesankäse η παρμεζάνα
Parthenon ο Παρθενώνας
Partie *(Spiel)* η παρτίδα 190
Party το πάρτυ
Paß *(Berg-)* το πέρασμα; *(Reise-)* το διαβατήριο 87
Passagier ο επιβάτης 86
Passagierschiff το επιβατικό πλοίο 86
Paßkontrolle ο έλεγχος διαβατηρίων 88
Paßstraße το πέρασμα 30
Pastor ο πάστορας 130
Pate ο νονός 43
Patin η νονά 43
Patient(in) ο (η) ασθενής 180
Pause το διάλειμμα 85
Pavillon το περίπτερο 127
Pedal το πεντάλ 64
Pediküre το πεντικιούρ 164
Pellkartoffeln οι βραστές πατάτες
Pelz η γούνα
Pelzgeschäft το γουναράδικο 134
Pelzjacke η γούνινη ζακέττα 141
Pelzmantel το γούνινο παλτό 141
Pension η πανσιόν 90
Perlen τα μαργαριτάρια 139
Perlhuhn η φραγκόκοτα
Person το άτομο 51
Personenauto το επιβατικό 51

Pudding η κρέμα, πουτίγκα
Puder η πούδρα 148
Puderdose η πουδριέρα 148
Puderquaste το πομπόν πούδρας 148
Pullover το πουλόβερ 141
Pulver η σκόνη 167
Punkt η στιγμή; *(Sport)* το σημείο 202
pünktlich ακριβώς
Puppe η κούκλα 150
Puter ο γάλος
Pythia η Πυθία

Q

Quadratkilometer το τετραγωνικό χιλιόμετρο 208
Quadratmeter το τετραγωνικό μέτρο 208
Qualität η ποιότητα
Qualle η τσούχτρα 197
Quetschung η σύνθλιψη 178
Quitte το κυδώνι 116
Quittung η απόδειξη 159

R

Rad η ρόδα 57; ο τροχός 64; *s.* **Fahrrad**
radfahren κάνω ποδήλατο 200
Radfahrer ο ποδηλάτης 201
Radiergummi η γόμα 136
Radio το ραδιόφωνο 188
Radkappe το τάσι 64
Radrennen η ποδηλατοδρομία 201
Radsport η ποδηλατοδρομία 200
Ragout το ραγού
Rang *(Theater)* ο εξώστης 184
Rasen το γκαζόν
Rasierapparat η ξυριστική μηχανή 148
rasieren ξυρίζω 164
Rasierklingen τα ξυραφάκια 148
Rasierkrem η κρέμα ξυρίσματος 148
Rasiermesser το ξυράφι 148
Rasierpinsel το πινέλο 148
Rasierseife το σαπούνι ξυρίσματος 149
Rasierwasser η κολώνια ξυρίσματος 149
Raststätte το εξοχικό εστιατόριο 127
Rathaus το δημαρχείο 127
rauchen καπνίζω 172
Rauchen verboten! Απαγορεύεται το κάπνισμα! 203
Raucher ο καπνιστής
Raum ο χώρος
Rauschgift το ναρκωτικό 161
Rebhuhn η πέρδικα 113
Rechnung ο λογαριασμός 108
rechts δεξιά 50; **nach ~** προς τα δεξιά 122
Rechtsanwalt ο δικηγόρος 161
rechtzeitig εγκαίρως 38
Reck το μονόζυγο 199
reden *s.* **sprechen**
Reeder ο εφοπλιστής 86
Reederei η ναυτιλιακή εταιρία 86
Regen η βροχή 32
Regenmantel το αδιάβροχο 141
Regenschauer η μπόρα
Regenschirm η ομπρέλλα 150
Regie η σκηνοθεσία 185
Regisseur ο σκηνοθέτης 185
regnen: es regnet! βρέχει 32
Reh το ζαρκάδι 113
Reifen το λάστιχο 57
Reifendruck η πίεση στα λάστιχα 57
Reifenpanne η βλάβη στα λάστιχα 57
Reifenwechsel η αλλαγή λάστιχου 57
Reihe *(Sitz-)* η σειρά 183
reinigen καθαρίζω 144
Reinigung το καθαριστήριο 134
Reis το ρύζι 112
Reise το ταξίδι 20
Reiseandenken το σουβενίρ 134
Reisebüro το γραφείο ταξιδιών 134
Reiseführer ο οδηγός ταξιδιού 135
Reisegruppe η ομάδα ταξιδιού 87
Reiseleiter ο υπεύθυνος ταξιδιού 83
Reiselektüre το διάβασμα για το ταξίδι 135
Reisende(r) *s.* **Passagier**
Reiseomnibus το υπεραστικό λεωφορείο, το πούλμαν 51
Reisepaß το διαβατήριο 88
Reisescheck η επιταγή (το τσεκ) ταξιδιού 159
Reisetasche η τσάντα ταξιδιού 73
Reißverschluß το φερμουάρ 144
reiten ιππεύω 201
Reiter ο ιππέας 201
Reitsport η ιππασία 201

Schlamm η λάσπη
Schlauch *(Reifen)* η σαμπρέλλα, ο σωλήνας 56
Schlauchboot η λαστιχένια βάρκα 197
schlecht χάλια 15; κακός
Schleimhaut η βλεννογόνος 175
Schlepper *(Schiff)* το ρυμουλκό 86
schließen κλείνω 75
Schließfach *(Gepäck-)* η θυρίδα απο σκευών 73
schlimm σοβαρό 171
Schlitten το έλκηθρο 201
Schlittschuhe το παγοπέδιλο 199
Schlittschuhläufer ο παγοδρόμος 199
Schloß *(Gebäude)* το ανάκτορο; *(Tür-)* η κλειδαριά 101
Schlosser ο σιδηρουργός 46
Schlüpfer η κιλότα 142
Schluß *s.* **Ende**
Schlüssel το κλειδί 160
Schlüsselbein το κλειδί 175
Schlußlicht το πίσω φως 65
schmal στενό 132
Schmalfilm το μικρόφιλμ 138
schmecken αρέσω
Schmerzen οι πόνοι 178
Schmerztabletten τα παυσίπονα χάπια 167
Schmirgelpapier το γυαλόχαρτο 67
Schmuck το κόσμημα 139
Schmuggel το λαθρεμπόριο 161
schmutzig βρώμικο
Schnalle η αγκράφα 144
Schnaps το ρακί 118
Schnee το χιόνι 32
Schneegestöber ο χιονοστρόβιλος 32
Schneeketten οι αλυσίδες χιονιού 63
Schneesturm η χιονοθύελλα 32
schneiden κόβω 164
Schneider ο ράφτης 46
Schneiderin η μοδίστρα 46
Schneiderei το ραφείο 134
Schneidezahn ο κοπτήρας 182
schneien: es schneit χιονίζει 32
schnell γρήγορο
Schnellbahn η ταχεία 128
Schnellverband το χανζαπλάστ 167
Schnellzug η ταχεία 71
Schnittbohnen τα φασολάκια 114
Schnitzel το σνίτσελ
Schnupfen το συνάχι 178
Schnurrbart το μουστάκι 164
Schnürsenkel τα κορδόνια 146
Schokolade η σοκολάτα 119
Schokoladeneis το παγωτό σοκολάτα 119
Schokoladentorte η πάστα σεράνο
Scholle η γλώσσα 112
schön ωραίο 29
Schönheitssalon το σαλόνι αισθητικής 164
Schönheitswettbewerb ο διαγωνισμός καλλιστείων 191
Schrank η ντουλάπα 100
Schraube η βίδα 65
Schraubenmutter το παξιμάδι 65
Schraubenschlüssel το κλειδί 67
Schraubenzieher το κατσαβίδι 67
schreiben γράφω 29
Schreibwaren τα γραφικά είδη 134
Schriftsteller ο συγγραφέας 46
Schublade το συρτάρι 100
Schuh το παπούτσι 146
Schuhanzieher το κόκκαλο
Schuhgeschäft το κατάστημα παπουτσιών 146
Schuhkrem το βερνίκι 146
Schuhmacher ο τσαγκάρης 46
Schuld η ενοχή 161
Schule η σχολή 48
Schüler ο μαθητής 46
Schülerin η μαθήτρια 46
Schulter ο ώμος 175
Schulterblatt η ωμοπλάτη 175
Schuppen *(Kopf-)* η πιτυρίδα 164
Schürze η ποδιά 142
Schüssel η πιατέλα
Schüttelfrost το ρίγος 178
Schwamm το σφουγγάρι 149
Schwangerschaft η εγκυμοσύνη 175
schwarz μαύρο 143
Schwarzbrot το μαύρο ψωμί
Schwarzweiß-Schmalfilm το ασπρόμαυρο φιλμ **8 mm** 187
Schweinefleisch το χοιρινό 115
Schweißblatt το σουμπρά 144
schweißtreibendes Mittel το ιδρωτικό 167
Schweiz η Ελβετία 151
Schwellung το πρήξιμο 178
schwer βαρύς; *(schwierig)* δύσκολο
Schwerbeschädigter ο ανάπηρος

Spann η καμάρα 175
Spannung η τάση 100
Sparbuch το βιβλιάριο καταθέσεων 159
Spargel το σπαράγγι
Sparkasse το ταμιευτήριο
spät αργά; **wie ~ ist es?** τι ώρα είναι; 35
später αργότερα
spazierengehen πάω περίπατο 192
Speck το λαρδί 110
Speiche η ακτίνα 65
Speisekarte ο κατάλογος φαγητών 111
Speisesaal το εστιατόριο 100
Speisewagen το εστιατόριο 71
Sperre το κιγκλίδωμα 77
spezial ειδικό 56
Spiegel ο καθρέφτης 100
Spiegeleier τα αυγά μάτια 120
Spiel το παιχνίδι 191
spielen παίζω 191
Spieler ο παίκτης 200
Spielfilm η κινηματογραφική ταινία 187
Spielkarten η τράπουλα 150
Spielkasino το καζίνο 191
Spielmarke η μάρκα 191
Spielplan το δραματολόγιο 186
Spielplatz η παιδική χαρά 104
Spielzeug το παιχνίδι 150
Spielzeuggeschäft το κατάστημα παιχνιδιών 134
Spinat το σπανάκι 114
Spirituosengeschäft η κάβα 134
Spirituskocher το γκαζάκι, το καμινέτο 150
Sport το σπορ, το άθλημα 202
Sportakademie η Ακαδημία Αθλητισμού
Sportartikel τα αθλητικά είδη 134
Sporthemd το πουκάμισο σπορ 142
Sportler ο αθλητής 202
Sportlerin η αθλήτρια 202
Sportveranstaltung η αθλητική συνάντηση 198
Sportverein ο αθλητικός όμιλος 202
Sprache η γλώσσα
Sprachführer ο γλωσσικός οδηγός 135
sprechen μιλώ 28
Sprechstunde οι ώρες επισκέψεων 169
Sprechzimmer το ιατρείο 169
Springen ο αγώνας μετ' εμποδίων 201
Springer *(Schach)* ο ίππος 190
Spritze η ένεση 167
Sprudel η γκαζόζα
Sprung η βουτιά 201
Sprungbrett η εξέδρα 201
Sprungschanze η εξέδρα (άλματος σκι) 201
Spülung *(WC)* το καζανάκι 96
Squash το σκουώς 202
Staatsangehörigkeit η υπηκοότητα 88
Stadion το στάδιο 198
Stadt η πόλη 128
Stadtplan ο χάρτης της πόλης 135
Stadtteil η συνοικία 128
Stadtzentrum το κέντρο της πόλης 128
Standlicht τα φώτα σταθμεύσεως 65
stark δυνατό 170
Stärkungsmittel το δυναμωτικό 167
Start *(Flugzeug)* η απογείωση 81; *(Sport)* η εκκίνηση 202
starten *(Flugzeug)* απογειώνομαι 81
Station ο σταθμός 180
Stativ ο τρίποδας 138
Statue το άγαλμα 125
stechend *(Schmerz)* οξύς 170
Steckdose η μπρίζα 100
Stecker η μπρίζα 100
Stecknadel η καρφίτσα 144
Steckschlüssel το γαλλικό κλειδί 63
stehen στέκομαι; *(Spiel)* είναι 198
stehlen κλέβω 160
steigen ανεβαίνω 29
Steigung η ανηφοριά 53
Stein η πέτρα; *(Spiel)* το πιόνι 191
Steinschlag ο κίνδυνος λιθόπτωσης 53
Stelle η θέση
sterben πεθαίνω 125
Stern το άστρο 32
Sternwarte το αστεροσκοπείο 128
Steuer *(Schiff)* το τιμόνι 86
Steuerbord δεξιά 86
Steuermann ο τιμονιέρης 201
Steuerung *(Auto)* το σύστημα ελέγχου 65

Steward ο καμαρότος 86
Stewardeß η αεροσυνοδός 81
Stiefel οι μπότες 146
Stiefmutter η μητριά 43
Stiefvater ο πατρυιός 43
Stiftzahn το βιδωτό δόντι 182
Stil ο ρυθμός, το ύφος 128
Stirn το μέτωπο 175
Stock το μπαστούνι; *(Etage)* το πάτωμα 91
Stoff το ύφασμα 142
Stoffwechsel ο μεταβολισμός 175
Stola το σάλι (ετόλ) 142
stopfen *(flicken)* μαντάρω 145
Stopfgarn το μαντάρισμα 194
Stoppuhr το χρονόμετρο 139
stören ενοχλώ 19
Störung η βλάβη 189
Stoßdämpfer το αμορτισέρ 65
Stoßen! ωθήσατε! 203
Stoßstange ο προφυλακτήρας 65
Strafe η ποινή
Strafstoß το πέναλτυ 199
Strähne η τούφα 164
Strand η πλαζ 197
Strandhotel το παραλιακό ξενοδοχείο 99
Strandnähe: in ~ κοντά στην πλαζ 90
Strandschuhe οι σάγιονάρες 146
Straße η οδός, ο δρόμος 50
Straßenbahn το τραμ 128
Straßenkarte ο οδικός χάρτης 135
Straßenzustand η κατάσταση (του) δρόμου 32
Strecke η διαδρομή 77
Streichhölzer τα σπίρτα 147
streng αυστηρό 172
Strich, gegen den ~ κόντρα 163
Strickjacke η πλεκτή ζακέττα 142
Strohhut η ψάθα 141
Stromspannung η τάση ρεύματος 100
Strömungen *(im Wasser)* το ρεύμα
Strümpfe οι κάλτσες 142
Strumpfhalter(gürtel) η ζαρτιέρα 142
Strumpfhose το καλσόν 142
Stück το κομμάτι 67
Student ο φοιτητής 46
Studentin η φοιτήτρια 46
Studienfach ο κλάδος σπουδών 18
Studienrat ο καθηγητής 46
studieren σπουδάζω 18
Studium οι σπουδές 49
Stuhl η καρέκλα 100
Stuhlgang η κένωση 175
Stunde η ώρα 54
stündlich κάθε ώρα 37
Sturm η θύελλα 32
Stürmer *(Fußball)* ο κυνηγός 200
stürmisch: es ist ~ έχει θύελλα 32
stürzen *(fallen)* πέφτω 171
suchen ψάχνω 19
Sucher *(Foto)* ο ερευνητής 138
Südwind ο νοτιάς 32
Super *(Benzin)* (η βενζίνη) σούπερ 55
Super-8-Farbfilm το έγχρωμο σούπερ οχτώ φιλμ 137
Supermarkt το σούπερ-μάρκετ 134
Suppe η σούπα 111
Suppenteller το πιάτο σούπας 108
Surfing το σέρφιγκ 202
süß γλυκό 117
Süßigkeiten τα γλυκίσματα 119
Süßwaren τα γλυκά 134
Swimmingpool η πισίνα 100
Synagoge η συναγωγή 130
synchronisiert μεταγλωττισμένο 187

T

Tabak ο καπνός 147
Tabakladen το καπνοπωλείο 134
Tablett ο δίσκος 108
Tablette το χάπι, το δισκίο 167
Tachometer το ταχύμετρο 66
Tag η (η)μέρα 38; **am ~e** την ημέρα 37; **guten ~!** καλημέρα! 14; **in 14 ~en** σε 14 μέρες 37
Tageslichtfilm το φιλμ ημερησίου φωτός 138
täglich καθημερινά 37
Tal η πεδιάδα 128
Talkumpuder η πούδρα ταλκ 167
Tankstelle το πρατήριο βενζίνης 55
Tankwart ο πρατηριούχος 55
Tante η θεία 43
Tanz ο χορός 193
tanzen χορεύω 193
Tänzer ο χορευτής 186
Tänzerin η χορεύτρια 186
Tanzlokal το χορευτικό κέντρο 193
Tasche η τσάντα 150
Taschenlampe ο φακός 150
Taschenmesser ο σουγιάς 150

Taschentuch το μαντήλι 142
Taschenuhr το ρολόι τσέπης 139
Tasse το φλυτζάνι 108
Tau *(Wetter)* η δροσιά 32
Tau *(Seil)* το σχοινί 86
Taube το περιστέρι
tauchen κάνω κατάδυση 197
Taucherausrüstung τα εξαρτήματα κατάδυσης 197
tauen: es taut το χιόνι λειώνει 32
Taufbecken η κολυμπήθρα 130
Taufe η βάφτιση, τα βαφτίσια 130
tauschen αλλάζω 76
Tauwetter το ξεπάγωμα 32
Taxi το ταξί 123
Taxistand ο σταθμός ταξί, η πιάτσα 128
Techniker ο τεχνικός
Tee το τσαί 120
Teegebäck τα βουτήματα τσαγιού
Teekanne η τσαγιέρα
Teelöffel το κουτάλι γλυκού
Teil το μέρος 208
Telefon το τηλέφωνο 157
Telefonbuch ο τηλεφωνικός κατάλογος 154
telefonieren τηλεφωνώ 154
Telefonzelle ο τηλεφωνικός θάλαμος 154
telegrafisch τηλεγραφικώς
Telegramm το τηλεγράφημα 157
Telegrammformular το έντυπο τηλεγραφήματος 153
Teller το πιάτο 108
Tempel ο ναός 128
Temperatur η θερμοκρασία 32
Tennis το τέννις 202
Tennisball το μπαλλάκι του τέννις 202
Tennisplatz το γήπεδο τέννις 202
Tenor ο τενόρος 186
Teppich το χαλί 100
Terrasse η ταράτσα 100
Tetanus ο τέτανος 178
teuer ακριβό 132
Textbuch το λιμπρέτο 186
Textilien τα υφάσματα 134
Theater το θέατρο 186
Theaterstück το θεατρικό έργο 186
Thermometer το θερμόμετρο 150
Thermosflasche το θερμός 150
Thermostat ο θερμοστάτης 66
Thunfisch ο τόνος
tief βαθύ 194
Tief *(Wetter)* το χαμηλό 32
Tier το ζώο
Tierarzt ο κτηνίατρος 46
Tinktur το βάμμα 167
Tintenfisch η σουπιά 112
Tisch το τραπέζι 100
Tischdecke το τραπεζομάντηλο 100
Tischler ο μαραγκός 46
Tischtennis το πίγκ-πόγκ 202
Tischtuch το τραπεζομάντηλο 108
Tischwein το επιτραπέζιο κρασί
Tochter η κόρη 43
Toilette η τουαλέτα 196
Toilettenartikel τα είδη τουαλέτας 149
Toilettenpapier το χαρτί υγείας 100
Tomaten οι ντομάτες 113
Tomatenketchup το κέτσαπ 110
Tomatensoße η σάλτσα ντομάτα 110
Tomatensuppe η ντοματόσουπα 111
tönen *(Haare)* χρωματίζω 164
Tonne ο τόννος 208
Topf η κατσαρόλα 100
Tor *(Sport)* το τέρμα, το γκολ 202
Torte η τουρτα, η πάστα
Tortenschnitte το κομμάτι πάστα
Torwart ο τερματοφύλακας 200
toupieren φιλλάρω 164
Touristenklasse η τουριστική θέση 86
Trabrennen ο αγώνας τριποδισμού 201
tragen φέρω
Tragödie η τραγωδία 186
Training η προπόνηση 202
Trainingsanzug η φόρμα 142
Trainingshose το παντελόνι φόρμας 142
Transitvisum η βίζα τράνζιτ 88
Traubenzucker το σταφυλοσάκχαρο 167
Trauung ο γάμος 128
treffen: sich ~ συναντιέμαι 193
trennen χωρίζω 63
Treppe η σκάλα 101
Tretboot το θαλάσσιο ποδήλατο 197
Trichter το χωνί 67
Triebwagen η αυτοκινητάμαξα 71
Triebwerk ο κινητήρας 81
trinken πίνω 172

Trinkwasser το πόσιμο νερό 101
trocken ξερό; *(Haare)* ξηρά 164
Trockenhaube το σεσουάρ 164
Trockenrasierer η ηλεκτρική ξυριστική μηχανή 149
trocknen στεγνώνω 101
Trommelfell το τύμπανο 175
tropfen στάζω 62
Tropfen οι σταγόνες 167
Trumpf το ατού 190
Truthahn η γαλοπούλα 113
Tube το σωληνάριο 132
Tuberkulose η φυματίωση 178
Tuch το πανί 67
Tulpen οι τουλίπες 135
tun κάνω 161
Tunnel το τούννελ 53
Tür η πόρτα 101
Türklinke το πόμολο 101
Turm ο πύργος 190
Turnen η γυμναστική 202
Turner(in) ο γυμναστής (η γυμνάστρια) 202
Turnschuhe τα αθλητικά παπούτσια 146
Türschloß η κλειδαριά πόρτας 66
Tüte η σακκούλα 132
Typhus ο τύφος 178

U

U-Bahn το μετρό 128
Übelkeit η αδιαθεσία 178
übelnehmen παρεξηγώ 26
über πάνω από
Überfall η επίθεση 160
Übergang η διέλευση 75
übergeben: sich ~ κάνω εμμετό 170
Übergepäck το υπέρβαρος 78
überholen προσπερνώ 52
übermorgen μεθαύριο 37
Übernachtung η διανυχτέρευση
überprüfen κοιτάζω 66
übersetzen μεταφράζω 29
Übersetzung η μετάφραση 135
überweisen *(Geld)* εμβάζω; *(Patienten)* στέλνω
Überweisung *(Geld)* το έμβασμα 159
Ufer η όχθη 86
Uhr το ρολόι 160
Uhrenarmband το λουράκι ρολογιού 140
Uhrmacher ο ωρολογοποιός 139
UKW τα υπερβραχέα κύματα 190
Ultraschall ο υπερηχητικός
um *(Uhrzeit)* στις 35
Umgebung η περιοχή 128
Umkehrfim το φιλμ εγχρώμων φωτογραφιών 138
Umleitung η παράκαμψη 68
Umstände: machen Sie sich keine ~ μη σας βάζω σε κόπο! 19
Umsteigefahrschein το εισιτήριο διαρκείας
umsteigen *(Zug)* αλλάζω (τραίνο) 77
umtauschen αλλάζω 158
umwechseln αλλάζω 158
umziehen μετακομίζω 101; **sich ~** αλλάζω (φόρεμα)
unangenehm δυσάρεστο 26
und και
undicht sein στάζω 89
Unentschieden η ισοπαλία 202
Unfall το ατύχημα 60
Unfallschaden η ζημιά 60
ungefähr περίπου 35
Universität το πανεπιστήμιο 49
unmöglich αδύνατο 26
uns μας 211
unschuldig αθώος 161
unten κάτω 181
unter κάτω από
unterbrechen διακόπτω 72
Unterbrecher ο διακόπτης 66
unterhalten: sich ~ *(Vergnügen)* διασκεδάζω 191
Unterhaltung *(Vergnügen)* η διασκέδαση 191
Unterhemd η φανέλλα 142
Unterhose το σώβρακο, το σλιπ 142
Unterkiefer το κάτω σαγόνι 174
Unterkunft η στέγη 101
Unterleib η κοιλιά 175
Unterrock το κομπιναιζόν 142
Unterschenkel η κνήμη 175
unterschreiben υπογράφω 158
Unterschrift η υπογραφή 88
Untersetzer το σού-βέρ 150
untersuchen εξετάζω 180
Untersuchung η εξέταση 180
Untersuchungshaft η προφυλάκιση 161

Untertasse το πιατάκι
Unterwäsche τα εσώρουχα 142
Urin τα ούρα 175
Urlaub η άδεια
Urologe ο ουρολόγος 169
Urteil η απόφαση 161

V

Vanilleeis το παγωτό βανίλλια 119
Vase το βάζο 150
Vaseline η βαζελίνη 167
Vater ο πατέρας 43
vegetarisch: ~e Kost η χορτοφαγία
Veilchen οι μενεξέδες 135
Vene η φλέβα 175
Ventil η βαλβίδα 57
Ventilator ο ανεμιστήρας 66
Verabredung το ραντεβού
verabschieden: sich ~ αποχαιρετώ 21
Veranstaltung διοργάνωση 192
Verbandszeug οι επίδεσμοι 167
verbinden *(Telefon)* συνδέω 156; *(Wunde)* επιδένω
Verbindung η σύνδεση
verboten! απαγορεύεται! 203
Verbrechen το έγκλημα 161
Verbrecher ο εγκληματίας 161
Verbrennung το έγκαυμα 178
verbringen περνώ 15
Verdauung η χώνευση 167
Verdauungsstörung η δυσπεψία 178
Verdeck *(Auto)* το κάλυμμα 66
verderben χαλώ 170
Vereiterung η συμπύωση 178
verfolgen παρακολουθώ 161
Vergaser το καρμπυρατέρ 66
vergessen ξεχνώ
Vergewaltigung ο βιασμός 161
Vergiftung η δηλητηρίαση 178
Vergnügen: mit ~! ευχαρίστως! 25
vergoldet επίχρυσο 139
Vergrößerung *(Foto)* η μεγέθυνση 138
verhaften συλλαμβάνω 161
Verhaftung η σύλληψη 161
verheiratet ο/η έγγαμος, παντρεμένος (-η) 88
verkaufen πουλώ
Verkäufer ο πωλητής 46
Verkäuferin η πωλήτρια 46
Verkehr η κυκλοφορία 60
Verkehrsampel το φανάρι 128
Verkehrspolizei η τροχαία 53
Verkehrsregeln οι διατάξεις τροχαίας 53
Verkehrsschild το σήμα τροχαίας 53
verlängern παρατείνω 88
Verlängerung η παράταση 88
Verlängerungsschnur το καλώδιο επιμήκυνσης 101
verletzen τραυματίζω 59
verletzt τραυματίστηκε 59
Verletzter ο τραυματίας 58
Verletzung ο τραυματισμός 60
verlieren χάνω
Verlobte η μνηστή; η αρραβωνιαστικιά 17
verloren: ich habe ~ έχασα 160
Verlust η απώλεια 160
Vermählung ο γάμος 27
vermieten ενοικιάζω 101
Verpflegung η τροφή
Verrenkung η εξάρθρωση 178
Verschluß *(Foto)* ο φωτοφράκτης 138
verschreiben γράφω (συνταγή) 171
versichern ασφαλίζω 73
versichert ασφαλισμένος 59
Versicherung η ασφάλεια 60
Versicherungskarte η κάρτα ασφαλίσεως 88
versilbert επάργυρο 139
Verspätung η καθυστέρηση 71
verständigen ειδοποιώ 58
Verstauchung το στραμπούληγμα 178
verstehen καταλαβαίνω 29
verstopft βούλωσε 96
Verstopfung η δυσκοιλιότητα 179
Verteidiger *(Sport)* το μπακ, ο αμυντικός 200
Verteiler *(Auto)* ο διανομέας 66
vertragen αντέχω 170
Vertragswerkstatt το συνεργείο αντιπροσωπείας 60
Vertreter ο αντιπρόσωπος 46
verwitwet χήρος; *(Frau)* χήρα
Verzeihung! Συγγνώμη! 26
verzollen εκτελωνίζω 89
Veterinärmedizin η κτηνιατρική 49
Vetter ο ξάδελφος 43
viel πολύ
vielleicht ίσως 25

Z

Wo ist mein Gepäck?
Πού είναι οι βαλίτσες μου;
pu 'inɛ i va'litsɛz mu

***Wann* / *Wo* treffen wir uns?**
Πότε / *Πού* θα συναντηθούμε;
'pɔtɛ / pu θa sinañdi'θumɛ

Wo kann ich ... mieten?
Πού μπορώ να νοικιάσω ...;
pu bɔ'rɔ na ni'k̯ĭasɔ

Können Sie mir ... leihen?
Μπορείτε να μου δανείσετε ...;
bɔ'ritɛ na mu ða'nisɛtɛ

Können Sie das reparieren?
Μπορείτε να το διορθώσετε;
bɔ'ritɛ na tɔ ðĭɔr'θɔsɛtɛ

***Geben* / *Zeigen* Sie mir bitte ...**
Δώστε / *Δείξτε* μου, σας παρακαλώ ...
'ðɔstɛ / 'ðikstɛ mu, sas paraka'lɔ

***Eine Karte* / *Zwei Karten*, bitte!**
Μία κάρτα/Δύο κάρτες, παρακαλώ!
'mia 'karta/'ðiɔ 'kartɛs, paraka'lɔ

Wie spät ist es?
Τι ώρα είναι;
'ti 'ɔra 'inɛ

Gestern.
Χτες.
xtɛs

Heute.
Σήμερα.
'simɛra

Morgen.
Αύριο.
'avrĭɔ

In acht Tagen.
Σε οχτώ μέρες.
sɛ ɔ'xtɔ 'mɛrɛs

In *einer Stunde* / *zehn Minuten*.
Σε *μία ώρα* / *δέκα λεπτά*.
sɛ 'mia 'ɔra / 'ðɛka lɛ'pta

Nächste Woche.
Την άλλη βδομάδα.
tin 'ali vðɔ'maða

Vor *zwei Stunden* / *fünf Minuten*.
Πριν από *δύο ώρες* / *πέντε λεπτά*.
prin a'pɔ 'ðiɔ 'ɔrɛs/'pɛñdɛ lɛ'pta

Vorige Woche.
Την περασμένη βδομάδα.
tim̃bɛra'zmɛni vðɔ'maða

Ich will nicht.
Δε θέλω.
ðɛ 'θɛlɔ

Ich kann nicht.
Δε μπορώ.
ðɛ bɔ'rɔ

... ist nicht in Ordnung.
... δεν είναι εντάξει.
ðɛn 'inɛ ɛ'ñdaksi

Herein!
Εμπρός!
ɛm̃'brɔs

Einen Moment, bitte!
Μια στιγμή, παρακαλώ!
mja sti'ɣmi, paraka'lɔ

Lassen Sie mich in Ruhe!
Αφήστε με *ήσυχο* / *Frau: ήσυχη!*
a'fistɛ mɛ 'isixɔ/'isiçi

Herr Ober!
Γκαρσόν!
gar'sɔn

Fräulein!
Δεσποινίς!
ðɛspi'nis

Ich möchte zahlen!
Θέλω να πληρώσω!
'θɛlɔ na pli'rɔsɔ

Hilfe!
Βοήθεια!
vɔ'iθĭa

Holen Sie schnell einen *Arzt* / *Krankenwagen*!
Φωνάξτε αμέσως ένα *γιατρό* / *ασθενοφόρο*;
fɔ'nakstɛ a'mɛsɔs 'ɛna ja'trɔ / asθɛnɔ'fɔrɔ